学校品牌文库

主编：李季

# 名班主任的专业发展

## ——成长历程与典型案例

MING BANZHUREN DE ZHUANYE FAZHAN

CHENGZHANG LICHENG YU DIANXING ANLI

主　编◎吕洪刚

副主编◎殷丽萍　梁银妹

暨南大学出版社
JINAN UNIVERSITY PRESS

中国·广州

图书在版编目（CIP）数据

名班主任的专业发展：成长历程与典型案例/吕洪刚主编；殷丽萍，梁银妹副主编．—广州：暨南大学出版社，2017.7
（学校品牌文库）
ISBN 978-7-5668-2117-1

Ⅰ.①名…　Ⅱ.①吕…②殷…③梁…　Ⅲ.①中小学—班主任工作　Ⅳ.①G635.16

中国版本图书馆CIP数据核字（2017）第112956号

**名班主任的专业发展：成长历程与典型案例**
MING BANZHUREN DE ZHUANYE FAZHAN：CHENGZHANG LICHENG YU DIANXING ANLI
**主　编：吕洪刚　副主编：殷丽萍　梁银妹**

---

**出 版 人：**徐义雄
**策划编辑：**苏彩桃
**责任编辑：**苏彩桃　陈沛莹
**责任校对：**何利红
**责任印制：**汤慧君　周一丹

**出版发行：**暨南大学出版社（510630）
**电　　话：**总编室（8620）85221601
营销部（8620）85225284　85228291　85228292（邮购）
**传　　真：**（8620）85221583（办公室）　85223774（营销部）
**网　　址：**http://www.jnupress.com　http://press.jnu.edu.cn
**排　　版：**广州市天河星辰文化发展部照排中心
**印　　刷：**湛江日报社印刷厂
**开　　本：**787mm×960mm　1/16
**印　　张：**14.25
**字　　数：**270千
**版　　次：**2017年7月第1版
**印　　次：**2017年7月第1次
**定　　价：**45.00元

# 总　序

学校特色发展是学校改进的“共生点”。与标准化、模式化的等级学校评估标准不同，学校特色发展是一种适合各种类型、各种性质、各种水平学校的发展方式。不同特点、不同层次的学校都可以从特色发展中找到适合自己的发展之路。特色发展，可以推动不甘人后的学校跃上台阶，也可以令曾经辉煌的学校再创佳绩；可以使徘徊不前的学校突破瓶颈，也可以助力积极进取的学校与时俱进；可以让排位居后的弱校绝处逢生，也可以促使百年名校更上一层楼。

学校品牌工作室自2006年建立至2015年，近10年来，先后为广东、广西、湖南、湖北、江西、江苏、浙江、云南、四川、山东、黑龙江、重庆、北京等10多个省市近300所中小学、幼儿园提供了特色发展诊断、设计、规划与实施指导。经历这一过程后，其所指导的大部分学校都已经成为所在省市或全国的特色品牌学校。

德育创新是学校特色发展的“生长点”。结合德育课题研究与实验，学校可以从德育课题研究中寻找学校的改进方向，从学校的传统特色中发现学校特色发展的主题，从学校的优势资源中提炼出学校创新发展的核心主题。这样有利于形成一批以德育创新为“第二曲线发展”以推动学校改进的特色品牌学校。

以广东为例，这类德育创新的例子有广州市小北路小学的“阳光德育”、康有为纪念小学的“有为教育”、骏威小学的“童梦教育”、文昌小学的“文道教育”、冠华小学的“恒远教育”、大石中心小学的“相容教育”、新桥小学的“行本教育”、耀华小学的“玉品教育”、华景小学的“向往教育”、鸿图苑小学的“正品教育”，培新中学的“共生教育”、金华中学的“团队教育”、增城实验中学的“和雅教育”、广东实验中学的“导构德育”；中山市体育路学校的“德美教育”、西厂小学的“活力教育”、林东小学的“叙事德育”；佛山市里水中心小学的“内生教育”、九江中学的“点亮教育”、顺德一中的“高雅教育”、陈村职业技术学校的“精细德育”、顺峰中学的“和美教育”；东莞市松山湖实验小学的“无痕教育”；潮州市城南小学的“阳光教育”；惠州市惠东一中的“秀美教育”等。近年来，这些学校鱼跃龙门，先后成为特色品牌学校，获得“德育创新奖”奖项以及“德育示范学校”“全国德育实验学校”等称号。

实践证明，德育创新是促进学校特色发展的有效途径。

从资源评估到模式构建，从核心理念形成到学校精神树立是学校特色品牌创建的必由之路。什么是学校特色？学校如何从特色演进为品牌？我们可以把学校特色理解为一种独特的风格、影响力与发展力。它具有“人无我有”的原创性与独特性，“人有我优”的领先性与优质性，以及“人优我变”的发展性与持续性。然而，学校特色不仅在于它的独特个性，还在于它有自己的核心理念，能够形成最适合自己的模式体系和校本文化特质。更为重要的是，学校特色品牌是学校的精神追求与价值取向的集中体现，它能够唤醒、凝聚、形成学校积极进取和不断向上的精神。换言之，学校精神的树立才是学校特色品牌发展的本质内涵和核心任务。

学校特色品牌构建是一个过程。特色资源诊断、核心理念提炼、模式体系构建、教师行为落实、学校文化营造和学校精神树立是从特色发展到品牌之路的六个基本步骤。经历这“六部曲”，学校才能实现从项目特色到学校特色，从学校特色到特色学校的持续发展。

学校特色品牌创建的实质和意义是什么呢？我们以为，那就是：

确立一个愿景，明确学校发展目标；

树立一种精神，凝聚师生价值追求；

建立一种信念，唤醒心中育人情怀；

设立一个支点，激发师生团队智慧；

经历一个过程，促进教师专业成长。

校长、教师、班主任是实施学校教育和推动学校发展以及引领学生发展的关键性和决定性因素。“一个好校长带出一个好学校”，“一个好教师成就一批好学生”，“一个优秀班主任引导一群学生走向美好人生”。

近10年来，笔者因担任部分省、市、区（县）、街（镇）、校教育发展顾问及教育部卓越校长培育工程项目理论导师，教育部中小学教师、班主任“国培”首批入库专家，有幸成为许多名校、名校长、名师、名班主任及其工作室导师。在共同学习、研修以及共同成长的过程中，我深深体会到：学校、校长、教师、班主任乃至名校、名校长、名师、名班主任也需要激励和引领，也需要成长和培育平台。当然，这是一种“助人自助”式的专业精神与教育情怀的激励和引领，是一种需要精心设计和营造的“不待扬鞭自奋蹄”的成长与培育平台。这也正是建立“学校品牌工作室”和“学校品牌文库”的初心。

以广东德育创新与学校及班主任专业发展为例。广东省教育厅的“中小学德育示范学校评估”和“中小学名班主任培养与工作室制度”，引发了以广东实验中学“导构—内生”型德育模式和中山市坦洲镇林东小学“叙事德育”模式等为样板的中小学德育创新促进学校特色品牌发展的雨后春笋般的“热象”，成就了以惠州市大亚湾三中何汝玉名班主任工作室主持人和深圳市福田区福田小学李楠名班主任工作室主持人等为代表的一大批专家型优秀名班主任，成为引起全国同行刮目相看的“广东班主任军团现象”。

“学校品牌工作室”和“学校品牌文库”，志在帮助和引导学校、校长、教师、班主任等寻找和发现最适合自己的发展之路，让更多的名校、校长、教师、班主任等找到从特色到品牌发展的阶梯，从而成就更多的学校、名校长、名师、名班主任的教育理想。这就是“学校品牌工作室”的责任与使命，也是“学校品牌文库”的憧憬与向往。我们将为此而不断努力，上下求索。我们理想中的“学校品牌文库”丛书，不仅是特色学校、品牌学校、学校特色项目、名校长、名师和名班主任成果的汇集，更是让每一类学校和每一个富有教育情怀的“教育志业者”通过寻找“第二曲线发展”而改进自己与成就自我的平台。

这是“学校品牌工作室”和“学校品牌文库”创建的愿景，也是我们与学校、校长、教师、班主任同盟发展的共勉。

谨以此为序。

李 季

2017 年 3 月 6 日

# 前　言

班主任工作是一门科学，也是一门艺术。对于中小学校而言，班主任作为学校教育的中坚力量，是学生健康成长的引路人，也是沟通学校、社会和家庭的桥梁。班主任工作的好坏直接影响着学生未来的人生发展。对于班主任工作来说，虽然完全相同的教育情境是没有的，但普遍适用的教育模式是可以借鉴的；虽然班主任不可能完全照搬别人的经验，但优秀班主任的专业成长经历却是可以学习借鉴的。

《名班主任的专业发展：成长历程与典型案例》一书是广东省教育科学“十三五”规划2016年度研究项目：2015—2016年度广东省中小学班主任队伍发展状况研究报告（课题编号：2016JKDY33）的研究成果之一。本书汇集了48位广东省名班主任工作室主持人以及其成员的个人成长、典型教育案例，全面、生动地展示了广东省近十年来班主任工作方面的成就。这里汇集了他们最绚丽的人生轨迹、最精彩的教育探索、最深刻的教育感悟。

本书共两篇，前一篇讲述名班主任工作室主持人的专业成长历程。这里有“临危受命　踏实创新　玉汝于成”的何汝玉校长，有“穿越时空”的边远山区班主任陈君玲老师，有全媒体时代“创新研发GLOBE项目”的刘静老师，有“默默耕耘　无私奉献”退休后仍然坚守岗位的杜巧老师，有“以小见大”引领团队共同成长的王剑平老师……

本书后一篇主要是名班主任工作室的成员、学员的个人成长历程和典型教育案例。在名班主任工作室主持人的带领下，工作室的成员、学员从迷茫走向成长，在成长中不断反思，在反思中一步步提升，走上了一条专业化发展之路。面对“喷眼风波”，工作室主持人曹铭珍老师智慧亮剑，面对“受挫学优生”，工作室主持人张妙龄老师的耐挫折教育、游戏疏导，面对“学困生”“留守儿童”和单亲家庭的孩子，各位班主任各施奇招，坚持家校共育和心理疏导相结合，为广大一线班主任提供了一个可以借鉴的操作模式。

在《名班主任的专业发展：成长历程与典型案例》的策划、编辑、出版过程中，吕洪刚老师负责总策划并负责全书的统编工作，广东第二师范学院的殷丽萍教授、梁银妹老师在组织、协调、编辑工作等方面做了大量的协助工作。广东省中小学德育研究会的领导和专家给予了大力支持，广东第二师范学院李季教授为本书作序，广东省中小学名班主任工作室主持人蒋青、陈妤、何汝玉、杨青兰、韩宜奋、张妙龄、麦艳贤、汪宏亮、杨灿媛、沙桂香等老师收集和整理了工作室成员、学员的稿件，在此表示衷心的感谢。同时，本书在编写及出版过程中，得到暨南大学出版社苏彩桃老师的大力帮助，在此深表感谢！

由于笔者水平有限，书中尚有许多不足之处，诚望读者批评指正。

主编

2017 年 4 月

# 目录
CONTENTS



## 历程事迹篇

## 教育案例篇

# 历程

# 事迹篇

在广东省实施“名班主任”培养工程和启动建设“名班主任”工作室后，各地市积极响应，推动了工作室的区域性发展。工作室在引领区域德育、学校德育，提高班主任专业发展水平、教育学生和班级管理能力，全面促进学生健康成长等方面发挥了积极的作用。工作室成为班主任培训的基地、研究的平台、成长的阶梯、辐射的中心。

他们在学习中提高、在实践中探索，走上了一条“主动学习—实践反思—科研引领—总结提升”的专业化成长之路。

# 1 全媒体时代“创新型”名班主任之路

在全媒体时代背景下，人们的相处和认知方式都发生了巨大变化，班主任传统的身份和职能也衍生出新的意义，知识、信息爆炸使得教师在课堂上常常被“OUT”。在信息传播速度呈几何式裂变的今天，师者做“慈母”“辞海”，不如做一个有创新和开拓精神的研究型班主任，做一个通过教育多维互动促成生命共同体形成的连接者。

深圳市高级中学是深圳市四所名校之一，它有一个富有诗意的名字“紫色城堡”，但它并不是每天上演童话的梦幻王国。深圳这座城市特有的“创新”文化以及名校承载的各界厚望，赋予了“紫色城堡”特有的教育使命。作为“紫色城堡”的一名班主任和广东省名班主任工作室主持人，我在这个实践教育梦想的城堡里带领自己的研发团队开展“以课程为载体构建未来课堂”的研究。作为一名班主任和学科教师，我庆幸自己一直有实践德育课题的一线平台，我也庆幸能汇聚全国有志于“以课程为载体构建未来课堂”研究的同仁，这让我的德育科研工作有更广阔的视野。此课题在研究中以“GLOBE 教育项目课程”为载体，从理论到实践历时三年，形成了较为完整的课程体系，以社会主义核心价值观为引领，将核心价值融入课程，以提升学生的综合素养为目的，以课程为载体，构建学生自主学习的平台，建构出具有校本文化特色的课程体系。在这一整套体系的构建中，我最大的收获就是对全媒体时代背景下班主任角色的反思与确认。

在基础教育领域，对于班主任专业性的探讨由来已久，更有很多一线同仁会自嘲是中国最小的主任，却替家庭、社会承担了所有教育的责任，班主任似乎成了教育领域里最大的“弱势群体”，但静心反思后我们会发现，班主任工作的这种边界模糊的特点恰恰为班主任提供了探索的无限可能性。在中国经济社会发展“新常态”的背景下，作为一名教育者，我们有责任在主流价值观的引领下探索出属于自己三尺讲台上的“新常态”。

## 未来课堂需要什么样的教师？
## ——不做“慈母”，不做“辞海”，做一个“创新型”教师

班主任组织团队开展德育研究，起初并非易事。一线的班主任大多工作琐碎而繁忙，加之在大城市生活的中青年教师又有比较大的家庭和生活压力，所以“研究”在基础教育领域很难成为一种常态。但如果没有研究意识，我们的育人经验就会永远停留在“农耕社会”和“手工作坊”里。这种“手工作坊”可能产生独一无二的“匠人”，但他们的“手艺”往往很难被传承和普及，所以“优秀班主任”常常是某个学校、某个地区的“一枝独秀”。如何让“一枝独秀”变为“万紫千红”，是近几年我在德育研究中思考得比较深入的问题。我本人的工作室是对全省开放的，因做项目结缘，也陆续加入一些外省的成员，他们来自北京、上海、天津、苏州等城市的不同学校，有的是一线城市名校，有的是偏远山村学校，但大家对未来教育、未来课堂充满希望，并且愿意携手共建。工作室的第一次会议是视频会议，虽然远隔千山万水，口音各异，但没有影响工作的效率。在第一次会议上，我们首先确定了“为所能为，无能为之，借力而为”的工作原则，工作室的成员致力于去做“社会活动家”，而不是只当埋于作业、苦口婆心的“念经佛”。做“社会活动家”的前提是我们要意识到班主任所承担使命的重大，班主任是学生生命中承担着重要角色的人物，育人不是凭一方之力、一己之力能完成的，所以班主任责任重大。做“社会活动家”的目的就是去寻找那些可以解决孩子们成长之困、分享孩子们成长之乐的资源。在一次次学生自发的活动中，班主任的专业自觉开始渐渐“苏醒”。2012 年深圳某名校开展一次学生社团活动，我从校金融社社长卢灼菲同学那里知道了这个活动，就想带几个老师去看看，他很惊讶，没想到老师们会关注他们学生自发举办的活动。在社团活动中我们认识了当时“邦德教育机构”的 CEO 周宝林老师，他为学生们做了非常精彩的公益演讲。演讲快结束时，我鼓励旁边的小吴老师去结识周老师并邀请他到我校给学生做讲座。小吴老师几乎是被我推上台的，结果周老师欣然答应。后来他不仅来我校开展了大型公益讲座，还带来了残疾人励志演讲家李智华（歌曲《隐形的翅膀》中的人物原型）。讲座结束后学生们在雨中为两位老师送行，都说这是他们听过的最动情的讲座。此次活动结束后，在工作室例会上我让大家总结此次活动，当时被我推上台结识周老师的小吴老师主动说：“刘老师，我有一个导师是礼仪专家，下次可以请他来给我们社团做小型沙龙吗？”我故意说：“你又不是学这个专业的，怎么认识这个导师？”他说：“同一个学校的，我可以通过我的导师联系他。”我笑笑说：“看来你人际交往的小宇宙要爆发了。”

现在这位不善交际、大学毕业三年的男孩成了我工作室的外联骨干。我们每天都在告诉学生要挑战自我，但只有身体力行才能令人信服。我的工作室以及项目团队的成员能否加入团队的第一标准就是看是否有“外联”能力，在这样的锻炼中，我们不仅为学生们寻找到了好的教育资源，帮助学生们成长，也实现了班主任的自我成长。工作室管理采用了项目管理的方式，每个成员在大项目之下都有独立的项目，而每个项目都可以互相置换，没有“缺了谁就难以为继”的“用工荒”问题。我希望在工作室里培养出“U 盘式”人才，可以自由连接“移动终端”，这样的人才需要善于整合教育资源，发现教育机会，创造教育情境。我们总是在鼓励学生做“复合型”人才，该有的素养都要有，但如果我们自己陷在无法自拔的窠臼中，又如何能培养出这样的未来人才呢？所以我们自己要先走出去，做一个“复合型”班主任。

## 未来课堂培养什么样的学生？
## ——不做学霸，不当学渣，成就“创新型”人才

一个学校最核心的文化应该是“课程文化”，有好的课程才有好的育人载体，所以在这近三年的时间里，借工作室平台开发提升学生综合素养的校本课程是我研究的主攻方向，经过近三年的研究，我从理论到实践构建了体系较为完整的课程。目前课程在我校和部分兄弟学校推广，并作为学校的特色课程被《人民日报》《南方都市报》《深圳晚报》等诸多媒体关注和宣传，还被立为市级和省级重点创新课题。回顾小小收获，我心中不禁无限感慨当时研发之路上的一段段“囧途”：顶层设计完成后开始进入实践阶段，实践主体是校内班主任，但班主任们工作琐碎而繁忙，对于实践课程心有余而力不足，所以常常出现“应付之作”，交上来的课堂实录也有“流水账”的感觉。基于这样的现状，我做了一个大胆的尝试，让每个班的课代表来参与课程设计和实施，并把课代表群体发展成了“创课社团”，学生们每周参加研究例会，和老师们一起做方案、写计划、设计教案、进班上课。一年下来，社团已经建立了专业的研发和管理机制，在老师们的指导下学生们尝试运用 ADDIE 模型的操作系统进行研发。ADDIE 课程研发模型是美国及西欧国家广泛应用的课程研发模型，此模型包括分析（Analysis）、设计（Design）、研发（Develop）、实施（Implement）、评估（Evaluate）五个阶段，根据 GLOBE 教育项目课程研发的实际需求，将此模型细化为研发项目立项、课程需求调研、课程设计开发、课程集成制作、课程验证、课程修订、讲师培养等几部分，同样在工作室的教师团队里也设置了相应的项目负责制。2015 年 7 月 20 日晚，我在微信朋友圈看到了“创课社团”美编曾媛同学发的几张 QQ 聊天

截图，截图上是他们几个担任美编的同学于子夜一点多还在讨论开学课程实施方案和海报宣传的聊天记录，同学们戏称他们的群为“德育狂魔”。夜深人静时，看到孩子们的分享，我很激动，没有人要求他们暑假还要半夜做这些工作，而且是几个孩子一起奋战到凌晨，我个人觉得这是一种非常让人激动的景象。这几个学生只是“创课社团”的一部分，他们背后还有几十个社团成员热情地投入课程开发工作之中，目前这个社团已经能在班主任和工作室老师的指导下自主设计、开发、实施课程。如果我们把课程比喻成产品，那么这支学生课程研发团队已经实现“自主研发、自主推广、售后服务、自负盈亏”一条龙运作。去年他们带领全年级开展了一次以“与他人交往”为主题的同课异构公开课，分别有400 多人的两个课堂，欢声一片。他们拥有了属于自己的课堂，拥有了自主学习的平台，学生社团的成员根据主题的不同而随时形成新的研发团队，但团队理念和操作模式是一致的。这种“U 盘式”的人才培养模式，正是我们在开发课程中积极探索的。

暑假期间他们自主“加班”数次，开学初他们完成了 GLOBE 教育项目课程 LOGO 和宣传明信片的设计。当孩子们看到自己设计的作品被印刷、自己设计的 LOGO 出现在校园的角落时，自豪之情溢于言表。师生在共同设计、实施课程的过程中，点亮智慧，激发彼此的生命意识和生命价值。这种对孩子综合素养的提升大有裨益的课程建设，是将教育的目光远望到孩子未来的发展，把今天的课堂拓展到未来的课堂。

## 未来课堂需要什么样的教学与学习方法？
## ——创新教育教学方法让高远的教育理想落地开花

GLOBE 教育项目课程研发团队和工作室的成员们在课程实践中构建了主题论坛课程、主题活动课程、研究型社团课程三大经典课型。“创课社团”主要修习研究型社团课程，主题论坛和主题活动课程均是全校学生的必修课，三大经典课型在实践中都积极践行问题导向、合作探究、多维互动、敢于批判、认知互联、阅读演讲、价值提升、文化引领、点亮智慧九大原则。

### 主题论坛课程

主题论坛课程主要采用案例教学模式，教师通常先给出一个有意义的分析构架，讲课的重点不在于案例细节的问答，而是着力分析事实背后的问题及其含义，最后给出若干带有普遍意义的论点。教师需要激发学生的学习兴趣，通过学生在课堂中对案例分析的能力、速度、毅力、辩论技巧、发言次数、提纯原理的能力、案例综合分析过程等因素来评价学生的学习结果。主题论坛课程主要训练学生在大量的信息流中进行选择、判断、做出决策的能力。

第一期论坛是主题“我眼中的春节——从‘吐槽’春晚开始”。论坛话题是从2014马年春晚“吐槽”现象开始，拓展到“春节”的民俗文化，以及社会不同人群对这种文化的不同态度，从生活中选取素材，从而引导学生关注生活中的社会现象，反思社会现象，形成正确的世界观、人生观、价值观，做一个有国家认同感、责任意识、独立思想、创造精神、国际视野的现代公民。同学们在课程结束后的课程反馈调查中达成的共识是对大到国际、国家、社会，小到学校、班级的焦点、热点事件不能只是空发议论，甚至是发泄情绪，而是要给予建设性意见，并身体力行、脚踏实地、积极改变。我校高一（7）班丁浩同学在论坛中以郎朗在春晚中的钢琴表演为话题，从时尚音乐谈到古典音乐，并辅以精美PPT和视频展示，给同学们上了一次古典音乐的通识课程，这些课堂片段都是我们课程设计者在设计中没有预料到的意外惊喜。此期论坛主题与稍后进行的2014年“北约”高校（“北约”高校共有13所：北京大学、北京师范大学、厦门大学、山东大学、武汉大学、华中科技大学、中山大学、四川大学、兰州大学等）自主招生文科考试中的题目“吐槽春晚”高度吻合。首期论坛引发了学生们的高度热情，也是我们培养学生舆论素养的第一节课。

主题活动课程

主题活动课程是主题论坛课程的拓展课程，是学生们在主题论坛课程中所做决策的具体实践，在此课程中学生需要将观点、想法变成行动方案并且根据活动项目需要自主组织团队完成项目。品德与素养的形成不仅需要认知，更需要学生在体验中将其内化，主题活动课程就是基于品德和素养形成的规律来设置的。自课程开设以来，学生们根据主题自主设计、实践了若干活动项目，其中“公益课程创新设计大赛”“公益产品设计大赛”成了公益主题精品活动项目。在活动中社团领袖组织学生、家长和专家开设课程，开发活动项目，带动家长和社会力量参与到活动项目中来。本学期学生们以“公益”为主题设计出“公益产品”，通过学生和教师评委团选出优秀作品，并且生产后在校园内售卖，获得的资金用来成立项目公益基金捐助贵州贫困儿童。学生们为筹集产品生产的资金，调动社会企业资源来投资，并且利用假期时间到企业做义工实习，将项目活动与职业生涯体验结合在一起，相当于完成了职业预科学习。我校金融社社长卢雨同学在参与项目资金筹备活动中渐渐确定了自己的职业方向，申请出国深造金融专业，家长非常感谢学校为孩子们开发了这样的体验课程。很多家长得知后主动参与到课程建设中来，成为GLOBE教育项目课程开发的重要社会资源。

### 研究型社团课程

研究型社团课程是针对学生领袖设计的课程。本学期11月30日和12月8日开展的面向全省及其他部分省市的两场“未来课堂体验课”全程以学生设计为主体，在时间维度上体现系列性，在空间上鼓励多维互动，在组织形式上突破班级授课制局限，在组织策略上建立课堂新型师生关系的未来课堂实践探究。高一年级学生经过说课比赛的初选，组建了“未来，我是谁?”主题论坛项目团队，对整个活动项目进行了专业的分工，并且充分调动了家校和学长资源来设计课程，得到了省市级领导和兄弟学校同仁的充分肯定。参与公开课辩论赛环节的高一（11）班张轩同学在说课时说道：“我们的生命有四分之一的时间都用来工作，所以我认为我们该从事一个自己喜欢的职业，至少要在投入工作后能爱上这一个职业，否则我们的人生是可怕的，所以我们需要对自己的未来进行规划。”首场体验课结束时，来自天津市第二十中学的张丽丽主任点评时用“震撼”一词来形容听课的感受。这次活动延承了工作室对学生和一线班主任的“孵化”目标：“以活动带项目，以项目带团队，以团队养文化。”

在全媒体时代背景之下，培养孩子们成为优秀的团队成员是未来人才培养的目标之一，作为一线班主任的我们首先要有能力根据业务需要组建不同的团队，充分认清自己在团队中的角色，这也是班主任专业化的重要标志。在课程开发过程中，工作室引领一线班主任和学生们在合作中成长，在体验中提升，在反思中改变。一个优秀的团队，不仅仅要靠核心人才支撑，更需要一群平凡的人来共同完成一件不平凡的事。我们现在教会学生“乐学”“乐做”，将来在工作中他们才会“乐业”，项目团队和工作室是一个师生共同成长的平台，也是建设师生生命共同体的“孵化器”。时下，在教育改革的浪潮中，很多教育理念应运而生，但教育的本质从来没变过，那就是老师和学生之间的生命往来，而班主任的任务就是架起一座桥梁，让师生在互动中形成生命共同体。

（深圳市高级中学　刘　静）

# 2 德育从心灵开始

作为班主任，大家可能都有这样的体会，我们平时处理学生问题，往往苦口婆心地教育了一遍又一遍，效果也不是很明显，不明显就再教育，再教育还是不明显，或者一开始有效果但过一段时间后又回到原样，为此，许多班主任感到很无奈。在身体上，我们可以看着学生们长得越来越高大；在知识上，我们可以帮助学生们变得越来越丰富、越来越深刻；但是，在内心世界里，我们却感觉和学生们越来越疏远。出现上述情况的因素是多方面的，与我们做德育工作的方式方法的有效性肯定有关。教学讲究有效性，德育同样追求有效性，我相信“大道至简至易”，认为德育的大道就是“德育从心灵开始”。

“德育从心灵开始”是岭南师范学院培训学院、广东省名班主任工作室——张妙龄工作室的指导思想。要科学地、以一种专业精神爱学生，用适合的方式方法把德育工作做到学生心里去，让学生真正体会到事情的好处和必要性，愿意自觉遵守或改进。“德育从心灵开始”就是把德育工作从心灵做到心灵，在我们的心和学生的心之间架起一座桥梁。

## 一、深入了解学生，是实现“德育从心灵开始”的前提

孩子的内心世界，越是简单时越愿意对外开放。比如孩子上幼儿园时，会不厌其烦地告诉我们他们身上所发生的一切，也很容易接受我们这些大人的观点和建议。随着孩子的成长，孩子的内心世界变得越来越复杂，就会逐渐对我们封闭。这对孩子来说，是成长的标志，是个性的发展，但也使我们和孩子们的交流难度加大了，很难走进他们的心灵了。苏霍姆林斯基说：“尽可能深入地了解每一个孩子的精神世界——这是教师和家长的首条金科玉律。”只有真正了解学生的内心，才能很好地和学生沟通。但是要真正了解一个学生是很困难的，我们要考虑时代特征、社会环境、家庭状况、年龄、学段、个体特征等，还要对各种因素加以具体细化和个体化，比如同一个学生在高一上学期和下学期不一样，今天

和明天可能也不一样。我们要用深入的、独到的、变化的、善解人意的眼光观察、了解并欣赏我们的学生，真正走进学生的心里。

正在教的或者是已经毕业的学生经常对我说："老师，我们喜欢您，因为您最懂我们，因为您总是知道我们想要什么、知道我们的心思、知道怎样引导我们，您总是能走进我们的心里。"晓燕是个粗心大意的女孩子，我知道她之所以粗心是因为她想提高效率，所以我想办法帮她改进方法，在保证质量的基础上提高效率。调皮捣蛋的路波经常被同学投诉，但他喜欢跟在我身后，帮我做事。我知道他之所以调皮是想引起我和同学们的注意，所以引导他通过为同学们服务来获得同学们的好感。萌萌的成绩总是提高不了，我知道她的智力没有问题，只是自卑束缚了她进步的勇气。我知道明成不是冷漠，他默默地关心着大家，默默地为大家付出，只是不善于表达而已。我知道每个学生的心灵上都有一把锁，只要我们找对锁孔，就可以打开学生的心灵大门，走进他们的心灵，引导他们健康成长。

## 二、"兼爱"，是实现"德育从心灵开始"的基础

"兼爱"是春秋战国时期墨家的思想，它主张没有等级差别地爱所有的人，应用在我们的德育工作上就是不受相貌、家境、智商、成绩、性格等因素影响，在情感上平等地爱所有的学生，在方法上根据不同学生的特点，具体对待，因材施教。只有对学生"兼爱"，才有可能真正打动学生的内心，从而使其"亲其师，信其道"。

班里有三个特殊的学生，成绩优秀的学霸小蕾、成绩糟糕但被称为"跳高超人"的小滕和喜欢做木工的小萌。同时面对这三个不同特质的学生，我的态度就是"兼爱"，即在情感上平等地爱他们，不会因为小蕾的成绩好就偏爱她，也不会因为小滕和小萌的成绩差就歧视他们。我们作为班主任，要掌握其各自特点，增强其自信心和进取精神，挖掘其潜力，动员他们在分班时选择不同类型的班级，让他们接受有针对性的教育，促进其个体发展，使成绩优秀者更优，同时也适当提高动手能力和锻炼身体；让跳高者跳得更高、喜欢做木工者实践能力更强，当然也要增强信心，提高学习成绩。我们要让学生知道，这个世界的尺度永远不会是单一的，没有必要太苛求自己，世界上没有完美的人，每个人都有自己的长处，也有自己的软肋，真正的挑战往往在考场之外。我爱像橡树一样高大挺拔的学生，喜欢像玫瑰花一样娇艳可人的学生，就算是像小草的学生，我也要让他们充满生机，热情洋溢。"兼爱"是德育工作者真正喜欢学生的体现，"兼爱"体现了对教育对象平等的爱，"兼爱"充分体现了多元智能观，"兼爱"体现了现代教育对个体的尊重和因材施教，"兼爱"有利于青少年的健康成长。

## 三、换位思考，是实现“德育从心灵开始”的良策

苏霍姆林斯基指出：“一个好教师意味着什么？首先意味着他热爱孩子，感到跟孩子交往是一种乐趣，相信每个孩子都能成为一个好人，善于跟他们交朋友。关心孩子的快乐和悲伤，了解孩子的心灵，时刻不忘自己也曾经是个孩子。”在担任班主任的过程中，我们都有被“冒犯”“误解”的时候，如果耿耿于怀，心中就会有解不开的“疙瘩”，从而很难处理好突发事件，这时如果能深入体察对方的内心世界，或许便能达成谅解。换位思考是达成谅解不可缺少的心理机制。将心比心、设身处地，要求我们将自己的内心世界，如情感体验、思维方式等与对方联系起来，站在对方的立场上体验和思考问题，从而与对方在情感上进行沟通。

小敏看起来文静而秀气，平时学习也很认真，但就是每周迟到三四次，这让我非常生气又无可奈何。经了解我发现，原来小敏的父母都是上夜班的，每天早晨小敏都是家里起得最早的，她要先送弟弟去学校，然后自己再去上学。站在小敏的角度去思考，这是一个多么好的姐姐和学生啊，她的迟到变得可以理解。但我们也要让小敏站在老师的角度，明白迟到的害处。如果师生相互理解、相互关爱，共同寻找解决迟到问题的良策，迟到就不再是烦恼。

## 四、德育从心灵开始，搭建师生沟通的桥梁

美国著名的人际关系学大师戴尔·卡耐基说：“一个人事业上的成功，只有15%是由于他的专业技术，另外的85%要依赖人际关系、沟通能力。软与硬是相对而言的。专业的技术是硬本领，善于处理人际关系的沟通本领则是软本领。”教师和学生之间有没有“沟”？肯定有！不可逾越吗？当然可以！只要在“沟”上架起一座“桥梁”就可以了。教师和学生的心灵呼应与沟通，同样需要筑起一座心灵的桥梁，而“德育从心灵开始”便可以构筑起这一神奇的桥梁。

例如，你的学生喜欢做眼保健操吗？如果学校和老师没有组织检查，他们肯定不做；如果让学生自己选择，他们可能更愿意选择玩耍、课间小睡或其他。我的学生也不喜欢做眼保健操，为什么不愿意做？他们普遍回答：“做眼保健操没用又麻烦！5分钟的时间还不如用来小睡！”我回想自己读书的时候，也没有认真做过眼保健操。难道做眼保健操真的没用？我决定自己先用心尝试。我用一周的时间来学习眼保健操涉及的穴位和按摩方法，用心体会其中妙处，然后用主题班会课的形式打动学生，让学生感受到做眼保健操不是为了完成任务，它是确确实实可以保护眼睛的。学生真切

感受到这件事的好处后就喜欢做眼保健操了，甚至不用老师检查。在这个过程中，我们的德育工作真正地、深深地打动了学生的内心，把工作做到学生的心里去了。

主题班会课后，我以为我们对穴位的学习告一段落了，但没想到，这节班会课引起了学生对中医的极大兴趣，学生经常和我一起探讨常用穴位，如风池穴和风府穴在预防感冒方面的功用等。一天，一个学生兴冲冲地对我说，老师，网上说日本的中小学生每天在学校的统一组织下敲打“足三里穴”，这可是人体的第一保健大穴哦，“每天敲打足三里，胜过吃只老母鸡”呢！我鼓励地笑笑：“咱们以小组为单位先实验，再在全班推广，好不好?”他干劲十足地去操作了。一天，因为某件事，我在班里大发脾气，在我准备离开教室时，一个内向的女孩子走上来小声和我说：“老师，刚才我们惹您生气了，对不起。您大动肝火，这样对身体不好，建议您回去按按‘太冲穴’和‘行间穴’，对消除肝火的坏影响效果很好的。”我心里感觉热热的，我狠狠地批评孩子们，但他们知道我对他们的厚望，不但不怨我，还心疼我，怕我气坏了身体，小小穴位见真情啊！

过了几天，隔壁班的班长很郑重地邀请我到他们班开“有关眼保健操”的讲座，结果他们班的学生也喜欢做眼保健操了。然后是同年级其他班级的邀请、其他年级的邀请……我的很多已读大学的学生依旧喜欢做眼保健操，因为他们养成了习惯，做眼保健操已经成为他们生命中的一部分了。小小的眼保健操可以做成大文章，可见教育中无小事。

基础教育课程改革的具体目标是“改变课程实施过程中过于强调接受学习、死记硬背、机械训练的现状，倡导学生主动参与、乐于探究、勤于动手，培养学生搜集和处理信息的能力、获取新知识的能力、分析和解决问题的能力以及交流与合作的能力”。我想我的“德育从心灵开始”就是在贯彻这样的宗旨。“情感、态度、价值观”是新课程改革的三维目标之一，情感教育目标可以分为四层，即“接受”“顺应”“确信”和“内化”。“接受”是情感教育目标的最低层次，指学生对所学知识产生兴趣，愿意接受。“顺应”是第二层，指学生在感情上引起变化并在行动上有所表现，属于直观的、暂时的表现。第三层是“确信”，就是对事件和人物给予评价。第四层是“内化”，是情感教育目标的最高层，指学生形成正确的价值观、人生观，并以此指导自己的行为。我们平时的情感教育一般局限于第一和第二层，也就是学生“感”而不“动”，“德育从心灵开始”是深化情感目标的有效途径，这样的德育内容更丰富、更鲜活，效果更好、更有生命力。

到孩子的内心世界去看看吧，没有真实的了解，就不可能有有效的教育。

（岭南师范学院培训学院　张妙龄）

# 3 成学·成长·成全：传统文化滋养下的幸福教育

“教师的教育理想、热情、知识结构、人生态度和教学方法都会影响教育的品质。”当代教育理论家朱永新的这句话，犹如无形的警钟时刻提醒着我：为人师者，成之贵人，抑或匠人，都源于师者的教育理念与智慧。教师应当始终保有一颗谦虚精进之心，博览群书，以文化滋养提升班主任的哲学素养、文化价值、知识底蕴；善于从教育现象洞察问题本质，能遵循教育规律把握教育方法，能捕捉学生的心理特点从而引领其健康幸福成长。

## 一、成学·寻经问道——明德弘道，和乐至善

我任职于潮州市湘桥区城西中学，每当接手初一新班，看到那些重点中学“小升初”考试落榜，带着委屈与情绪来到我的班级的孩子，我心头总是一阵酸楚。看着一个个十二三岁的孩子，颓废无望地坐在新的班级中，恍如被判了终身失败似的，我不禁一次次地追问：“教育究竟是为了什么？”

教育让孩子始终保持一颗对自然与社会生活的好奇心、爱心与欣喜；无论人生遇到什么成败与得失，都能坦然面对幸福地度过一生。教育是为了使学生具备幸福地度过一生的能力！怎样才能使学生一生幸福地生活？我们要培养学生什么能力？

寻经问教育之道，《大学》的纲领道出垂教立世三纲——“明明德”“亲民”“止于至善”，大学之道也。《论语·卫灵公》：“人能弘道，非道弘人。”韩愈：“师者，所以传道授业解惑也。”《弟子规》总叙：“首孝悌，次谨信。泛爱众，而亲仁。有余力，则学文。”

“道”即自然也，是因一切事物非事物，不约而同，统一遵循某种东西，无一例外；换言之，一切事物非事物的规律与本质。经典告诉我们教育者：传道为己任，以德为本，止于至善。

《尚书·大禹谟》曰：“正德、利用、厚生、惟和。”既正人德，又正物德，

方能利用自然资源，以达使人们生活富足、社会和谐之目的。与现代教育学讲的教育规律“教育要适应并促进人身心的发展，教育要适应并促进社会的发展”，有异曲同工之妙：无论是国家的管理还是教育的目的，都是为了使人的身心与社会和谐发展，过上幸福和乐的生活！

从古代先贤孔子与弟子的言谈对话到西方古哲苏格拉底与学生的思辨争论，从古今中外的教育思想到当下的教育现状，我们可以看到，教育无非就是解决人与自己、自然、生活、社会、宇宙万物的关系，寻求安乐与和谐发展。

## 二、成长·循道探法——穷理正心，自觉觉行

“以智启迪心灵成长，用爱构筑幸福人生”，成了我教育的理想。爱孩子就要为其扎下一生幸福之根——明德，即扎下德之根本。智慧的老师能循道探法，即明了教育的本质，把握教育规律、孩子成长规律，适时动之以情唤醒自我认识、晓之以理明辨是非、笃之以意取舍正确、导之以行自觉完善自我，启迪学生由内而外地自主自律、和乐成长！

### （一）循道明理，培德养性

欲穷其理先知其道，正如《学记》中所说，“教之所由兴，又知教之所由废，然后可以为人师也”，“知其心，然后能救其失也”。

常言道：“三岁看八十。源于三岁养其习、七岁成其性。”子曰：“吾十有五志于学，三十而立，四十而不惑，五十而知天命，六十而耳顺，七十而从心所欲，不逾矩。”孔子自述了其学习和修养的过程，是随着年龄的增长，思想境界逐步提高；孔子的道德修养过程，有合理因素：第一，他看到了人的道德修养不是一朝一夕的事，不能一下子完成，不能搞突击，要经过长时间的学习和锻炼，要有一个循序渐进的过程。第二，道德的最高境界是思想和言行的融合，自觉地遵守道德规范，而不是勉强去做。

### （二）穷理正心，唤醒自觉

1. 严循大道，格其外物，正其心念

初中阶段的学生正处于青春叛逆期，许多学生表现出来的好动、厌学、打架等行为并不能被简单地归结为道德问题。从学校教育的角度讲，是学校教育上的严而无道和严而无格，使学生感受不到老师对他们的爱与关怀，有的只是啰唆、埋怨、指责，久而久之导致师生感情疏淡或对立。

欲明明德于学子，须先穷理正心，后修己治人。欲正其心，先诚其意；欲诚

其意，先致其知；欲致其知，先格其物也。穷理即格物也，意为探究事物的道理纠正人的行为。换言之，引领学生在学习生活中认识自我、了解宇宙人生的真谛；进而引领学生明辨明理，实现自我觉醒；学会调控自我情绪，调和身心发展，协调与家庭、集体、学校乃至自然社会的关系。

2. 溯其根源，家校合力，静待花开

教育语言背后往往流露出教育者对被教育者的情感、态度与价值观，影响着孩子对自我与事物的认识。单一地以分数进行评价，既无法引领学生全面发展，也往往让大多数的学生因学习上的否定对自己的未来失去信心。只停留在成绩表面好坏的评价，或偏差行为的一味指责，无法真正启迪引领学生心灵成长。

学生偏差行为的背后，总有其深层的原因，而且每个学生原因各异、对待自身错误的心理层面也不尽相同。师者须溯其根源，拨动学生心弦，触动学生自我认识的阀门，引导正确的情感、态度价值观，激发学生自我完善的内动力，关注学生知行合一的态势，不时诚其意、笃其行。

根据不同的程度，教育点、教育策略应不同。但其中有教育共同点：首先勇于认错，其次辨其错因，再者正其心，接着导其智择，最后知行合一止于至善。

学生存在的问题往往是家庭教育问题的折射，要真正有效地引领孩子成长，同时也得引领家庭教育的改善并得到家长的同步教育与支持，那班会主题活动与家长会、家访、微聊等中的教育理念、方法就必须达成一致。

| 时间 | 主题 | |
|---|---|---|
| | 主题班会 | 家校共建 |
| 初一上学期 | 我的初中生活 | 与孩子一起成长 |
| 初一上学期 | 畏惧错误就是毁灭进步 | 思想决定高度 |
| 初一下学期 | 习惯、方法、思维 | 习惯、方法、思维 |
| 初一下学期 | 我的对手，我的方向 | 我的进步让你看得见 |
| 初二上学期 | 我的责任，我的担当 | 心与心的交流 |
| 初二上学期 | 遇见更美好的自己 | 伴孩子走过花季雨季 |
| 初三上学期 | 放飞理想　青春留金 | 爱孩子就助飞吧 |
| 初三上学期 | 时习寻法　丰满羽翼 | 陪伴了解　静培养分 |
| 初三下学期 | 笃志拼搏　实现自我 | 呵护心灵　静待花开 |
| 初三下学期 | 无悔青春岁月　相约毕业庆典 | |

**（三）以爱育心，以智觉行**

爱学生，就应以学生的一生幸福为本。师者，明道、循道、传道，既是职责，更是智慧；循道顺势构幸福班级，因材施教点亮心灵；有幸福的集体，才有幸福的个人成长！

何谓幸福班级？幸福班级就是这个集体能让每个学生、老师乃至家长都有满足感，在爱与被爱中健康快乐地成长。

幸福班级的特点：

1. 充满爱的班级。师生和谐友爱，身心愉悦。

2. 舒适的人文环境。整洁舒适的环境，人文栏目引领并记录学生成长的足迹；灵动的青春生命，汇成向善向上的氛围。

3. 团结协作的集体。团结协作中追求共同的目标，进而凝聚班级力；个体从中学会感恩、宽容地面对学习与生活，有勇气改良心灵，实现自我成长。

怎么构建幸福班级？教育目标、策略、核心要明确。以“明德、育慧、唯和、笃行”为教育核心，通过下图中的五个途径为策略，构建“有爱心、向上、同心”的幸福班级！

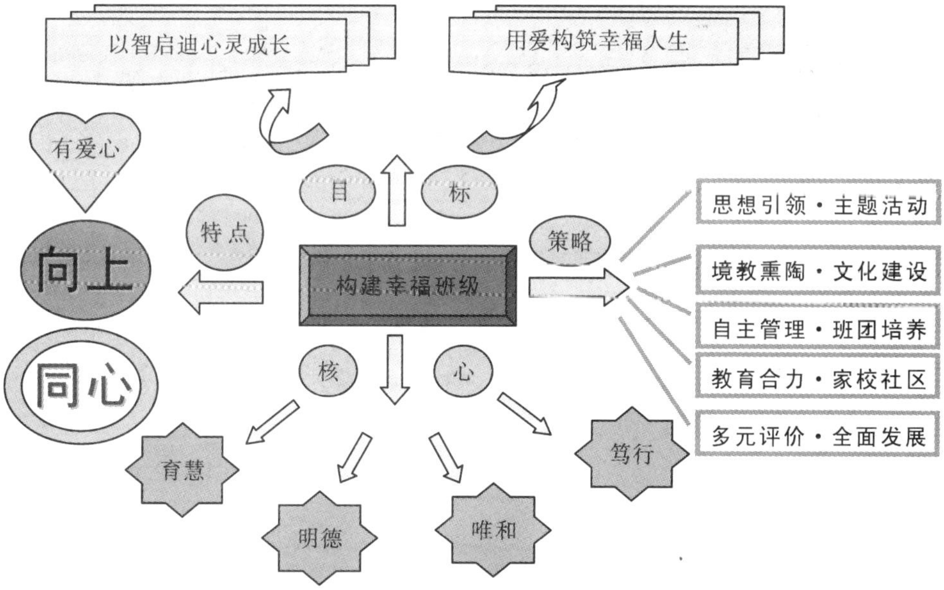


幸福班级构建示意图

## 三、成全·循道修心——恕对学生，幸福教育

瞬息万变的时代，物欲横流的社会，贫富分化的分配，多元取向的价值，零碎无根的文化，“分子裂变”式的家庭结构，“一网情迷”的网络生活，唯分是重的单一评价，三番五轮的教材更换，不断更新的教育理念……一边是教师层出不穷应运而生的问题学生，一边是思想跟不上变化的家庭教育，一边是新教材新理念的消化运用；一边是社会的高要求，一边是义务教育下任性的学生，一边是待遇无法养家糊口。这些浪潮一波波地向教育者涌来，吞没他们对教育的信心，更使他们无法奢谈教育理想与智慧。教育者的身心疲惫，我感同身受。

教育者不幸福，何谈幸福教育？这是个很现实的话题。但教育面对的是活生生的人，不是物品，不可废弃之。这是每个人的良知！

育人之路漫漫兮，其修远兮；求索中困惑兮、无奈兮！而道中人依然步履坚定兮，何也？“除去名利权威的教育，最迷人！生命成全生命的过程，最幸福！让我们在成全的过程中多引领少控制，多陪伴少埋怨，多等待少焦虑。”

因此，我提出“恕构幸福教育”的理念。“恕”，一是“本心”。“恕”字，“如心也”，即良知：善与精一，知行合一。二是“诸己”，“行有不得，反求诸己”，不断地在教育教学中反思自我，减少怨气，悦纳一切；成学成长，与时俱进。三是“恕人”，仁以待生，推己及人，保持爱与快乐的心育人。

（潮州市湘桥区城西中学　丁炜烨）

# 4 面朝大海　春暖花开

## 一、无心插柳柳成荫——结缘班主任

记得，在华南师范大学本科毕业典礼的大会上，我作为党员代表发言，许下了这样一个誓言："今日我以华师为荣，明日华师以我为荣。"虽然现在我还没有做到最好，但我还是一如既往地努力。计算机科学专业毕业的我，当年应聘来华南师范大学附属中学，是负责校园网络建设的，也就是说作为后勤职工，非教师编制。但是，在我入职的第一年，由于校园网络硬件还没有完全建设好，我便被安排在初中任教，并担任班主任。由于我的努力和业绩，我被评为"优秀党员""优秀班主任"。两年后，校园网络终于建好了，学校领导曾考虑让我到网络中心工作。但是，当时主管德育的校长说："网络的维护和建设可以让一个技术工人去做，但一个优秀的老师、优秀的班主任不是所有人都能当的。"就是因为这一句话，我留在了教师岗位上，并真正地体会到了那些名言："一分耕耘，一分收获""机遇总是青睐于有准备的人"。于是，除了教学工作，我也由此开始了长达 15 年的德育生涯。可以这么说，我是怀着一颗感恩的心在工作，在和我的学生们打交道中，和他们一起成长。

学校给予所有老师的平台都是公平、公正的，只要你勤劳肯干，只要你愿意付出，不管你是什么学科背景，你都一样拥有展示你优秀之处的平台。我非常珍惜这个平台，也非常努力地维护这个平台，甚至力争能为这个平台添砖加瓦。入职学校十多年来，我不断通过学习、实践、总结、反思和提高，获得"先进工作者""优秀德育工作者""广东省名班主任""广东省师德标兵"等荣誉称号，这给了我莫大的鼓励，让我找到了除教学之外更加广阔的属于自己的天地。

## 二、问渠那得清如许，为有源头活水来

珍惜一切学习的机会，多交流，促进步，这是我成长的阶梯。向专家学习、向同行学习、向学生学习、向家长学习，我所学到的远远不止知识本身，更多的是一种奉献的精神、一个个教育的新视觉新理念、一个个行之有效的方法与技巧，还有的就是充满正能量的鼓舞之力。

一直以来，“累并快乐着”一直都是班主任的真实写照，但这句话却多少令人感到辛酸。作为班主任，一方面要承担学科教学的任务，一方面又要做班级和学生的工作，任务十分繁重。责任重大的他们，还经常会面临学生、家长甚至是同事领导的不理解而感到心力交瘁。所以，近几年来，越来越多的教师不愿意当班主任，甚至有些教师为了逃避当班主任而不惜以牺牲某一批学生的成长为代价。面对这样一种怪现象，我有一段时间也深感迷茫，觉得当班主任的压力特别大。可是，通过看书、参观学习，还有与同行交流，我又重新认识了班主任的工作——班主任们是否能真正快乐，是否能因为当班主任而更有幸福感，最终还是取决于教师自身。

多年前，当我从以上所述的种种班主任困境中走出来的时候，我已经明白了这样一个事实：与其说那是因为之前年轻没有经验，还不如说那是缺乏智慧、缺乏耐心之故。近年来，我重新整理了自己的思路，终于为我一直在倡导和努力的“和睦互助、和谐共进的兄弟姐妹式”的班级文化建设打开了新思路，学到了新方法。

### （一）班主任要有独特的人格魅力

“万般教育总关情。”用浓浓的师爱感召学生：用诚心、信心、耐心对待学生，让学生感受到老师辛勤的付出、良好的心愿和深沉的爱；用深厚渊博的学识滋润学生：师生的关系因教学而起，教师的人格魅力需要知识底蕴作为根基；用扎实过硬的作风影响学生：教师言传身教，就是一个活生生的榜样，教师自身的不懈努力能给学生带来启发；用“永不言败、勇争第一”的精神塑造学生：以班主任的不断进取、建设优秀班集体的目标和决心来影响孩子们，带领孩子们共同成长；以积极健康的心态感染学生：人生虽苦，学习虽苦，但要苦中作乐、苦中求乐，没有过不去的坎儿，只要自己坚定信念并付诸实践就一定可以取得成功。

### （二）班主任要有文化引领的理念

一个集体，需要有愿景和目标。班级的建设目标是一个蓝本，是班主任在班

级建设中培养群体的凝聚力的参考标准。这个目标的统一，有利于学生在自己的内心形成对集体的使命感、责任感和依赖感。班主任是这个集体的领导核心，而其领导工作的核心，就是在共同的使命、愿景和价值观的基础上形成一种班级文化。班级文化的塑造，实质上是对所有学生内心的一个积极暗示。如果大家能共同遵守，势必会造就积极的舆论。有了统一的大家认可的班级文化，就等于有了所有行为的参照标准。

### （三）班主任要带领学生制定好班规

众所周知，个人在群体中常常会不知不觉地遭受到群体的压力，在知觉、判断及行为上表现出与大多数人一样的从众现象。同样，在班级中，青少年学生总是自觉或不自觉地在思想和行为上与周围同学保持一致，从众现象相当普遍。因此，如果班级有一定的制度规范，有一定的学习和生活模式，就会对学生具有潜移默化的教育影响和控制约束作用，这有利于培养学生优良的思想品德和形成良好的学习与生活行为习惯，从而形成良好风气。班主任作为班级的一员，也要遵守班规，和学生承担相应的义务、享受相应的权利。

### （四）班主任要进行科学的人力资源管理

发动每一个孩子，开启每一个孩子的智慧，发挥每一个孩子的力量，让每一个孩子参与到集体的建设中来，他们才能真正认识到集体是属于他们自己的，集体荣誉自然也要靠他们自己去维护。而班主任，则在不远处看着，永远做孩子们的坚强后盾，永远为孩子们撑起一片天。

然而，理念是可以被复制的，好方法、好技术却不一定具有普遍适用性。每个班主任所面对的群体不同，学生特点不同，时空也不同，自然就有不一样的操作方法。但不管是什么方法与技术，都需要班主任的智慧，需要班主任及早做足工作，做好准备。面对犯错的孩子，我们需要冷静，不要让冲动蒙蔽了眼睛，避免对孩子造成无意的伤害；当孩子们没有达到预期目标和成绩的时候，我们需要冷静，不要被表面的失利左右了判断，避免让孩子们失去真正的发展后劲。

班主任要懂得“牵手”之爱，同样也要懂得“放手”之爱。当我们立志于打造一个拥有深厚文化底蕴的集体、打造一个“自主管理”的班级时，请我们冷静下来，陪着孩子慢慢成长，要适时走出来“牵手”，也要适时“放手”。

## 三、俯下身来聆听花开的声音

我常常思考以下这些问题：何谓教学生“做人”？何谓“成人”？何谓“成

功”？我想，只有拥有生存的技能，拥有良好的适应能力，并能对生活、生命持有积极态度，具有良好心态的人才能算是“成人”，才能算是“成功”。我们常说“一切为了孩子”“爱孩子”，可是，我们对孩子的爱有没有条件？如果是为了班主任个人的体面、个人的所谓“业绩”，那就大错特错了。在中、高考的指挥棒下，又有多少老师能真正抛开这一点，心平气和地去接受不同层次的学生状态呢？事实上，我们有时在无意之中打着“爱”的旗号伤害了学生。也许，今天的我们更加完美的愿望是，希冀从文化的视角去建设班集体，以求在充满正能量的美好集体中激发所有孩子的潜能，让他们做最好的自己。

## 四、细雨湿衣看不见，闲花落地听无声

教育本身是一种“慢”的艺术，很多时候不能期待它能取得立竿见影的效果。因此，教育更多的是具备隐性功能。以班会活动的设计为例，如果我们重视教育本身的隐性功能，并能挖掘其背后的隐性价值，那每一个教育活动都可以造就精彩。

### （一）设计班会活动要遵守的基本原则

班主任进行班会活动设计时，需要同时考虑如下几个问题：①学生是否有意愿、是否乐于参与、是否有兴趣参与到班会活动中；②所设计的活动能否让学生有时间去体验、有体验的空间，并能有所触动；③所设计的活动目标是不是易于实现的，是不是能聚焦于某一个小问题，能否分解成一个个小目标，并能渐进地推进；④所设计的活动是否有整合的功能、是否有系列的跟进和深化。

### （二）做一名有心人，积累各种有用的新鲜的教育素材

有了丰富的素材，就能让体验活动有所依托，通过素材的组合，再辅以画龙点睛的文字，就能尽量淡化教育的固定模式，使学生在意识上不至于反感，进而能对体验活动充满期待，这就为教育的实效起到根本的保障。

### （三）班会设计宜从大处着眼、小处着手

对于每一个班会活动，都需要认清教育背景，认真进行学情分析，进而制定合适的教育目标，探讨有效的教育策略。要认真做好班会的各种前期准备工作，并重视活动过程中的学生主体作用，让所有孩子都参与到活动之中，这样才能使活动真正发挥其应有的教育意义。

充分体会到“隐性教育”的意义，班主任就不再是急功近利，不再是盯着常规评比的分数，每天生活在焦虑之中的班主任，而是做真正具有匠心而又充满

浓浓温情的班主任，用足够的敏感、足够的智慧去引领孩子们成长。

## 五、科研引领，内涵升华

在我作为广东省第三批名班主任培养对象的学习和培养过程中，我得到了非常专业的科研方面的指导，这使我能够用科研的态度来对待自己的工作，并优化了自己的工作，从而让自己得到了提升。

由于有“作业”的要求，我在自己的德育工作中，开展了三轮行动研究，通过搭建各种家校信息互动平台，并在实践的环节中进行分析、选择、加工、实验、总结、反思，探讨实验进程的有效性，并记录、整理各种实验数据和成果，形成如何利用信息互动平台提高德育成效的阶段性小结经验类文本资料。在我的课题“基于信息互动平台的中学家校合作行动研究”的实施阶段，主要运用了三种研究方法，并实现相应目标，具体如下：①行动研究法：通过三轮行动研究，经过多次分析、判断、反思，反复实践论证，通过螺旋向上的实践论证找到一种可操作的互动方式，并总结出具体的操作方法；②个案研究法：通过对不同家庭不同特点学生的个案研究，从特殊经验里提炼出具有普遍性的规律；③教育叙事法：以教育日记或反思日记为载体，对家校互动的实践操作过程加以叙述、体会、反思，得出经验。

为此，我认真撰写了班级博客《经营明天》，并在记录班级成长的过程中，积累了大量的素材。整整一年下来，百来篇的博文，写实、叙事，记录着班级的点点滴滴。如今，课题顺利结题了，可每每看到博客里的文字，我和学生们都无比感动。我突然觉得，一个人要从“工事”向“工程”迈进，科研的引领非常重要，只有用研究的态度，我们才可以在做完烦琐的事务性工作之后，总结出行之有效的经验，并将之迁移运用到其他工作细节中，从而提高工作成效。

## 六、守住底线，追求境界

教师职业的“师德师风”被认为是从根本上决定着整个社会的道德水平的三个领域的职业道德水准和风貌之一，这无疑佐证了教师作为人类灵魂工程师的重要性。对于身为老师的我而言，既感到一种莫名的自豪感，更感到一种沉甸甸的压力。

只有懂得“伦理”的老师才能对学生进行“人伦教化”；只有懂得“为教之理”才是“为师之道”，并将两者转化为“为师之德”，才能成就一个教师的职业道德品质。以前的我，思想停留在浅薄的层面，知其一不知其二，不知师德之核心。无所知，就无所谓“改进”与“提高”。而今，有了清晰的认识，问题的解决就不再遥远了。“内在德性，外在德行”，知行统一，势必要先有良好的“德性”，才能坚守良好的“德行”。

诚然，随着自己工作平台的不断提升，我不仅仅重新认识了“教师”这个职业，还清晰地认识到退一步海阔天空的“境界”，同样也认识到不可逾越的“底线”。我经历过为“小事烦不完”的窘迫和尴尬，在家长面前“为和而和”的委屈和低微……那种无法释怀的不甘当时曾经困扰自己多时，可此时此刻都被化解了。我相信“伟大的转变在内心悄然发生”。但愿每一位教师都能守住底线，追求境界，在自己的教师、班主任职业生涯里有所作为、有所追求、有所成就。

（华南师范大学附属中学　陈　妤）

# 5 至诚育桃李　无愧为人师

2002 年，郑学明老师从湖南来到了广东省珠海市斗门区第一中学任教。15 年来，郑老师在教育教学一线敬业履职、乐于奉献，由一个普通教师逐渐成长为一名市名教师、省名班主任和省特级教师，取得了从教近 30 年来最为辉煌的业绩；15 年来，郑老师勤于反思、甘为人梯，潜心致力于教师专业化成长、高中班级建设和家校合作等领域的实践与研究，先后主持四项省、市级课题，主持或参与市内外教育培训讲座 80 余次，在教育类权威报刊公开发表教育教学论文 30 多篇，有效地发挥了“名优特”教师的示范、引领作用。

## 一段经历，积淀了无穷的智慧

郑老师在一次媒体采访时曾这样描述自己：“郑学明，党员，男性，来自湘北农村，50 载人生旅程有些许坎坷，13 岁学瓦工，15 岁做漆匠，20 岁还当过小商贾，真正体验了‘劳动是人类谋生的手段’。只因天生不甘人后，遂于 22 岁重操‘童子业’，啃了几年《资本论》，方留下今天腹中的几滴墨水。耕耘于三尺讲台，教过语文、政治，管过德育，干过教务，先后送走毕业生 20 余届，自认能吃苦耐劳、较好地为人师表。”

确实，与同龄人相比，他多一份经历；与同事们相比，他多一份体验。而正是这些与众不同的人生经历和体验，养成了郑学明老师为人诚挚、处事勤勉的个性，也为他的教书育人之路积淀了无穷的智慧。

“没有爱不成教育，仅有爱完成不了教育的使命。成功的教育取决于爱与智慧的完美结合。”郑老师认为“生活是最好的课堂”，主张把最本真的生活正能量，用最朴实的语言、最扎实的行动和最真实的情感传递给学生。他坚持从习惯的养成入手培养学生的品质，靠着自己的言传身教潜移默化地感召学生，尤其善于营造良好的班级文化氛围凝聚学生力量，激发学生潜能。“要想改变世界，先得改变自己”“态度改变命运，实干创造人生”“也许有一天，你也可以创造奇迹”等教室内定期更换的励志标语和“让青春担负起责任”“离目标，你还有多远”“明天，你用什么推销自己”等一堂堂极具感染力的主题班会课每每使学生的心灵深受震撼。

有一年，郑老师中途接手做高二某班的班主任，他面对的是 50 多个经过重点班筛选后剩下的文化基础较差的学生。这些学生学习兴趣不浓，进取心严重缺乏，很多同学自信不足而自卑有余。郑老师一方面耐心地与学生们一道拟订合理的学习目标，组建学习小组；一方面尽力创造条件支持孩子们参与主题班会、歌咏会、校运会、辩论赛、英语晚会、心理兴趣小组、“国旗下的讲话”等各项有益活动，鼓励学生展示专长、增强自信。这一系列有意义的活动，让那些生性拘谨、有自卑心理的学生正确地认识了自我，发现了自身的优势，他们一改往日畏畏缩缩的状态，开始主动与人沟通，个性也渐渐阳光起来。

观念是行动的先导。在郑学明老师看来，一位成熟的教育者，必须引导学生树立五种观念：其一，团队观念。自己的学校、自己的班级如同一个家庭，全体同学都要共同维护家庭的形象和利益，都要为这个家庭的发展贡献自己的力量。有了团队观念就会产生集体的凝聚力。其二，责任观念。学生在学校，既要学习知识，也要学习做人。学习是一种责任，做人也是一种责任，一种对自己、对家人、对集体、对社会的责任。其三，竞争观念。没有竞争就没有进步，要敢于参与竞争，要勇于接受磨炼。要在拼搏中寻找自己人生的坐标，要在拼搏中去实现自己人生的价值。其四，效率观念。学习要讲究方法，要有良好的心态，方法是提高学习效率的关键，心态是提高学习成绩的保证。学习不能拼消耗，要注重量的积累，更要持之以恒，善始善终。其五，自立观念。要逐步形成自我教育能力、自我保护能力，既要养成主动学习、自觉反思的习惯，也要学会一些基本的生活自理和规避风险的能力。郑老师认为，如果这些观念在学生的脑海里扎根了，那么他们的行为也就规范了，老师管理起来自然就得心应手。即使偶尔出点小问题，学生也会自觉地及时予以纠正和完善，良好的学风、校风也因此能够迅速地形成并得以保持。

15 年里，郑老师一直在用实实在在的行动证明着自己的观点：“人生经历是一笔珍贵的资产，是无法用数字衡量的财富。它能磨砺一个人的意志，造就一个人的品格，增长一个人的才智，拓展一个人的胸怀。”

## 一份责任，彰显着无华的人格

在担任班主任期间，为了使班级管理工作有的放矢，郑老师常年以校为家，每天坚持早、中、晚“三到班”，他经常深入学生宿舍，了解学生的学习、生活情况；每个学期坚持与班上的每位学生进行四到五次的个别谈话或其他方式的交流，与学生家长保持密切联系，全方位把握学生的思想动态。正是这一系列耐心细致的工作，使他对班上每位学生的家庭情况和个性特征都了如指掌，因而在做学生的思想工作时针对性强，转化率高。

现在已为人母的小元曾是一位十分叛逆的富家女孩，在转学进郑老师班级之前，早恋、厌学，每日浓妆艳抹，处处挑三拣四，动不动就顶撞老师，甚至还在学校办公室里公然跟老师拍桌子对抗。接受这个孩子之后，郑老师有意在一些场合让综合素质较强的同学主动接近小元，诚恳地与她交朋友。郑老师自己做得最多的，一是利用课余时间寻找小元感兴趣的话题与之交流思想，不失时机地为其指导学习方法、指明努力方向；二是保持与小元家长的日常沟通，做到彼此互通有无，全面把握孩子的情绪、行为动态。小元哪怕在学习或生活上只是偶尔取得一丁点进步，郑老师都会及时予以肯定和鼓励。2006 年 10 月，小元家长第一次参加家长会看到女儿课桌上端端正正地贴着“中国传媒大学”的高考目标时，简直不敢相信自己的眼睛；而 2012 年 7 月，当小元用双手把自己中国传媒大学的毕业证、学位证恭恭敬敬捧到郑老师面前时，大家真的是感慨万千。

郑老师曾说：“高考虽然能够影响人的一生，但分数决定不了人的命运。若把分数当成评价学生的终极目标，用一个模式去规范、要求所有的学生，不仅有悖于教育的初衷，也不符合社会发展的要求。”他认为，每个学生身上都隐含着独特的潜能，都蕴藏着闪光的东西。只要教育者全面评价每一位学生，真心欣赏每一个孩子，尤其是耐心帮助那些学习上的“弱势群体”找到自身的优势，这样他们就能抬起头来走路，挺起胸来做人。一些往届的毕业生说：“我们未能记住郑老师当初是怎么教我们做题的，但我们记住了郑老师是怎么教我们做人的。”

现已是珠海市第三中学教师的小黄，当年高考之前的某个晚上突发高烧，郑老师陪她上医院打针直到凌晨三点。为了偿还郑老师垫付的医药费而不被其推拒，小黄只得把装有钱和留言的信封悄悄塞进他的办公桌：“敬爱的班主任，您好！当纸币随这封信一同滑出信封时，您可能会很惊讶。很抱歉，我不知道医药费的准确数字，只能先还您这么多。这几天我都在考虑，怕您不肯收下。毕竟，师生间的情谊怎能用一张纸币来衡量？是的，纸币是价值符号，它的全部意义只在于商品流通，可如果班上的同学都像我一样在学校生病了，老师您能照顾多少呢？因此，再次恳求您收下这张纸币连同这封信，不然，我会觉得不安心。没有太多华丽的语言可表达我的感激之情，我只能上好每一节课，记住老师的每一句话，强身健体，用心学习，努力做人。我想，这也是老师最想要的回报吧。”

以“传递育人信息，沟通育人方法，共享育人快乐”为主题的教育咨询服务是郑学明老师所主持的省名班主任工作室的一大特色，其在家庭教育指导方面一直有着良好的社会口碑，作为创始人和主持人的郑学明老师从教育咨询室的设计、装饰到工作主题的确立，从教育咨询流程的构想到咨询室工作职责的制定，从教育资讯的筛选到服务中棘手问题的解决，总是亲力亲为，追求完美；对家长咨询的问题，他结合自己做家长、做老师的体会，与家长进行真诚的交流和沟通，尽心尽力运用自己所掌握的知识技能和储备的各种教育信息资源为家长充任教育顾问、担当好教育参谋。他接待来访的家长人数最多的一天有五六个，时间最长的达到七八个小时，有时候忙得连饭都顾不上吃。

“肝血管瘤。随诊。”2014 年高考志愿填报期间的某个晚上，当家人把白天拿到的体检报告单摆在刚接完家长电话的郑学明老师面前时，他淡然一笑，说了句“良性的，没事”，又继续在网上给学生解答疑难。

郑学明老师常说：“一个学生，对我们而言，只是五六十分之一，但对一个家庭却是百分之百。作为教育者，我们没有理由拒绝那份期待。”按理说，作为高三教师，高考结束就意味着暑假的开始，但郑老师并没有清闲下来，只要有工作需要，他依旧每天正点赶到学校，在工作室里接待家长，指导学生。

## 一片真诚，赢得了无价的信任

从教近 30 年，无论是担任班主任还是从事教育教学管理，“以诚相待，一视同仁”是郑老师始终恪守的工作信条。无论课堂内外，他从不以学生学习成绩高低和家庭条件好坏论亲疏，在教育教学过程中对学生始终平等相待，热忱地关心着每一个同学的学习和生活。他认为，在阳光下成长的每一个孩子，都有共享教育资源的平等权利，作为教育者没有任何理由厚此薄彼。

2007 届学生小谢，父亲病痛缠身，弟弟年幼上学，一家四口仅靠身体瘦弱的母亲打零工维持生活。小谢一度濒临辍学，是郑老师及时予以支持，并为他拉来社会热心人士的援助。高二学生小林，父亲突遇车祸身亡，无助的母亲终日以泪洗面，两个刚上大学的兄长和她徘徊在辍学的边缘，是郑老师开导他们，并通过学校师生的捐赠，帮助其解决了生活的后顾之忧。

常言道：“感人心者，莫过于诚。”真诚是人交往的前提，诚心是沟通师生心灵的纽带和桥梁。笔谈作为郑老师常用的沟通方式，字里行间清晰可见他对待学生的热情与坦诚。

“人生来不是给别人做配角的，你不能把自己当弱者！一个人可以被人爱，也可以被人恨，但绝对不能被人看不起！家家都有难念的经，你只有改变自己，才能改变家庭！”这是他对小谢在关键时刻的鞭策。

“你可能不成功，但你不能不成长。再长的路，一步一步总能到达；再短的路，不迈脚则永远无法走完。”“拥有青春，你没有理由不自信！哪怕是最后一天，你也可以创造奇迹！”这是他对几位基础薄弱的学生写下的鼓励话语。

“短暂的人生旅程中，平凡而真诚的我们感受着阳光的炙热、月光的清辉。一天过去，已不会再来；一辈子过去，就永远地消逝。时刻想着，自己还有一些事情没有做好，自己还有一些愿望没有实现，自己对父母的爱与孝还有欠单。这样，我们就会倍加珍惜生命中的每一天。”这是他在班上一个一度玩世不恭的学生的作业本上留下的批语。

“做人须诚心，对自己真诚，不做说话的巨人、行动的矮子；对身边的人真诚，不虚伪欺蒙、卖弄造作。做人须静心，沉不住气，就成不了事。做人须尽心，做事应尽力，要么不做，做就做好！做人须舒心，人要学会释怀，不要去计较业已发生的不愉快，不要去算计生活中无足轻重的得与失。不要老是抱怨生活，生活根本不知道你是谁！”这是他在班级日志上对全班同学寄予的期待。

其实，人不是生活在真空里，谁都难免有很多不顺心的地方。但无论何时，郑老师从不把自己的苦闷带给自己的学生。作为班主任，他交给学生的唯有一份关心、体贴和亲近。他说：“没有不想飞的鸟儿，只是飞的起点有高有低，速度有快有慢，路程有远有近。只要我们用一颗炽热的心去温暖每一位学生，真诚地关心、爱护和帮助每一个孩子，他们终将会成为有用之材。”

正是因为郑老师以诚挚开路，他的工作得到了学生们由衷的信任和支持，各项活动也每每开展顺利。

“老师，熬夜伤身，注意保重身体。如果难受了，用热毛巾焐眼，是很舒服的，而且有助于消除眼疲劳。菊花茶清热明目，多喝对身体有益。找不到菊花，金银花功效也不错。”2007 届的学生见他工作劳累时，悄悄给他泡制好菊花茶并在办公桌上这样留言。

“驿外断桥边，寂寞开无主。已是黄昏独自愁，更著风和雨。无意苦争春，一任群芳妒。零落成泥碾作尘，只有香如故。”这是他一度被人误解时高三（18）班同学对他的声援。

古人云：“以利相交，利尽则散；以势相交，势去则倾；以权相交，权失则弃；唯以心相交，方成其久远。”正是因为学生在郑学明老师身上看到了一颗真心、一份公心，孩子们在他身边就逐渐有了一种归宿感、安全感，他们之间自然就能建立起相互尊重和信任的和谐关系，从而形成心灵之间的长久的积极融合。

“班主任身上始终氤氲着一股真气，就像老爸一样，实实在在地教育、关心我们，没有一丝虚伪与造作”，这是学生对他的评价；“多变的角色，不变的真诚”，这是学校同事给他的评价；“至真至善，尽职尽责”，这是学生家长对他的肯定。不少家长经常来电或专程赶到学校表示谢意，有的家长甚至让孩子给他捎来了刚从地里采摘的香蕉和玉米。

有人曾半开玩笑地问既是市名教师又是省名班主任的郑老师：“你啥名都有了，还这样辛苦做什么？”他淡淡一笑，而后在自己一篇题为《守住真诚做教育》的文章里作出了回应：

世界上没有不为名利的超人，只有善待名利的智者。人不是生活在真空里，正常人的追求，都离不开名利。区别在于用什么样的手段，追求什么样的名利。刻意回避名利其实是一种虚伪。如果真的到了生活没有一点烦恼，把世界上的一切都看透了的时候，人的生命也就走到了终点。所以，你若说，这“名”那“名”，什么都是浮云。我只能认为，这顶多算是一种谦卑。正当的“名”，意味着一份实力，它是一种认可，更是一份尊严。不择手段追名逐利可耻，依靠真诚的劳动、实在的本领赢得尊重可敬。教师的名利在哪里？我始终觉得，金杯银杯不如学生的口碑，金奖银奖不如家长的夸奖！

## 一股执着，收获着无愧的人生

“要么不做，要做就做好”“要打造好学生，必须打造好自己”是郑学明老师的两句口头禅，也成了许多老师和学生经常引用的“凡人锦言”。

郑老师始终视教学为立身之本，每每以近乎苛刻的要求对待教学过程的每一环节，教学设计精益求精，解答疑难不厌其烦；为了提高学生学习的实效，他坚持定期进行学情调查，并及时根据反馈的信息灵活调整教学策略，其朴实自然的教学风格和轻松活跃的课堂氛围令很多往届的学生至今仍记忆犹新。多年以来，郑学明老师的教学满意率一直保持在100%，他多次被评为“最受学生欢迎的教师”；而无论是高考还是其他大型考试，他所教班的成绩优秀率、合格率始终名列年级前茅。

“用秕谷来养青年，是绝不会壮大的”，郑老师一直以鲁迅先生的这句格言自勉。他认为，在变化日新月异的社会，年轻教师需要学习，老教师也需要学习，只有在学习中去发现、在学习中去完善，我们的教育才能逐渐具备一种深度和高度。为了提升业务素养，他除了在工作中虚心学习、借鉴他人的经验，还积极参加各种形式的继续教育，促使自己在学习中汲取养分。在斗门一中工作的这些年，郑老师不仅顺利完成了湖南师范大学法学理论专业研究生课程班的学习任务，而且参加了全国中小学班主任岗位培训、广东省中小学心理健康教育培训和广东省英特尔未来教育项目培训，尤其在成为广东省中小学骨干教师培训对象和广东省中小学名班主任培养对象之后，其教育教学技能得以迅速提高，在各个领域均收获了较为丰硕的成果。

反思是郑老师的一种习惯。他在《班主任》杂志上发表的一篇文章中有这样一段话："教育的生命在于反思，'永远正确'的老师最失败。如果一个教师仅仅满足于获得经验而不是对经验进行深入思考，那么，即使他有 30 年的教育教学经验，也许也只是一年工作的 30 次重复。班主任工作诚然很累、很烦琐，但反思是一盏明灯，能引导我们走出陈腐和疲惫的泥潭，迎来'柳暗花明'后的甜美与清新。"平时，郑老师喜欢安静，耐得住寂寞，经常一个人手捧一壶清茶，独自琢磨一些教育教学案例，并把他人的观点、经验拿来跟自己的体会反复进行比照，而正是这种坚持不懈的自我反思，让他产生了许多工作上的灵感。正如他自己说的："如果你能坚持不懈地在琐碎的日常工作中一边实践一边反思一边总结，不论是成功的、失败的，你都予以客观地剖析，并从中获取有益的营养，久而久之你就会发现自己的教育经验越来越丰富，教育过程越来越轻松，而以前经常抱怨的苦恼会越来越少，从未体验过的快乐也随之会越来越多。"

郑老师多年的真诚奉献虽然为他带来了一系列荣誉，但最令人感动的，还是历届学生在内心深处对郑老师的一致认可。2014 年 7 月第一个周末，郑老师应邀在珠海市青少年妇女儿童中心开设亲子公益讲座，他怎么也没有想到一位四年前毕业的学生在媒体上得知消息后，竟然和她的父亲专程挤公交赶到现场。当她突然出现并把一捧芳香扑鼻的鲜花送到郑老师怀里时，郑老师惊愕了半晌。

"教书育人是门实实在在的良心功夫，马虎一些，没谁指责；费神一点，无人知晓。既然选择了它，就要用踏实的行动夯实自己的实力，用做人的良心捍卫教育的尊严。做人，就要做一个真实的人、一个善良的人、一个问心无愧的人！"这是郑学明老师在广东省中小学名班主任巡讲中所表达的心声，也正是他兢兢业业对待教书育人工作的真实写照。

（珠海市斗门区第一中学　郑学明）

# 6 冰心催桃李，智慧育芳林

在江门市第一中学，有这样一位老师，27 年来即使在动了四次手术的情况下仍然扎根一线，无怨无悔，获得了学生和家长们的一致认可，她就是杨青兰老师!

## 冰心催桃李

20 多年来，杨老师一直活跃于学生中间。她教过普通班、后进班、尖子班等各种类型的班级；接触过上进、桀骜、乖张等不同个性的学生。但是，凭着爱，她让每一面优秀的旗帜在班中迎风招展；凭着爱，她让每一位学生抬起头来走路；凭着爱，她获得了众多学生“亚母”“兰姐”的尊称!

有位陈姓女生，考试怯场心理严重，为了解除她的心理负担，每次大考小考之前，杨老师把她邀请到家里提供食宿，克服不懂厨艺的难关，一天三餐亲自为她下厨，在吃饭过程中聊天，以母亲般的情怀细心呵护，减轻她的心理压力，一直坚持了四年。一位梁姓学生，父母因忙于工作，无暇顾及他的晚饭，他常空着肚子来晚修，杨老师获悉情况，不顾自己当时身怀六甲，二话没说，接该学生到家里吃饭，每天亲自为他买菜、煮饭、洗碗，不计报酬“养”了他六年。一位张姓学生因伤需特别护理，杨老师每天六次骑着自行车送他上学回家逾十公里，一直坚持了近半个月时间，直到他痊愈。一位杨老师曾教过的陈姓学生患了绝症，杨老师获悉这一情况，不顾刚摔断的右腿的伤痛，两次带头捐款，并在学生的背负下去探望这位患病学生，使得患病学生及其家长感动得热泪长流……

每天晚修后，杨老师都会护送一位黄姓女生回家，为的是避免这位女生和社会青年鬼混。这项护送工作风平浪静了一段时间，变故发生了。那是一个料峭春寒的晚上，毛毛雨挟着寒风，扑面而来，江门的港口路，当时还是一条黑灯瞎火、人烟稀少的路。当杨老师和这位女生走到唯一有点灯光的东湖百货门口的时候，这位女生用手指了指商店门口，说：“老师，你看!”杨老师侧头一看，并没有发现什么异样的东西。可当她转过头来，却愣了——这位女生居然已坐在一位男青年的自行车尾座上，在她目瞪口呆之际，飞驰而去……当时的杨老师，本能地立刻扔掉雨伞，脱下高跟鞋，在港口路上演了一幕“生死时速”：自行车在她的不远处颠簸前行，杨老师赤着双脚在坑洼不平的马路上奔跑，阴森恐怖的夜、寂静少人的路，以及农田里不知名的虫叫声，让她这个自幼体弱多病的人筋疲力尽、惊惧交加，几乎虚脱——虽然最后的结果是徒劳，他们拐进了炮台新村里的一条小巷，杨老师硬着阵阵发麻的头皮跑了几公里，找了一个多小时未果。那一晚，杨老师踟蹰在冷冷的夜，披头散发，拎着高跟鞋，跛着双脚，雨水泪水双双落下，那是一幅多么令人震撼的图景啊！

难怪有一位自诩“无恶不作”的学生，在一篇《我是怎样被收服的》的反思中深情诉说：“初中的我曾是一个懵懂无知的叛逆少年，顶撞老师、拍拖、打架斗殴，都是家常便饭，直到我遇到了她——兰姐。兰姐是我心中的神，我非常爱戴兰姐。”

总有一种力量会让人泪流满面，那就是爱！杨老师就像点点萤火，用微弱而恒久的亮光温暖着万千学子的心田！

## 智慧育芳林

在班主任专业化发展的道路上，杨青兰老师下了智慧的“三步棋”：

第一步，转变理念，普及“庶民”德育。杨老师明白，教育者总爱追求所谓“完人”“圣人”的道德教育，如孔圣人所言：“若臧武仲之知，公绰之不欲，卞庄子之勇，冉求之艺”，并且“文之以礼乐”，那么，这些多才多艺的人“亦可以为成人（完美的人）矣”。殊不知，每位学生不一定要开成洛阳牡丹，因为每一位孩子都有自己的“花期”。杨老师认为转变理念，要从先进的理论切入。没有先进的理论作为“制高点”，一切都将是纸上谈兵。因此，杨老师精挑细选，购买了上万元的理论书籍，分四期向工作室全体成员推荐阅读书目和文章，组织成员采取集中学习和分散自学相结合、自主研修和专家引领相结合的形式，通过沙龙、无主论坛等开展读书交流活动。要求每位成员三个月精读一本（一年读四本）与德育有关的书籍，并撰写读书心得，定期开展读书交流，每人一年上交两篇教育随笔或德育叙事案例。两年来工作室成员写出了上百篇高质量的读书心得，并在工作室创建的《简报》上发表。理论功底的夯实，让工作室成员打破了育人的“成人”情结，还原德育的“庶民”意识，不揠苗助长，设置孩子精神拔节的最近发展区，让每个不同个体达到应该达到的高度。不管是“草莓族”（心理脆弱者）、“迷网族”（网络沉迷者）、“青苹果族”（低龄恋爱者）还是“追星族”（狂热追星者），他们都成为名班主任工作室团队雕琢的“艺术品”！工作室理念的转变，像蝴蝶效应一样，让众多老师纷纷效仿，也让工作室团队赢得了众多后进“粉丝”的拥戴。

第二步，走下“神坛”，构建智慧德育机制。杨老师认为，“智慧德育”必然属于“民主教育”，没有平等，就没有德育，民主的管理机制“不是用来束缚，而是用于攀登”的。从主持人的层面而言，杨老师率领团队筚路蓝缕，为工作室工作的开展“画了一个圈”：组织机构、制度建设、团队建设，以“规范”作为关键点，确定了“不在同一直线的三个点”。组织机构的规范建设保障了工作室的“血液流通”，给工作室以政策层面的支持；制度建设的规范保障了工作室培训工作的顺利开展，给工作室以培训层面的支撑；团队建设的规范保障了工作室成员学员专业化道路的建设，给工作室成员学员的成长作保障。三大机制的制定，撑起了整个工作室的运作，为工作室“智慧”品牌的研讨开展“排雷扫弹”，也为工作室能从烦嚣的世界中回到自己的“瓦尔登湖”，于沉潜中做事安放了一盏“明灯”。当然，作为班主任的杨老师，也让班级德育机制的构建充满了人间烟火气，从班规公约的“刑上班主任”中对班主任的“八项特权”的约束，到“致班人的公开道歉信”，到班主任因过失而罚扫班级卫生等种种举动，无不彰显杨老师“王子犯法，与庶民同罪”的平等思想；从“今日我当家”把每个学生推上“家长”的“显赫”地位，到变“他人控制”为“学生自治”，充分体现了杨老师甩开臂膀，“让学生成为班级的主人”的智慧管理。让德育走下神坛，更接地气，用人性化人文性的德育思维代替傲娇、睥睨一切的德育思维，用矮下的身子成就德育的高度，会让德育工作更走心、更有成效。

第三步，智慧途径，讲究德育之术。探索智慧途径，杨老师在以大爱为“道”的准则下，也讲究德育之术。她以课题“智慧型班主任专业化发展的行动研究”为统领，协调、整合、融通工作室成员和学员工作，以“整体推进、各个突破，成员引路、分题深入”的研究路径以及“在学习中起步—在实践中提升—在研究中推广”的科研思路，以点带面，提纲挈领，形成金字塔般的研究模式。同时，层级分解研究的内容：第一阶段的研究核心是“班主任的创新智慧”，第二阶段的研究核心是“班主任建设班集体的智慧”，第三阶段的研究核心是“班主任开好主题班会的智慧”，第四阶段研究的核心是“班主任沟通的智慧”。每一个阶段都以“公需课”和“自修课”的途径完成，各成体系，又四位一体。“公需课”包括专题讲座、无主论坛、主题班会、对口交流等开放式研究，“自修课”包括工作室选定的推荐书籍学习心得、教育案例等的撰写，分解目标，层层落实，有条不紊地挺进班主任智慧的“大山”！因此，从班级管理的“借力打力”之术，班级活动设计的“小、近、实、序、趣”之术，班级文化建设的“四度（高度、深度、热度、宽度）空间”之术，到班干部培养的“帮、扶、牵、放”之术，与学生沟通的“同理心”之术等，杨老师集“编、导、演”三位于一体，多渠道、多方式、多层面带领成员学员去把德育做细、做实、做活。杨老师说“累了自己，毁了学生，并不是理智的做法，更不是智慧的过程”。此外，杨老师也深明“猪一样的队友”是可怕的，“人傻钱多”只能凸显德育队伍思想的贫瘠。因此，寻找智慧“仙丹”的关键还在于“炼丹人”。为了提升团队的智慧，杨老师着力于四大节点：人员的选择——“和而不同”的团队；目标的引领——智慧德育（以“智慧德育”为研究方向，致力于推动班主任专业化成长和发展，建设一支综合素质好、工作水平高、科研意识浓的优秀班主任队伍）；管理的机制——“五个一”工程（建立一套严谨的内部管理制度、建立一套完善的人事档案、健全一套完备的督查考评体系、组建一支过硬的信息宣传队伍、树立一种和谐向上的团队精神）；培训的模式——“四六”培训模式（四种培养途径：导师培养、专家引领、自主研修、榜样示范”；六种研修方式：学习培训、班会观摩、教育叙事、课题研究、无主论坛、交流展示），并通过“实践体系”“特色体系”以及“思想体系”的层递式课程设计，逐渐把成员学员培养成特色鲜明而又智慧丰盈的专业化班主任。尽管班主任施展的空间是有限的，但是，杨老师仍然相信，渗透智慧的教育，还是能够把德育的“蛋糕”做细、做实、做好！

## 夹缝中守理想

杨老师一脚踏进教学肥沃的土壤，一脚踏进教育贫瘠的大地。作为江门一中的语文科组长、作为广东省百千万名师培养的优秀学员，本来杨老师完全有逃离“贫瘠”地区的条件，可以在教学的“阳关大道”上高歌猛进。可是，一声遥远的呼唤、一个温暖的印记、一张青涩的脸庞……让她对班主任工作产生了热情，扎根于这片广袤的黄土，承受着猎猎西风，直到日入黄昏！四年多以来，她扛起了五邑大地第一面名班主任工作室的鲜红旗帜，为传播智慧的火种，走遍了五邑大地，带领 100 多名骨干教师参与到课题研究中，举办了 100 多场智慧德育专题讲座及研讨活动，惠及 8 000 多人次，带领团队写下了数十万字的智慧之思，团队中获得市级以上综合荣誉的共有 100 多人次……

作为一线老师，杨老师游走在教育与教学、一线班主任与高端主持人、素质与应试、理想与现实之间，使尽洪荒之力，只为夹缝之中仍旧坚守、方寸之间仍能起舞！人生的境界是什么？杨老师用冰心与智慧做了深情的注脚。

（江门市第一中学　杨青兰）

# 7 一个理想主义者的坚守

她似乎是个难以被定义的教师。她头脑灵活、才思敏捷，她能说会道、善于沟通，本来可以有很多机会转行跳槽，但她却一次又一次地拒绝了入仕从商的机会，开开心心地在教师岗位上一干就是30余年。她自己办过学校，当过校长，做过德育主任，却在职业生涯的最后几年，又一次回到一线，重新申请当班主任。她酷爱上课，但不押题，不钻研考纲，却总能轻松愉快地把语文这门总是吃力不讨好的“边缘”学科教得风生水起。

她年过半百却能与年青人零代沟交流，身边尽是年青朋友——“我要把自己所有的经验传给你们，让你们也能感受到做教师的幸福与快乐”“我们一起学习，一起成长”。她“不管”学生，从不量化管理，从业30余年从未呵责和训斥过学生，但她的学生都特别信她服她。她不讲“苦读”，不提“勤奋”，从不给学生学习压力，却让学生在玩乐中会学、乐学，完胜高考。

她获奖无数：“广东省特级教师”“广东省名班主任”“广东省名班主任工作室主持人”“广东省德育百佳教师”“南粤优秀教师”“南粤建功立业女能手”……可以说，她也算是业界女强人，但她身上却没有任何“劳模”的凝重和疲惫，丝毫没有“殉道”的悲壮与沉重。她目光依然纯净明亮，光洁明净的脸上永远充满笑容；她精力充沛、精神饱满、步伐矫健、淡定从容，她以极富感染力的年轻生命状态诠释着做教师的另一种可能——教师的人生亦精彩。

“现实很骨感，也许我不是一个传统和爱妥协的人，我更愿以一个理想主义者的坚守来回应这苍白无趣的现实”，她就是广东省中山纪念中学教师韩宜奋。

## 一、心有信仰自快乐，不随俗流守本心

一直无缘与好教师相遇的韩宜奋遗憾地度过了自己的中学时代。于是，在填报高考志愿时，“师范”成了韩宜奋的唯一选择——“我无缘遇到好老师，就自己当个好老师”。“当个好老师”成为韩宜奋的职业理想和信仰：当有人劝她跳

槽从政经商时，她不忘初心，痴心不改，“我的本事就够做这个，做好了也是一种成功”；当别人牢骚满腹、怪话连篇的时候，她在开开心心地好好教书，“教多几个好学生，社会就会因为我而改变一些”；当别的教师抱怨工作太苦太累时，她在不断地提升自己。专科学历出身的她再读本科，拿了学士学位，还考了研究生。她主动参加各种能提升自己的培训，大量阅读，积极思考，久而久之形成了一种极强的捕捉和消化新信息的能力，锻炼出举重若轻的本领，“本事、能力比工作大，就不苦不累”。因此，她对工作从不挑肥拣瘦：她教过最差的班，在“危难”时接手别人搞不定的班级；超工作量、顶班是常事。她曾经在做德育主任同时担任班主任、教两个班的语文，还承担校长的文稿撰写任务。她组织学校的文艺活动，承担学校的墙报宣传工作，管理女生宿舍，担任教师培训，组织教工文艺活动，管理学校心理教育方面工作，承担班主任队伍的专业建设工作。甚至有时，学校里要撰写一副对联，她也是当仁不让的“写手”！有人笑她傻，有人以为她要博取什么，她不辩解，只是毫无怨言地开心干活。因为她知道，“每干一件事儿，我的功力又增加几成”，“每一件事都会刺激我去思考去创造，本事就会增长不少”。她不但完成领导布置的工作，还会主动揽事：设计策划“百日誓师”“毕业典礼”“开学典礼”。从每个环节的设计到每个句子的撰写，到每个步骤的导演，事无巨细，她无不亲自承办；为学校校庆写万字长文，带领青年教师成长……“主动承包，事情就会朝着自己喜欢的方向发展”，“每一项活动都会让我发现一个全新的自己”。在她看来，完成工作所带来的快乐，远远超过了所付出的辛苦。“你的能量超乎你想象”，这是她最喜欢的广告词。“又能挖掘自己，又能提高本领，何乐而不为！”

她也特别喜欢台湾大众银行的一句广告词：“不平凡的平凡大众。”她知道自己平凡，但她不甘于平庸：“教师是我能做的对社会贡献最大的事。”她给教师这个职业列了十大好处，鼓舞自己，也去鼓励年轻人：“行善积德；每天遇到最好的自己；最干净和美好，最不用仰人鼻息；最有情感回报……”每次跟人分享这些对职业的独特理解时，她脸上都会洋溢着幸福的光彩。她热爱这个职业，深深迷恋孩子们既纯净又充满爱的目光。“知道我为什么显年轻吗？因为天天沐浴在爱里。”“我只给了一滴春雨，但却收获了整个春天。”韩宜奋总觉得自己是赚大了。就这样，在别人对工作斤斤计较和牢骚抱怨的时候，她悄悄地在工作中完成了一次又一次的蜕变和飞跃，日益强大起来，自然也就快乐了。人家说教师很苦，她说不苦；别人问带高三累不累，她说不累。这可是她的真心话，因为她心中一直有个信仰：“当一个好老师。”从教 30 年，韩宜奋真的做到了。因此，她忙并快乐着。

她就是这样的人，身上永远看不到疲惫与懈怠，始终有着饱满的热情和充沛的激情。她热爱教师这个职业，享受工作伴随的快乐，善于发现和创造工作的幸福。从教以来，综合素质与能力极强的她经历过社会和时代的种种大潮，但始终都没有动摇过她要当好一名教师的追求。“我是一个平凡人，能做到最有贡献和意义的事情就是当一名真正育人的教师，为社会多培养几个有用的人才。”这是她的执念。正因为这样，除当好班主任和上好课以外，她还跟着校长到各地学校去做公益讲座；她主动带领几十个年轻班主任进行班主任专业成长探索，积极给学校提合理建议。她身上有着一种与众不同的淡定从容，做事做人云淡风轻。她乐于做一棵无人知道的小草，只要给她一个班，只要给她一个讲台。她特别自豪：从教 30 年了，每次听到上课铃声，仍旧会激动，依然会浑身充满干劲。

## 二、给个班级就快乐，专拣少年多处行

“以美好引领美好”“以文化引导成长”“以柔性德育促进向上”——这是韩宜奋的教育理念，也是她做班主任始终坚守的原则。

许多教师怕当班主任，韩宜奋却是个当班主任当上瘾的人。要论年龄、资历、业绩，韩宜奋都完全可以退居二线，但她还是一次又一次主动申请，当了一届又一届的班主任。“有了一个班级，就有了一块教育的自留地，你可以根据自己对教育的理解，在上面播种、施肥、浇水、修整”“当了班主任，教师才会真正在一个学校扎下根来，才会有幸福感和归属感”“教师当了班主任，才会有自己亲手滋养和培育的嫡亲学生娃”“当班主任能天天与年轻人同行，会永远成长、永葆青春”。韩宜奋是这样理解班主任这个角色的，她也是这么做班主任的。

韩老师是个有鲜明教育特色的班主任。尽管长期担任尖子班班主任，但她把情怀的拥有、责任的担当、胸襟的广阔、思维的活跃、情感的丰富、团队的合作、知识的广博、情绪的健康和自我的修为作为培养学生的第一要义。在她看来，只要奠定好终身发展的人生基石，成绩的收获就是水到渠成的自然结果。“大气、慎独、智慧、情怀、担当、乐观”是她的育人目标，“做人事、说人话、讲人性、通人情”是她的带班原则和风格。没有琐屑而僵化的量化管理，没有严苛而无情的惩罚，没有“假大空”的鸡汤说教，更没有紧张压抑的气氛。有的是灵活多样的主题班会和别出心裁的体验活动；看电影、演节目、听音乐，开论坛、讨论会、分享会。她让学生爱生活，关心社会，关注时代，悲天悯人；让他们在风华正茂时培养起“指点江山”的情怀和担当意识。她努力把班级营造为成长的乐土，经营成温暖的大家庭。因此，她班级的学生思维活跃，心灵纯净，

自由健康，大气阳光，有责任有担当，团结友爱；学生亲如家人，同进退，共分享，齐成长，班级永远洋溢着浓浓的爱和快乐。这种氛围也深深感染了每一位任课教师，激发了他们蓬勃的工作激情和创造力。科任老师由衷地问学生："你们怎么能做得那么好?"

从教30年来，韩老师保持了一个纪录：从不呵斥和责骂学生，从没跟学生有过矛盾冲突。她关爱每一个学生，关注每一个学生的成长，善于发现每一个人的优点，包容和理解学生的过失与不足：成绩退步了，"我等你，别急"；碰到坎坷了，"有困难，找老韩"；遇到心结了，"说吧，哭吧，一切都会过去的"；家长焦虑了，"要相信你的孩子"；做得不对了，"我知道你不是故意的，下次做好"。在她那里，学生所有的难题都能够被解决，所有的心结都能够被打开，所有的心事都能够得到处理。她跟孩子们没有代沟，孩子们都叫她"老韩"，她是班级的"班妈""韩妈"。

她也带过"最差的班"，有一年，在高三时她接手了一个由37位体育生组成的班级，面对这个已换了四位班主任的"极品"班级，她不嫌弃、不歧视、不敷衍。针对体育生能吃苦和竞争意识强的特点，她把主题班会开到操场上去，把思想工作做到体育生的训练中，她深入了解这些不受学习科目待见的孩子，深切理解他们对学习的无奈和恐惧。"我们只要不放弃，能学一点就会一点，慢慢来，我陪你们，我等你们""你们动作协调性好，我们先把字写好"，就这样，她一点点地"骗"，做深入的学习动员"洗脑"工作；一遍遍地"哄"，从自己教的语文学科开始，让学生慢慢尝到学习的甜头。一年下来，这个本来只有8个升学指标的班级，有27位同学考上了理想大学，没能考上的同学都纷纷选择了复读："我们今年学会了学习，明年再搏一年准能上。"

韩老师对孩子们的爱和引领，得到了家长的拥护和信任。从高一到高三，每次家长会，家长们总是全家出动，倾情参与。家长会主题鲜明，灵活多样。不谈成绩，不讲排名，不批学生，不训家长，只让每一个同学去展现他们的所学所悟，分享成长的美好和快乐。家长会总是充满着感人的正能量，欢声笑语，热烈互动，情感饱满。有时一开就是五六个小时，没有人退场和疲倦，家长会已经成为班级的嘉年华，家长们也纷纷亲切地叫韩老师"老韩""韩妈"。韩老师特别强调引导学生科学学习，智慧做人。她教学生科学的思考方法，学会感受学习的美好和快乐。在她的班级，学习不是强迫的事情，而是"我要学，我会学"，学霸乐于分享，暂时落后的也不自卑。同学组成了学习联盟，取长补短，全班学习气氛既浓厚又快乐。到了高三，他们更是充满斗志，激情奋进，焕发了无限的创造力。大家都惊喜地说："从没想过高三可以这样幸福快乐地度过。"落后的同学进步了，内向的同学开朗了，脆弱的同学坚强了，自卑的同学自信了。她的每个学生都会大方自信、条理清晰地上台去讲课、演讲、朗诵。每届高考，她的班级人人嘴里含着老韩送的“得胜糖”，阳光自信地走进考场，创造了一个又一个高考的新奇迹。2016 年广东高考回归全国统考，这是一个极大的挑战，但韩宜奋所教的班级不慌不忙，从容淡定地创造了中山市文科高考有史以来最好的成绩。

韩宜奋一直在创设最美好的教育和环境，营造最温暖的班级氛围，让学生在温暖和美好中悄然改变，主动成长。她的班上有花草，有班宠，有音乐，有满是书报的书架。班级环境温暖美好，生日有全班的祝福，小节小假有美食奖励的意外惊喜，有空随时可以特邀老师“聊天”，在“私聊”中师生相互了解，彼此也增进了情感。

“用最好的、最温暖的教育，让学生记住教育，感激教育，运用教育，传递教育。”她不会和学生说这个不行、那个不要，她只会尊重、理解、包容、引导、等待、悦纳。在她眼里，学生不是工作对象，而是个性鲜明的人，只有把他们当人，从人的角度读懂他们，与他们共舞，一切才会变得简单。所以她的班主任当得轻松简单，一切事情到她那里就不是事情了。她的治班理念让她抓到了班级建设的命门，把住了学生的脉搏。师生沟通无障碍，“老韩”与学生零代沟。

“众说纷纭时，要保持冷静，要深入思考，不从众，不苟同，不漠然”“做个有情怀和担当的人”“难得糊涂，吃亏是福，做事累不死人，没事做才累人”“还能帮助别人是一种福气，真要被人帮助才是不幸”“聪明的人如果变坏会更可怕” “要找规律，讲科学”“别喊苦，要对所有的困难和不开心说太好了”……对于老韩的这些金句，学生总会记得与践行。因此，她的学生阳光大气，坦荡健康，不狭隘，不短视，不自私。班级始终洋溢着温暖快乐的幸福气氛，同学们互助互爱，亲如一家，没有成绩优劣的差别，没有优生差生的区分。他们个个自信快乐，积极向上，勇于展现，思维活跃，全然没有应试高压下扭曲的痕迹。

韩宜奋是幸福的，她的每一届学生都跟她保持着特别好的关系，每次相见，总会深情地相拥。凛冽寒风中，已毕业多年的学生会特地回到学校：“老师，天冷，来看看您！因为我们读书那么久，从没老师正眼看过我们，只有您当班主任的时候，我们才第一次受到重视。”每逢节假日，各地的问候和思念的短信会“挤爆”手机。“老师，我报的是清华大学的哲学系，希望以后能振兴中国的哲学教育，因为您教导我们要做个有情怀有担当的人。”“老师，我们两个好了，您怎么看？您肯定会给我们最好的指引的！”是啊，因为付出了爱和尊重，所以她也收获了爱和信任。她的膝盖因软组织磨损，上下楼梯极不方便。每次上下楼，只要身边有她的学生经过，他们总会主动停下来："老师，我来扶您。"已毕业的学生，遇到人生的挫折总会第一个想到她："老师，请给我指点迷津！"

这也许是韩宜奋爱做班主任的原因吧！不管什么年代，从教以来，只要当班主任，每到期末，韩宜奋依然会虔诚地拿出心爱的钢笔，一笔一划给学生手写评语，"手写最郑重、最有感情，我希望保持着对学生、对职业的尊重""到退休我能教 3 000 多个学生，如果我对他们负责，让爱的教育在他们身上发芽，那我就为社会贡献了 3 000 多个好人"。这是一种多大的成就和幸福！

## 三、我的地盘我做主，我自独行且欣然

韩宜奋始终认为，一个好的班主任首先必须是业务过硬的。她觉得，如今的班主任不能再单靠苦行僧式的投入来打动和感化学生，更应该是以过硬的业务水平和智慧的工作来引领学生，给学生做最好的科学学习榜样。早在 20 世纪 80 年代入行之初，韩宜奋就对语文教学提出了质疑：为什么语文课总是一本教参、一套教法、一种答案？这样的课天天上，别说学生，就是老师自己也厌倦懈怠。从不按常规出牌的她决心要上让学生爱听、自己爱讲的语文课。她抛弃了那本死板的教参，把备课功夫放在课外。在资讯不发达的年代，她到处找书，博采众长，敢于推翻"正统"的解释；她想方设法，不落窠臼，勇于上各种形式的语文课。她要求自己"天天不同，课课不同，每次不同"。她大胆探寻各种路径，积极进行各种尝试，努力让自己的语文教学保持一种与时代同行的活力和鲜活灵动的吸引力；她决心让自己的语文科从"边缘"走向主流，成为学生放不下的科目。她认为，要想学生爱学，学好语文，就应该改变"拿起书本就学，放下书本就考"的现状，应该先让学生真正明白为什么学语文，怎样学语文，怎样的表现才是"语文很好"，语文的真正任务不在于完成多少进度，教完多少本课本，而是让学生在完成考试任务后还学还爱还用。

于是，韩宜奋开始了她自己的语文探索和实践。"语文是什么"，是一种精神，是一种文化，是一种情怀。"我就是语文。"韩宜奋的教学是先从自我开始的。她要求自己必须让学生从她身上看到语文人的美好和吸引，从她身上感受到语文学科的魅力和可爱。她跟学生讲察言观色的门道，讲分析议论的思路，讲阅读思考的趣味，讲情怀情趣的美好，对语文进行了全方位的营销，对自我进行了语文式的展现，精心而周到地把语文的魅力灌注到学生的心里，对学生进行"洗脑"，培养了自己的语文"粉丝"，让语文成为魅力无可抵挡的一门学科。

韩老师的班级三年里看了七八十部电影，班里有几百本书、几十种杂志报纸。她带着孩子们看啊说啊，玩啊写啊，讨论啊活动啊。她不让学生预习，“我要保持他们对语文的无限的好奇”；她从不猜题押题，她要学生“学做如来控悟空”“不做高考的奴隶，学做学习的主人”；她不许学生看高考优秀作文，反对学生机械模仿。“看一切你能看懂和爱看的书”“边读书籍边思考”“不拿纸笔不读书”“优秀作文都不是看这些优秀作文写出来的”；她不让学生看素材库，“不理解，没感情，用了就是‘贴狗皮膏药’”；她每天的课不一样，“我要用自己的不同来刺激学生的创造”；她每星期让学生写一到两篇作文，“我保证第二天改完发回给学生进行讲评”；她教学生科学学习，“科学在前，勤奋殿后”；她引进时代最新的思考方式：叙事、逻辑、框架、整合、互联网＋、格式化、大数据、分解式、混搭法、跨界法和学生喜欢的游戏；她不太做题，“我的作用是教你做”；她高三基本不讲题，她要求学生“每人讲一堂好课”；一切早在高一就开始滋养了。别的老师都是高三辛苦，但韩宜奋会在高一细细地给学生最坚实的引导：练字、剖题、试卷分析、讲评试卷、改错。“不做题海冤死鬼”“考后反思最重要”。但是，这些还只是应试语文的“术”，韩老师更注重语文学习的“道”：“用心用情最重要”“要有一颗悲悯心”“学会思考不盲从”“学文写文问苍生”“心有情怀永不老”“肩负使命方前行”。她想让每个她教过的学生明白语文的真正意义，理解母语的美好，自觉担当起传承的责任，成为一个有情、有思、有趣、有责的大写的人。

最后，她的学生都是“一口好话，一篇好文，一手好字，一腔情怀”，她教的文科生人文素养超群、理科生颇有文科情怀。她教的班级成绩总能名列前茅，关键是她用了最少的时间，获得了最好的回报。这样的课学生怎么会不喜欢，这样的老师，学生怎么会不追随？她的学生总会自豪地跟别的班级的同学炫耀：“韩老师最可爱、最特别，韩老师的课最好听。”

韩宜奋创造了一个个的语文奇迹：连续三届，一届一个省状元，全省前几名都出自她的班级。最让她欣慰的是，孩子们读完中学还记得阅读，还记得写作，还记得她。每逢节假日，毕业了的学生总会发来思念和祝福：“您永远是我心中最敬爱的老师，感谢您教会我做个有情有趣的人。”多少年来，语文界风云变幻，众说纷纭，她不太参与，不凑热闹。“我的地盘我做主”，她始终坚守在自己的语文阵地上，不功利，不逐流，保持着一颗清静和纯粹的心，努力做个有温度的语文人。

## 四、心有情怀永不老，领着“老班”去奔跑

自从韩宜奋获得广东省中小学专业能力大赛高中组一等奖后，她的班主任生涯就开启了专业化的篇章。班主任、名班主任、名班主任工作室主持人……一路走来，韩宜奋从一个凭天赋、靠经验的“无意识”班主任逐渐成为“有意识”的班主任。在回顾自己做班主任的生涯里，韩宜奋收获的总是幸福和快乐；总结自己做班主任的所得，她有了自己明确清晰的理念：“以美好引领美好”“以文化引导成长”“以柔性德育促进向上”“以科学带动创造”“做人事、说人话、讲人性、通人情”。

于是，她有了更大的理想：在自己职业生涯的最后十年，再做班主任，带动身边的年轻人，让他们也能品尝做班主任的美好和幸福；把自己对教育的理解传递给更多的人。就这样，在担任着班主任及两个班语文教学工作的情况下，韩宜奋拉起了一个 33 人的团队（一线青年班主任），开展了名班主任工作室的主持人工作。在重点中学，担任尖子班的班主任，教两个班的语文，要求高，任务重，责任大。在这样的情况下她还要开展工作室的工作，难度和强度都是不言而喻的。更何况做这事除了增加负担之外，没有太多的“好处”。韩宜奋倒没有想那么多，依然是执着于“理想主义的坚守”——现实的确骨感，但或许多一个人的坚持，就会离理想更近一步。她给自己的这个团队命名为“一起”，寓“一起前行，一起探索，一起成长，一起快乐”之意。

她给自己的团队成员买书，带团队外出交流、参观学习，开展团队主题交流活动，举办主题讲座，答疑解惑，辅导主题班会设计，手把手教开家长会，全程带青年老师做班主任。担任着尖子班的班主任和教学工作的她，从没有因为自己工作的繁重就敷衍“一起”的青年人。黄亚武老师要参加全国班会课设计大赛，她不厌其烦地一遍又一遍地听课、评课，提改进意见；叶莹老师的班会公开课，她一个环节一个环节地帮忙斟酌；葛挺、刘荣老师要外出开讲座，她会严谨周到地问各种“为什么”，以保证他们的演讲精确到位；刚参加工作的罗闪、康连霞老师跟着她，学做人、学做事、学做班主任、学教语文。不管碰到什么事情，韩宜奋都会竭尽全力、毫无保留地对年青人给予指引、帮助：“他们潜质好，积极向上，能在关键时候推他们一把，是功德无量的事。”“有困难，找老韩”已是大家的共识。韩宜奋也喜欢跟年轻人在一起，“这是一个向年轻人学习的时代”，她并不觉得自己是在付出，“我也能从年轻人身上学到好多”。她启发年轻班主任学会反思，时时总结，在反思中发现自己的特长和特色，做个有特色的班主

任。因此才有了葛挺老师的“关键时候收手”，李金华的“班主任图书馆”，屈保川的“读古籍巧育人”，罗闪的“朋辈式相处”，康连霞的“理解德育”，刘荣的“用心有情”，彭昕的“小感动大感悟”，王宝晨的“失败感悟”，王桂芳的“另一种可能”。年轻老师们以自己的实践感悟践行着韩宜奋所倡导的德育理念，以“做人事、说人话、讲人性、通人情”为核心，开展了执着和踏实的德育探索。

最让韩宜奋高兴的是，“以美好引领美好”“以文化引导成长”，让原来对学生只是单一地实行量化惩戒德育的班主任，开始用文化来熏陶和感染学生，并在这种德育的互动中收获了自己的幸福，他们脸上的笑容多了，工作轻松了，与学生的沟通与交流自然了，师生关系、班级气氛变得和谐了，班级建设上了一个新高度。韩宜奋不但带着自己的团队前行，更通过自己的实践向学校德育献策，努力“发出一种声音，提出一种理念，展现一种可能，创造一种气氛，埋下一颗种子”，让德育展现一种新的面貌。她承办了学校的开学典礼、毕业典礼、高考百日誓师大会等大型活动，向全校展现了一种大型活动的设计新理念、新思维，开创了活动的新模式。她设计的这些活动主题鲜明，因此使学生们互动良好，群情振奋。会场上，口号喧天，感人肺腑，振奋人心。师生同心同情，感染力强，给予学生德育工作极大助力，得到了师生的一致好评。

她提出了把家长会开成班级嘉年华的理念，把家长会开成有主题、有内容、有互动、有情感、有成长的班级活动。每个学期开一到两次家长会，直到高三，家长们依然能够全员参与，积极互动，收获满满。她的主题班会形式多样，渗透自然，不让学生受到“教育过度”和“说教泛滥”的影响，校园里悄然吹起了一股新风，年轻教师纷纷跟随尝试。

这些年来，韩宜奋边践行，边反思，对德育及教学的各个方面都有自己的总结。她不跟风，不玩新名词，不教条，不追名流，不迷信权威。她只是在教育教学第一线踏实认真、静静地做自己的教育。长长的路走来，总经过高高低低之处，回顾以往，韩宜奋很欣慰，因为她一直在坚守，在为一种理想而坚守，在尽自己的努力去坚守——“做老师就要做让学生难忘的教师；愿我的努力，能帮你夯实人生的基础；愿我的存在，能为你的成长带来幸福；愿我的慈爱，能让你拥有最美的情怀；愿我的付出，能给你的生命添光彩”。

（中山纪念中学　韩宜奋）

# 8 点亮人生，自为发展

有人说，人生有三大幸运：上学时遇到好老师，工作时遇到一位好师傅，成家时遇到一个好伴侣。是的，如果我们在上学时能够遇到一位好老师，可能我们的命运会很不一样。对于什么样的老师是好老师，或许不同的人有不同的评判标准。在王剑平老师看来，如果老师能够站在学生的角度去理解他们，走进学生的内心，让学生在求学的时代能够明白人生的目标与意义，快乐地成长，阳光地生活，那么这样的老师就可以被称为好老师。王老师一直在努力，希望自己能够成为这样的老师。

一路走来，王老师从一个期盼成长的学习者，到学生成长的陪伴者，从科研路上的探索者，到行进途中的幸福者，幸福着自己，也快乐着他人。

## 一、问渠那得清如许，为有源头活水来

或许是因为长相太过憨厚，刚刚参加工作的时候王老师被分配到一所非常偏远的学校任教，工作环境非常差，但他没有自暴自弃，而是始终牢记父母的教导——做事要对得起自己的良心。他十分珍惜这份来之不易的工作，在没有任何人要求与督促的情况下，还是如学生时代一样，给自己制定了一份作息时间表，每天除了备课上课改作业之外，余下的时间就是读书和练习写字，以至于每个月三分之一的工资都用来买书籍。那时候，他不知道前路如何，只知道自己需要不断地学习。

然而书本的知识不能够完全解决问题，于是他准备向优秀老师学习。动此念头时，竟然发现天赐良机，学校正好有一位全县最牛的语文教师。可是，当他满怀十分的热情，十二分谦卑地请求去听那位老师的课时，得来的回答却让他万分沮丧。那老师一边把头摇得如拨浪鼓似的，一边连声说，哎呀，我的课没有什么好听的，你别来别来。在经过一番挣扎之后，他还是决定去“偷师”。别人不希望他去听课，他就自己悄悄地跑到那位老师讲课的教室外面，一站一节课，紧靠

墙根，侧耳细听，急速记录，然后再回去消化。慢慢地，王老师听出了门道，找到了规律，他的教学成绩有了极大的飞跃。几年之后，他成为全县最优秀的老师，后来几乎每一年的县级示范课都是他在上。以至于他的同学开玩笑说："每年全县公开课都是你在讲，我年年都听你的课，不如让教育局的领导干脆把这样的研究课改名为王剑平课堂教学专题研讨会好了。"

班级管理方面，他开始也仅仅是凭着自己对学生的爱，跟着感觉走，工作倒也有声有色，所带班级一直名列前茅。然而他知道，这些成绩都是小敲小打，自己所追求的都是一些"术"，没有系统，不成体系。

认识到这些之后，他便决定向更优秀的老师学习，于是他找到了德育专家李季教授。在李教授的引领下，他的眼界开阔了，对教育的本质有了初步的认识。之后王老师系统地阅读了魏书生、李镇西等名家的作品，聆听了李伟胜、李家成、任小艾、高金英、王晓春、王宝祥的讲座。尤其在成为佛山市及广东省中小学名班主任培养对象之后，非常珍惜难得的机会，从来没有因为任何事情而耽误一节课。每次听课，除了奋笔疾书外，另外"两件套"也少不了——录像机与录音笔——方便回去后消化。从此以后，只要是他打听到的培训，无需学校安排他便自费前往学习。

就这样，从自己摸索到跟随名师的脚步，从开始的亦步亦趋，到学以致用，举一反三，再到结合自己的班级学生实际活学活用。渐渐地，王老师也有了专业的思考，也具备了专业的眼光，进而进行了专业的探究。厚积而薄发，从"小视频大教育""班会课系列化研究"等班级教育之"术"，逐渐到班级顶层设计、"特色班级文化建设"等教育之"道"的有益探索，终于形成了自己的教育特色——"自为教育"。此后，他还从班级建设到学科建设，从学校教育到家校合作，从教师生涯设计到优秀教师成长之路以及怎样做一名幸福的老师等方面做了深入的思考。到目前为止，仅仅七八年时间里，他的足迹遍及大江南北，已经受邀在全国各地进行了近300场次讲座交流。

## 二、乘风破浪会有时，直挂云帆济沧海

广东省中小学名班主任工作室成立现场会在王老师所在的佛山市南海区九江中学举办，他明白，这不仅仅是对他前期工作的肯定，更多的是寄托了大家对王老师的期望。于是他的工作室成为当时全省唯一申报"班主任工作室创新模式研究"课题的工作室。他带领工作室成员经过两年半的调查、分析、实践、研究，取得了可喜的成绩，获得了德育专家的高度赞赏，为广东省乃至全国班主任工作

室的开展摸索出了一条切实可行的道路。

在王老师的带领下，工作室立足校本，通过专业共读，打造成长共同体，在难点上突破，探索教育对策，在理论上予以提升，指导成员专业写作。同时通过互联网 +，构建互动素材平台整合，汇聚教育资源，最后借赛促长，培养教育界新锐力量。

当下，每一个学校的学生状况都不一样，每所学校都应该有自己的校本课程。为此，工作室紧紧围绕校本进行系列化课程开发，一方面以时间为轴线系列化，另一方面以主题为轴线系列化。因为培养人是一项系统工程，欲毕其功于一役的想法是行不通的。因此，在对学生进行引领时，是需要全盘筹划的。“凡事预则立，不预则废”，班会课必须有蓝图、早规划。所规划的内容至少要考虑一年到三年的发展，一定要形成课程的系列化，每个学年一条主线，每个学月突出一个重点，围绕一个主题。而不是头痛医头，脚痛医脚，想到什么上什么，抓住什么讲什么。应该针对该年级与本班学生的实际，有计划地培养学生良好的人格，有步骤地把学生造就为一个合格乃至优秀的公民。

在王老师看来，学习提升必须常态化。因为在信息时代，只有具备了比别人学得更多更快更好的能力，才能保持不变的竞争优势。一份研究资料显示：就一个人一生所学的知识来说，在校求学阶段所获得的知识充其量不过是他一生所需的 10%，而另外 90% 以上的知识都必须在以后的自学中不断获取。所以，工作室成员与学员，既有共读书目，也有自选书籍，只有这样才能与时俱进。

作为教育工作者，就应该具备应对学生变化的能力，把学生中出现的问题作为德育课题进行专业化研究。于是，王剑平工作室在学校的大力支持下，每周最少组织一次集体研讨活动，针对班主任工作中的实际问题进行研究，积极发掘、提炼班主任日常工作中的好经验、好方法。在具体研修工作中，引领工作室成员以科研的态度与方法进行研究，进而把成果运用于实际工作之中。

为了进一步提升全体成员的自主研修能力，推动大家将自主研修日常化，同时帮助他们在班主任专业化道路上迅速成长，王老师指导工作室成员通过各种方法提升专业素养，并且提出了“每人一品牌”的班主任专业发展方案，努力打造个人特色品牌，于是有了王剑平老师的“小视频大教育”、贾高见老师的“小活动大德育”、彭丽华老师的“小人物大德育”、张景亮老师的“小故事大德育”、陈熹老师的“小图片大德育”、刁乐老师的“小歌曲大德育”。

一名班主任要想真正成长为大家，就必须有自己的思想。而思想的形成，既需要对教育进行深入的实践、研究，更需要对自身的行为、思想等进行反思。而教育反思同时也是对教育进行执着的探索和创新。美国心理学家波斯纳更是提出了“成长 = 经验 + 反思”的教师成长公式。的确，对实践进行反思总结是一名教师快速成长的最佳途径，从某种角度上讲，没有反思就没有进步。几年来，王老师指导工作室成员所写论文获得了市、区奖励无数。王老师认为，在前进的道路上，需要科研精神，在团队的成长过程中，需要集体的智慧，更需要领头雁的引领。

## 三、夜寒影孤独自伤，幸卿佳语慰彷徨

三千里路云和月，三十年来行与思。在教育这块试验田里，王老师从来没有放弃过一个学生。王老师始终认为，在他耕耘的试验田里，没有所谓的杂草，有的只是不同季节绽放的花朵。当一株花肆意生长时，更多的是需要我们细心呵护、耐心修剪，而不是一刀砍掉它。

“反了反了，这样的学生除了开除学籍，没有任何回旋的余地了。”接到德育主任气急败坏打的电话后，王老师马上想到了一个人：“估计是这家伙又惹事了”。一问，果然就是小 W。

原来王老师刚刚接手高二，就已经了解到班上有一个特长生小 W 很调皮，在初中时，就与学校的所有老师打过架，高一时打架被学校给予留校察看的纪律处分还没有撤销。王老师虽然心里咯噔了一下，但是想自己对学生那么好，应该不至于吧。他一直相信，世界上没有焐不热的石头。

按照王老师给自己的规定，开学两周内必须与班里每一个学生面对面聊天一次。当他与小 W 沟通时，了解到这孩子爱冲动，但是他的本质不坏，因为整个聊天过程他都能够笑着与老师讲话。尽管不到一个月他在班里就已经违纪多次，但是都不严重，只是没有想到，这次小 W 又与其他同学发生纠纷，死不认错，还公然与德育处领导顶撞。俗话说，国有国法，家有家规。一所学校也必然会制定出与之相适应的校规，如果学生违反了校规条款就必然会受到相应的处理。

等到学校把小 W 的父母都通知过来的时候，才发现这一米八几的孩子的父母竟然都是矮个子。当学校领导说要开除孩子时，他妈妈一下子痛哭起来，不断哀求学校再给孩子一次机会，说他们做父母的成天忙着打工，没有时间教育孩子。孩子小时候犯错误了还可以打可以骂，现在个子那么高了，话说重一点就瞪着眼睛，拳头捏得咕咕响，脖子上青筋一条条地鼓起来，样子很吓人，现在他们是一点办法都没有了。如果孩子就这么开除了，就只能与社会上的那些坏人混在一起，他们那个家就毁掉了……王老师想，是啊，谁家没有孩子呢？如果我们学校把这样的孩子推向社会，那可能就是一颗定时炸弹，这个家庭可能就真的完

了。虽然这样的孩子继续留下来会花费自己很多时间，然而若因此能够挽救一个孩子、一个家庭，即使自己花再多的时间也是值得的。于是王老师就向德育处领导保证，以后不会再有这样的事情发生，希望学校领导再给小 W 一次机会。

在后来的时间里，王老师几乎每周都找小 W 聊天，并且与他成为了朋友，走进了孩子的内心，从而从生活上与精神上去关心小 W 的成长。之后再没有发生大的违纪事件，最后他还考上了一所很不错的本科院校。

王老师认为，做老师的应该有父母心，把班里的学生当成自己的孩子去对待。真正关心每一个学生的成长，不抛弃不放弃。正因为如此，王老师的班级凝聚力强，学生积极阳光，有内涵有担当。他们的科任老师是这样说的："在八班上课，你无需分散精力去管理学生的纪律，他们的情绪很高涨，读英语的速度连老师都跟不上。"一个回贵州参加高考的同学在给王老师的短信中说："老师，我十二分地舍不得我们的班啊，我梦里全是您所带我们班里的情景。"一位学生家长求助王老师："您帮我劝一劝我家孩子吧，以前给他买的名牌鞋子现在就是不穿，浪费了多可惜啊！我们说他就是不听，孩子还说，王老师穿的是回力鞋，我也不再穿那些名牌鞋子了。"

是的，在王老师的班级里，再调皮的孩子也会在这个温暖的大家庭里变得阳光自信，学有所成。

## 四、天长地久有时尽，此乐绵绵无绝期

一只鸡蛋，从外打破是食物，从内打破是成长。人生亦如是，如果你等待别人从外打破你，那么你注定成为别人的食物；如果能让自己从内打破，那么你会发现自己的成长相当于一种重生。"天生其人必有才"，每个人都有进步的愿望，每个人都是有亮点的，这个亮点就是他的个性、兴趣和爱好，通过创造性利用各种优质、多元化的教育资源和手段，每个人都能点亮自我、成就自我。一个人只有点亮了自己，才能在人生途中不迷茫；只有充分了解自己，做到自主、自制，才能自为。因为你永远不能叫醒一个装睡的人。王老师所主张的点亮人生，正是希望从内去打破孩子们身上的束缚。

行走在教育的路上，王老师始终不忘初心，坚持点亮自己，自为发展。在努力实现自己的人生理想的同时，引领学生实现人生价值。在三尺讲台上他始终幸福着他人，幸福着自己。

（佛山市南海区九江中学　王剑平）

# 9 默默耕耘　无私奉献

春雨之所以令人喜爱，在于其时逢播种季节；师爱之所以令人赞颂，在于它“润物细无声”。而默默耕耘、无私奉献就是广东省阳春市春城逸夫小学杜巧老师从教几十年来的真实写照。

## 她是一位富有爱心的老师

平时，她总是像妈妈一样，以一颗真诚、执着的心去爱着她的每一位学生，像兄弟姐妹一样与学生家长坦诚相待。记得，那是开学前的一天。学生小朝和他的姐姐一起走进了教室。爱开玩笑的杜老师笑着对已教了三年的小朝同学说：“小朝，都快成小男子汉了，还要姐姐陪着注册……”“老师，我姐姐不读书了。”还没等杜老师说完，小朝便急着道出了姐姐陪他来注册的原因。原来，小朝家为了给父亲治病，家里债台高筑，再无钱供姐弟俩一起读书，母亲只好让小朝姐姐暂时辍学。杜老师听了心里非常着急，下班后连家都没回，便直奔小朝的家。看着躺在病床上的小朝父亲，再看着那位憔悴的小朝母亲，杜老师强忍着泪水，给小朝的父母摆事实、讲道理，让他们一定要想办法，克服眼前的困境，把孩子送到学校读书。随后，还将300元人民币塞到小朝妈妈的手里，让她尽快给孩子报名。握着还带着余温的300元钱，小朝的妈妈热泪盈眶，感动得说不出话来，小朝姐姐满脸泪痕地投入母亲的怀抱。这件事很快就在学校传开了，学校师生慷慨解囊，延续了小朝姐姐的读书之路。

## 她是一位责任心强的老师

作为一名班主任，她不仅深知一个孩子就是一个春天，就是一个家庭的期望，而且更清楚转化学困生的重要性。在她的班级里，曾有过一位特殊的插班生——小嘉同学。之所以说他特殊，是因为他上学期所学的教材不同，而且这个学期转学来到杜老师这个班前，他没去学校上过一天学。要知道，当时杜老师所担任的一年级语文教科书已讲授了三分之一。面对这样一名“嗷嗷待辅”的小孩童，她可没少下功夫。为了让小嘉安下心来学习，她主动与其家长配合，了解该生的喜怒，讨教其教子的方法，并及时反馈该生的思想和学习近况。就这样，在杜老师每日课间一笔一画、一字一句的耐心辅导下，在家长的密切配合下，在同学们的帮助下，这位同学很快就进入了学习角色，并对学习产生了浓厚的兴趣，很快地在课堂上跃升为一位想说、敢说、爱思考的好孩子。在一次表彰大会上，校长还特别表扬了他。当然，赞赏的目光也同样向杜老师这位谦虚、严谨，与家长携手并肩，共绘育人新蓝图的班主任投来。

正因为杜老师能和学生、家长坦诚相待，家长们也常把管不了的孩子或因特殊情况而无法接送的孩子托付给她，她的家经常成了学生的“饭堂”。一个放学后的中午，天色忽然昏暗下来，不一会儿，大雨瓢泼而下。在雷雨声中，只听见小甘含着泪自言自语地说：“怎么妈妈还不来接我呢?”看着那双担心而又失望的眼睛，杜老师不禁心头一酸，把孩子拉得更近了，鼓励他说：“别怕，有老师在。”她给小甘母亲拨起了电话，原来，小甘母亲的摩托车坏了，在城外一时赶不回来。挂上电话后，杜老师一边安慰着小甘，一边披上雨衣，冒着大雨，把他载回自己家。到家后，她顾不上梳理凌乱的头发，顾不上擦干脸上的雨滴，马上围上围裙，走进了厨房。看着孩子津津有味地吃着饭菜，她心里感到很欣慰。杜老师就是这样，用自己的爱心塑造孩子们美好的心灵，用自己的青春为孩子们编织七彩的梦。因为她知道，拥有责任心的人，既能提升人的境界，又能让人生变得更加有意义。

## 她是一位爱岗敬业的老师

作为一名教师，搞好教学是自己的本职所在。从教以来，杜老师一直是学校的教学骨干。在日常的教学中，为了让班集体这个大课堂充满阳光，充满快乐，她不惜花掉更多的时间，细心地备好每一节课。在学校没有时间，她就大包小包地把教材资料拿回家去，精心设计既新鲜又有趣的教学课堂。很多时候，她会毫不吝啬地掏钱去买上课所需的实物教具，如蔬菜、水果、摆设品等，给学生创设真实、生动的情境，变戏法似的让学生对学习充满激情。有时为了创设新奇的语文课堂佳境，让学生变被动接受为主动探索，亲历学习过程，她会采取灵活多变的形式来营造一个新奇、愉快的“自主、合作、探究”的对话环境，帮助学生逐渐掌握学习的方法，做到不唯书、不唯上、不唯师，能够用自己的眼睛去观察，用自己的头脑去判别，用自己的语言去表达，成为一个独特的自我。正因为对事业的执着，杜老师在日常的教学工作中，无论是辅导实习，还是参赛，无论是学校的教研公开课还是市教研室的示范课，乃至送教下乡，她都力求精益求精。由于课堂教学效果显著，给听课教师留下了深刻的印象。与此同时，杜老师还毫不吝啬地把她的教学经验在当地做了多场交流汇报。这在当地引起了强烈的反响，并被给予了较高的评价："杜老师是全体教师学习的榜样。在教书育人的工作中，做了很好的示范和诠释，充分发挥了名师的引领、示范作用……"

平时，杜老师总是持着一种"教到老，学到老"的心态，注重修德养性。同行们常常会开玩笑地对她说："杜老师，我们学您都快学不过来了，加上您都这把年纪了，还这么努力学习……"的确，在她的概念里，班主任不仅是班级的领导者、管理者，而且还应该是学习型、智慧型的业务能力者。也正因为努力和执着，她在荣获广东省优秀班主任专业能力大赛小学组一等奖的同时，也由一位普普通通的班主任成为省级的名班主任培养对象，成为省级的名班主任，成为今天的省名班主任工作室主持人。作为主持人，她勤勤恳恳，不计报酬、不讲名利、不辱使命，带领工作室全体人员通过专家引领、小课题研究、示范性班会课、工作论坛、送教送课等活动形式，使得班主任队伍迅速茁壮成长。

凭着对党的教育事业的无限热爱，杜巧老师默默耕耘、无私奉献，用平凡抒写事业，用实际行动诠释了教育的真谛。

（阳春市春城逸夫小学　杜　巧）

# 10 红棉树下的守护人

红棉树下，她用爱心和智慧浇灌着佛山市第三中学学子的未来；廿年光阴，她用热情和青春守护了1 000多名佛山子弟的成长。作为从佛山三中这所有200多年历史的学校出来的广东省特级教师、全国优秀教师、全国中小学优秀班主任，麦艳贤老师，这位学习于斯、执业于斯、思考于斯的不倦师者，做于细，求于精，成于质，以生为本，勇于创新，引领着自己所在领域的教育教学改革，以极其敬业的精神成就了其辉煌美丽的教育人生。

## 回　眸

这里也许是佛山最古老的学堂，如果从1748年开始算起的话，佛山三中已有269年没有中断过读书声。这里有一棵168岁高龄的红棉树，是三中的校树，是三中人的精神图腾。“卓如红棉，雅如白兰”的三中校训，滋养了一代又一代的莘莘学子，一代代杰出英才从这里走出佛山。麦老师默默地走在那株168岁的红棉树下，看着红棉花的花开花落，20年的教师生涯，在这里留下了她无数的脚印……

她班里的孩子说：“母亲给了我身躯，而您，给了我灵魂！……”

她的学生家长说：“从您身上，我看到了一个老师爱的光辉，这种光辉不仅照耀着您的学生，也温暖着您周围所有的人……我为孩子们有您这样的老师感到荣幸……”

她的同事说：“你虽率真如邻家女孩，却有着显赫的光环，是我们的标杆……”

麦老师的高中生活在三中校园的红棉树下度过，不知是不是因为那时年纪特别小，她总觉得那是全世界最高的一种树了。因为红棉，令她对三中有着一份特殊的感情。还是学子时，她何曾想过自己最辉煌的生命将重新投入母校，依借她温柔的躯体，用另一种方式去展示呢？也许她曾经许下诺言："今天我为三中而骄傲，明天三中因我而自豪。"红棉花开花谢，岁月碾碎了许多的记忆，然而母校的容貌早已深深地烙在她的心里。

## 模仿——爬行阶段

经过寒冬，沉睡的红棉枯枝上透露出点点春的气息。

第一次踏上讲台时，麦老师的心情既兴奋又有点害怕。面对一张张稚气未脱的脸，那时她想：凭着自己的专业知识和对这份职业的热爱，自己一定能把学生教好。可是，理想与现实总是有一大段的距离。接下来的日子，麦老师碰了很多壁：没有很好地把握住与学生交往的"度"。初为人师的她，20 岁出头，充满青春与活力。她效仿麦颖致老师那般与学生相处，可是万万没想到，课间与学生打成一片的她，上课时捣蛋的学生却没有把她视为他们的老师，随意地讲话、喧闹。对于经常不交作业的学生反复提醒、督促都没效，怎么办？……那时的她很迷惘、很失落，也偷偷地哭了很多遍，甚至质疑自己是否适合当老师。

麦老师在红棉树下沉思、徘徊……

麦颖致老师细心地教导她怎样讲课和与学生相处的方法，这让她豁然开朗。她清楚自己心底里是很喜欢这份职业的，既然喜欢就不要放弃，不会就学吧！于是，她就开始留意观察麦颖致老师是怎样做的，自己也模仿着去做。碰到问题时，主动地请教麦颖致老师。就这样，一边观察，一边学习，一步步地爬过来，她能较好地拿捏与学生交往的"度"：课外是朋友般的关系，课内能一起愉快学习。"亲其师，信其道"，加上她的强烈的情感攻势、不懈怠的督促和保持与家长的密切沟通，孩子们不少的坏习惯在逐步地改正。

这三年，麦老师在教育的道路上一小步一小步跌跌碰碰地试探爬着，由开始因陌生而惶恐、战战兢兢不敢前行，慢慢地因了解而敢于迈步。这个阶段是她职业生涯准备期，在"学生观"上，她树立了"一切为了学生发展"的基本理念，但那时的她还纯粹是一个死抠着教材、照本宣科的老师，没有自己的想法，更没有属于自己的做法。

## 思考——学走阶段

春分已至，淡绿的红棉花骨朵初露枝丫。

有了前三年的工作经验的积累，麦老师开始蹒跚学走。在接下来的五年里，她获得了很多锻炼的机会，带过不同层次的班级，也总结了一些带班的方法，开始懂得了对自己的教育实践进行理性的思考、质疑，评价自己教育的有效性，进而不断自我完善、自我建构。

五年来，麦老师都是担任毕业班的班主任及语文教学工作。那时缠绕着她脑海的主要问题是：作为一名班主任，如何调动孩子们的积极性，让他们始终保持着高昂的斗志，以满怀的热情地投入学习中。作为一名语文教师，如何提高孩子们的语文成绩，如何让孩子们在中考的答卷上得到一个满意的分数？

“爱是一切教育的源泉”，麦老师始终以苏霍姆林斯基的这句名言作为座右铭，她时时刻刻提醒自己用爱去融化孩子冰冷的心。

“其实发现最低落的时候，还是跟您谈心最舒服和安心。工作和感情的事让我感觉透不过气来……”她的手机里收到了这样的一条短信。这是已毕业八年名叫小嘉的学生发给她的。

八年前的小嘉是一个表面活泼开朗，内心却孤独寂寞的男孩。他喜欢泡网吧，喜欢黑夜在街道游走。接班不久，麦老师就留意到“特别”的他，她清楚地知道这样的孩子自尊心很强，只需静静地关注就好了。她总是在他遇到困境时出现：成绩下降不知道如何向父母交代，一位痴恋他的女生对他死缠不放，与死党发生误会，父母离异内心痛苦……麦老师默默地陪伴着他，不离不弃，用她女性的柔情一次又一次地滋润着那颗孤寂、冰冷的心。他毕业了，然而他们的师生情却在继续延伸……在电话里、短信中，他向麦老师倾诉着高中、大学、工作的苦与乐。每次同学聚会时，大家提起麦老师，他总是感动不已：“她是我生命中最重要的人，是她改变了我！是她不知多少次从网吧里把我找回来，是她不知多少次无偿地为我补习，是她一直守护在我身边，陪伴我走过父母离异的阴霾……她改变了我，使我乐观坚强地生活，我一辈子也不会忘记她！”能让学生这么多年来如此惦记着、信任着，这不正是当老师的快乐吗？

就这样，麦老师用爱的光芒照耀着孩子们，她解开过患轻度精神病女孩的心结，让孩子笑靥如花；化解过家庭风波，让孩子父母之间的坚冰融化。在篮球场边，她是啦啦队队长，陪着孩子们一起疯狂；在 QQ 群里，她是孩子们的知心姐姐，倾听孩子们的苦与乐，鼓励着孩子们成长。她付出的是点点心血，收获的是满满的幸福。

每年教师节，麦老师总收到不少学生的来信。那些信，让她看到学生茁壮成长、逐渐成熟，这让她倍受感动、倍感自豪和幸福。冰心说过：“情在左，爱在右，走在生命的两旁，随时撒种，随时开花。”麦老师就是用她满腔的情和爱，编织着云蒸霞蔚的生命华彩，演绎着守望者爱的故事。

## 反思——行走阶段

红棉花骨朵，红红的、鼓鼓的，在风雨中积蓄养分。

这一阶段的麦老师，在“学生观”上，努力“做一名令学生喜欢、受学生爱戴的老师”。

这三年麦老师教的学生的性质与前五年很不同，这三年她教的都是关系班。孩子们出身于富裕的家庭，从小娇生惯养，行为习惯很差，而家长素质较高，喜欢用审视的眼光去“看”老师做的每一件事，并不时地施加压力。这无疑又是麦老师教育生涯的一个新挑战。刚教这种性质的班级时，她往往被某些家长、学校领导牵着走，很被动，很痛苦。有很长一段时间，麦老师感觉自己又像初为人师时那样迷茫，不知道如何与关系班的孩子、家长相处。她在中国人民大学附属中学刘彭芝校长的《人生为一大事来》和全国中小学优秀班主任田丽霞老师的《班主任工作法》中找到了精神力量和前进的方向。她努力地做好三方面的工作：给予学生一份学习的好心情；让学生在适合自己的岗位上展示才能；班里形成相互支持的人际关系，让师生的心灵相互滋养。结果，学生如麦老师所愿朝着好的方面改变，渐渐地她得到了家长们的信任、支持。

这个阶段是麦老师人生的转折点。她参加了国家、省、市、区一系列的班主任培训，聆听了魏书生、李镇西、任小艾等教育名家的讲座，与来自全国各地的优秀班主任相聚北京畅谈教育心得，共讨教育热点、难点问题。与学员们的思想的碰撞，使她慢慢地心悦诚服地接受了先进的教育理念，她的思想也随之发生很大的变化，她逐步地尝试着用新的思想指导教育活动。令麦老师惊喜的是她对学生管得少了，心情舒畅了，而学生却更主动地参与班级活动，并能对自己的行为进行内省。

还没有接触教育名家关于班级管理的新理念和阅读他们的著作时，麦老师总认为班级管理就是严格地管理学生，在班级建立严格规范，以便有力地控制学生，保证学习秩序。在严抓细管之下她会细心地关爱学生，课余时间跟他们聊天。这样一来学生对她又敬又畏、又爱又恨。科任老师有时跟麦老师说：“你班的学生最怕你，你来巡堂他们就特别认真听课……”她听了不以为然，还暗中窃笑，想：这班孩子谁都不怕就怕我，看来我的魅力无与伦比！就这样她一直沉浸在拥有绝对的权威中……但自从班级发生那件事后，她再也高兴不起来了。在班级里她有几个“心腹”，她不需要时时刻刻地盯着班级，但却能掌握班级动向，有点运筹帷幄的感觉。有一次，有个“心腹”悄悄告诉她，在历史测验中班里有几个同学作弊，其中有一个还是班干部。她知道内情后，压抑着心中的怒火，在班级里进行不记名检举，然后她对检举名单逐一细查分类，接着找“可疑分子”谈话，谈话的结果有两点令她愤怒，一是人证物证俱在一女生还在抵赖，二是在作弊的几个同学中能真正认识到自己错误的只有一两个人，其他几个学生觉得作弊没有什么大不了的。根据这种情况她在班级里进行了耐心的说理教育，说到激动时她忍不住哭了。课后她要求学生在日记本里写写自己对班里同学作弊之事的看法，第二天全班都把反思交上来了，可里面的东西几乎全是她昨天在班上发表的“高论”，哎，这群孩子什么时候成了她的代言人啊？她知道他们还没真正地认识到问题的本质，可她也清楚地知道学校的“诚实守信”的教育与社会上“投机取巧”的现象是背道而驰的，而孩子们受到社会上投机取巧的不良风气的影响，要想改变他们这种思想并非是一朝一夕能做到的，可是又不能把自己的思想强加给学生，可是怎样才能让他们真正意识到考试作弊是可耻的呢？麦老师一直在寻觅着方法……

发生了这件事后，麦老师进行了自我反思，她朦胧地意识到自己在班级的管理中出现了问题，但对于问题在哪里，怎样解决，她却很迷惘。这时候她刚好有幸参加由佛山市教育局组织的佛山市名班主任上海华东师大学习培训班，她带着那个令她彻夜难眠的问题来到了华东师大。在学习班里她认真地聆听每位教授的讲课，并细致地做好笔记。当听到李伟胜教授关于班级建设方面的讲座时，她内心猛地被触动，课余时间如饥似渴地阅读他的著作《班级管理》，看到精彩处她不但在书上做记号，还把它摘抄下来反复琢磨，越往下读她那缠绕心头的问题就越有眉目。

麦老师感悟到以前她的严格的管班方法虽然能有效地控制学生，学生也能很好地按照老师的指令去完成相关的任务，但在某种程度上这种方式却隐藏了学生的真实思想，他们在特定的环境和时间里被迫地“接受”老师的看法，一旦离开了原来的“监控人”或环境、时间，学生还是会原形毕露，甚至会犯令人意想不到的错误。与其用专政、权威掩盖学生的某些负面的东西，不如为学生创设敞现真实的精神世界的班级环境，让学生能够放心自由地敞开心扉，展现自己的真实生活内容。对学生的教育不能“堵”“灌”，而应“疏”“导”。

从上海回来，麦老师着手改变班级管理的方式，以创建民主集体为目标，以“让每一位学生个体的成长需要尽可能被充分地关注”为追求，努力地为学生创造真实敞现、广泛交流、深刻辨析、提升自我的机会。她在班级中的角色由管理者慢慢地变成了发现者、点拨者，而学生由服从者变成了主动参与者。她发现她的学生在不知不觉中发生了改变。

又是一次历史测验，这次测验出现了一个漏洞：同级有两个班已经评了卷发了卷，麦老师班才用相同的卷子来测试。班级学生间平时也有交往，这个漏洞不少同学已经知道，但麦老师并没有像以往那样给学生敲警钟，而是作为一个旁观者观察每个学生的真实表现。周末放学后按预定安排下星期一主持主题班会课的四个同学来找麦老师，说他们发现班里存在的问题打算以历史测验的漏洞为背景上一节主题为“选择”的班会课。由于班会课创设了一个自由、宽松的环境，所以绝大部分的学生都能在同学面前说出自己面对漏洞诱惑的真实想法，而且彼此交流了抵抗诱惑的方法，最令麦老师惊喜的是那几个钻了漏洞空子的学生也能勇敢地站起来承认错误，并在全班面前许诺以后做一个诚信的人。虽然两次的历史测验都有同学作弊，但麦老师却看到实行新型班级管理法后学生的进步：他们敢于展现自己的内心世界，能主动地交流、辨析。由第一次学生面对人证物证俱在的情况下还抵赖到这次学生主动勇敢地站起来承认错误，这无疑是学生思想上一次质的提升。

2009 年 4 月，麦老师又要出外学习七天，临走前她没有像到北京、上海学习那样把班级的各项事务再三地跟班干部交代清楚，也没有向学校申请代班主任，但她却走得很坦然、很放心。为什么呢？我们看看学生写的几篇日记就明白了。

今天上体育课我们在打篮球时，有几个二班的同学过来“踩场”，当时我们都被迫停止了打球，接着二班的同学见我们班的同学没走就口口声声说要打架，但我们都没有以前的冲动，而是找来老师解决，化解了一场争执。从这件事看来，我们成长了，懂得用适当的方法化解争执。

麦老师，您走的第一天，我们的升旗排队仍旧是第一，在庆祝名校的大会上我们班的纪律远远比其他班优秀，我们都很乖。不过，说实话，您出差，我还真想念您，想念您在我作业登记本上的鼓励、支持，给我以勇气与温暖的话，想念您在课堂上幽默的讲授。但我知道，我们唯一能做的就是管好自己，不违反纪律，就像平常一样，不让您为我们这帮小孩子操心，可以安心地学习，充实自己。麦老师，期待飞跃，期待共同进步！

麦老师，今天是您出差的第三天。今天佛山刮台风，但是十分幸运的是我班没有一个同学因此迟到，这都是麦老师您对我们的守时教育的成果……

虽然此时麦老师的班级还没真正地创建成新型的民主型的集体，但她已经尝到了甜头。也许追逐这个目标的道路会布满荆棘，但她坚信，只要她坚定不移地沿着这条正确的道路走下去，就一定能实现目标。

## 求索——凝练风格阶段

红棉花含苞待放，在风雨中摇曳。

一个教育者如果光有爱，没有先进的教育理念和勇于探索、实践的创新精神，那么他的教育之路是不会走得太远的。麦老师的人格魅力不仅仅在于用博大的、无私的母爱滋养着孩子的灵魂，守望着孩子的心田，也在于她不断学习、大胆尝试、勇于实践的创新精神。

这一阶段的麦老师，努力地探索实践，逐步凝练独特的班级管理模式和教学艺术风格，以成为具有教育智慧的专家型、研究型的教师为追求。在“学生观”上，追求与学生共同发展、共同成功。

2012 年 10 月—2015 年 7 月，麦老师参加广东省新一轮“百千万人才培养工程”初中名教师的培训学习，聆听了国内外知名教育专家的讲座，参加了香港、美国的学习考察，以及与学员们的思想碰撞，动摇和改变了她一直认为“教育就是教会学生如何应考，取得高分”的错误想法，使她对教育有了一个更深刻、全面的认识，同时对自己如何为人师有了一个新的定位。

从香港到美国的访学中一路走来，麦老师且行且学且思，在寻找着他们教育成功的秘诀。在麦老师看来，香港、美国教育成功的最大秘诀就是在育人中不只是为了“成事”，更重要的是为了“成人”！他们清楚地知道，教育的真谛绝不应只是捧上一张令人满意的成绩单，而应是捧出一个个鲜明而富有个性的活生生的人，应是追求每个学生生动、活泼、主动的发展。麦老师认为要做到这点，就要在教书育人中切实做到：以生为本，引领学生精神生命发展，使每一位学生获得幸福。

接下来，麦老师进行了一系列的探索实践……

2013 年 3 月麦老师对全校 46 个班进行《班级生活调查问卷》调研，通过对问卷调查数据的分析，她发现学校班级生活处于一种“沙漠状态”：班级生活内容上体现学校和老师意志的多，关注学生需要的少；形式上是老师主观安排、管控说教的多，学生主动参与、自主创设的少；效果上学生被安排、被教育、被管理，缺乏主体责任意识，其发展状态离自信、自主、自强的教育要求越来越远，多数学生常常被戴上“叛逆型”的帽子。基于此状态，她决定着力从班级管理体制、主题活动的策划、班级文化建设三个方面重建学生的日常生活。“初中学生班级日常生活重建与学生发展研究”实施三年多来，她欣喜地发现班里学生能自主管理班级事务、自主组织实施班会、自主开展小组活动等。学生在自主活动中，主动参与、主动探究、合作互动，获得成长的体验，提高了生活质量，从而享受到生命成长中主动健康自由发展的欢愉。

活动对孩子的成长是十分重要的，也是必不可少的！很多班主任都非常重视活动前的准备和活动的现场效果，而忽略了活动后的重要的育人价值。而麦老师非常重视活动后引导孩子们及时分享交流，总结反思。在学校活动中，她觉得每年一次的“百日誓师”活动是对学生进行潜移默化情感熏陶，端正学习态度的很好的教育契机。每一届学生，从初一开始，她就动员他们，好好投入“百日誓师”活动中。她希望孩子们从活动中受到感染，从而意识到从现在开始就要确定自己的目标，做好三年规划。活动后，她还让学生写下自己的感受。

在看视频时，坐在我们前面的初三的哥哥姐姐们似乎很兴奋，又很惊喜，不断发出声音来。或许有人觉得他们有点神经，但我却全程投入。因为，你得知道，两年后的你会跟他们一模一样，甚至，会比他们更兴奋，更感到惊喜，欢呼得更厉害……在看视频的时候，我脑子里想的都是：两年后，我们会怎样？两年后的校园会怎样？两年后，坐在第一排的我们清楚地看到那个关于我们“初中三年回顾”的视频时，又会怎样？……嗯，想想都幸福！

对我来说，一个个惨烈的教训，让我不禁怀疑自己：我怎么了？照这样下去，我会怎样？最初的梦想，都忘了吗？是啊，其实，一路走来，开始的健步踏上，到后来的轻易滑下，就意味着我梦想的稳健起步和后来的轻言放弃……我问自己：“你会放弃吗?”我得到的答案是不会！这次“百日誓师”让我想到了很多，也让我更进一步地了解、充实自己的梦想，在剩下的时间里，像一颗星星一样吧，最闪耀的，挂在天边的那颗。

上面的两段话是同一个女生，分别在初一、初二时写的感言，我们不难发现她的成长历程中，初一更多的是感性的想法，到初二懂得审视、反思自己的行为，转为理性的思考。这无疑是学生的自我意识的逐步觉醒。

麦老师认为，活动对学生产生的影响大小，其实取决于活动前的思想动员、情感熏陶，活动中的投入程度，活动后的总结提升和后续升温。在两年的引导下，麦老师所带班级的学生养成了自我反思的好习惯。

在教学上，麦老师以学生为主体，构建生命化语文课堂，突出学生学习的自主性、主动性、实践性和探究性，从而使学生得到可持续发展。

老子说："授之以鱼，不如授之以渔"。在教学的整个过程中，麦老师注重教给学生学习的方法、"捕鱼的技巧"，让学生由刚开始的牵着走到后来的放手自由地大踏步前行。从课外的搜集各种资料、制作 PPT、Flash，到课内的合作探究、自由讨论、展示课件，麦老师都大胆地放手让学生独立完成。而她只是一个观看者、一个导师。也许刚开始时他们制作的课件、他们的发言都会显得很稚嫩，但这毕竟是他们成长的真实体验，这些体验比老师的满堂灌有效得多、珍贵得多。学生们就是在这些不成熟的真实体验中慢慢地积累经验，逐渐地变得成熟。正如哲学家周国平所说："对于一个视人生感受为最宝贵财富的人来说，欢乐和痛苦都是收入，他的账本上没有支出。"

在课堂上，麦老师善于为学生创设动脑、动口、动手的学习环境，调动学生主动学习的积极性，发挥学生各方面的潜能。她在讲《闻一多先生的说和做》时，让学生自导自演，进行课本剧的表演。通过演小品不但令学生形象而深刻地掌握课本的知识，而且为学生发挥潜能创造机会。在教学上，她很注重引导学生把学到的语文知识应用到生活当中，开拓学生的思维。如教学生《看云识天气》时，她带领学生到红棉树下，识别云、树的变化，并让他们每天上学、放学注意观察天空的云的形状、位置、天气情况等并及时记录下来，慢慢地他们懂得了利用云来识别天气。

陶行知先生曾说过："时时是创造之时，处处是创造之地，人人是创造之人。"真正的现代教育应当是以生为本的教育。以生为本是对人性的唤醒和尊重，是让学生体验生活、体验美好、体验成功、体验快乐，培养积极的生活态度、完美的人格品德、正确的价值判断、丰富的思想体系。麦老师努力地探索、实践，为学生创造真实敞现、广泛交流、深刻辨析、提升自我的机会，在她的班级里，孩子们健康快乐、自强自信，孩子们的潜能得以充分发挥，才华得以完全展现。

## 引领——共同成长阶段

历尽风雨，吸取三中沃土滋养的红棉花已怒放。

2012 年 2 月，麦老师成为首批广东省中小学名班主任工作室主持人之一。广东处中小学名班主任工作室的建设是件新鲜事，没有样板，一切的工作都必须结合当地教育的实际情况创新实践，她深感担子重、责任大，同时也为能通过这一平台，把志趣相投、有共同追求的一群人凝聚起来，互相学习，共同提升，为区市省教育工作做点实事而感到幸福。

“教育就是一棵树摇动另一棵树，一朵云推动另一朵云，一个灵魂唤醒另一个灵魂。”如何引领工作室团队走一条自主发展的专业化成长之路，既让团队成员有新的成长，同时又能培养年轻的骨干教师队伍，逐步实现“名班主任更有名，骨干班主任成名”的目标呢？工作室的工作千头万绪，而提升工作室成员、学员的综合素养的途径也数不胜数，麦老师认为首要的是做好“三个引导”。

第一，引导成员规划自己的职业生涯，从而促使他们主动地追求个人的专业成长，不断提升人生的价值。麦老师发现身边的很多班主任，经常提醒学生要制订学习计划，可是却很少能静下心来规划一下自己：我现在是一个什么样的老师？我要成为一个什么样的老师？我怎样才能成为这样的老师？我是否在不懈地追求自我完善？我一生的教育生涯应如何度过？对我们绝大多数的教师来说，教育是与自己整个生活乃至生命休戚相关的事业。所以，麦老师在工作室第一次会议中，便向全体成员、学员提出“为自己生命中最重要的事情——教师职业生涯做一个认真细致的规划，改变自己，提升自己……作为一个承担着教育重任的班主任，更要对自己的人生负责，给学生树立一个可以仰望的身影”的要求。

第二，引导成员树立终身学习的目标，明确自己的教育追求。行走在教育道路中，麦老师深深感受到学习是每个人成长的重要途径。“教师要想工作、生活得充实，‘底气足’是很重要的。‘底气’从哪里来，从读书和实践中来，而读书则是积累‘底气’的过程。”她从2006年参加佛山市第一批名班主任培训开始，真正养成读书的习惯。从那年起，麦老师坚持每晚阅读关于教育类的书籍，即使是十分钟，她也觉得挺好的。阅读时而让她心静如水，恬静优雅；时而让她激动澎湃，踌躇满志。为了调动成员学习的积极性，麦老师组织成员采取集中学习和分散自学相结合、自主研修和专家引领相结合的形式，以理论熏陶的方式提升工作室成员的专业素养。为此，麦老师工作室制定了《工作室成员推荐好书的安排表》，每月由工作室的两位老师作为推荐好书的核心人员，定期或不定期地向全体成员推荐阅读书目和文章，开展读书交流活动。工作室的每位成员每学期至少精读1~2本与德育有关的书籍，并撰写读书心得，定期开展读书交流活动。

第三，引导学员注重积累、整理，从而达到内化、提升。麦老师明白“万石谷，粒粒积累；千丈布，根根织成”“任何业绩的质变都来自于量变的积累”的道理，她早已养成及时积累的好习惯，同时也尝到了其中的快乐与甘甜。哪些貌似无用的零碎资料，日积月累便成了老师和学生共同成长的宝贵资源，也成为老师撰写教育教学论文、案例的丰富素材。麦老师与工作室成员分享了自身的经历和体验，引导他们通过文字、照片、视频等方式把自己平时所做、所见、所感的东西记录下来，并定期把收集到的资料分门别类地整理，从而总结出解决某类问题的方法，逐步形成自己的班主任工作技法。麦老师鼓励成员通过课题研究反思、审视自己的工作方式，在相互学习、交流和反思中不断提升。

在麦老师的引领下，工作室的成员、学员走着专业化发展的道路，他们成为校、区、市的骨干班主任、名班主任，并发挥着辐射、示范作用。现在工作室的每一位成员已经能独当一面，开展省、市、区各类讲座。有的成员还成为市、区班主任工作室的主持人。

王国维说，古今成大事业、大学问者，必经过三种境界："昨夜西风凋碧树，独上高楼，望尽天涯路"；"衣带渐宽终不悔，为伊消得人憔悴"；"众里寻他千百度，蓦然回首，那人却在，灯火阑珊处"。教育是一个曲径通幽的过程，教育也是一个春风化雨、自化化人的过程，你在改变学生的同时，也提高了个人的精神品位，提升了自己的人生价值。

如今的麦老师在自己钟爱的教师工作岗位上，引领着一群又一群人不断探索着、前行着。她在广东这块教育沃土，在佛山三中的百年红棉树下静享着教育者独特的幸福。

（佛山市第三中学初中部　麦艳贤）

# 11 筑梦为杏坛　求索在路上

人生就像一次旅行，与谁同行，会遇到谁？全是冥冥中的某种缘分。是阳光明媚，还是乌云密布？全是旅行者的内心感受。是驻足停留，还是一路前行？全是旅行者的目标追求。偶入育人之路的我，就像一个正在旅行的人，“因缘而聚，随心而行”。

## 因感恩而选择方向

一个人的一生，活到90岁高龄，也仅仅是一个30 000多天的旅行；去到哪里，会遇上谁，都或多或少依赖某种缘分。而在旅行中的那些关键路口、那些感人至深的人和事，往往是促成这些缘分出现的指向灯。

1994年8月，正在读高二的我，从一所普通的乡村中学，转入省重点石门县第一中学高三（182）班。幸运的我遇到了我的班主任——数学老师梅其新老师。记得当时是补课期间来到了这个班级，而且将以我补课期间的月考排名决定我是否有资格留下来。初次来到这个安静和高强度的学习环境，对于习惯了自由和散漫的我，确实有些难以适应。记得有一次自习课，我扭过头和班上一个相对熟悉的同学聊了两句，就被梅老师发现了，他远远地大声斥责我道：“汪宏亮，你还不抓紧用功，你能不能在这里学习还没有决定的呢!”“不在沉默中爆发，就在沉默中灭亡。”当时孤独而无助的我经过梅老师这番话深深的刺激，学习异常努力，月考便以班级第18名的成绩留了下来。1995年高考，我以班级同样的排名成绩结束了我的高三生活。填报志愿时，我因刚刚达到录取资格线而只能够填报中专学校，这与我转学时的期待有明显的差距，因为家里经济的原因，被录取到中专学校，家里是没有条件继续支持我读下去的，外出打工是我唯一的出路。看到我的窘况，梅老师安慰我说：“你还是有潜力的，这样吧，你去石门县高考复读学校复读吧，认真学习，你的学费由我帮助你解决。”

于是，有了我的第二次高考冲刺，1996年9月，我顺利考入湘潭师范学院数学系。回想过去，我是非常幸运的，梅老师那么多学生，凭什么他那么尽力帮助我？或许因他教育我时，我的一种接受和响应；或许因数学课时，我把笔记做得工工整整的态度；或许因我的父亲每次来看望我，都能够捎上一点点自家微不足道的米或油，以表示不尽谢意和感激。回想这些，我感慨万千——人生的转折，往往离不开好心人的相助。

大学 4 年是快乐而充实的，我得到了各方面的锻炼。2000 年 6 月大学毕业，我于 1999 年 12 月便双向选择确定了就业单位——云浮硫铁矿企业集团公司。当时算是我们院系最早签订就业合同的学生之一，以致后来有更多的选择出现时，我已经没有再次选择的机会。于是我便与录用我的云硫一中的谭志坚校长联系，咨询能否解除就业合同。谭校长回复了我一句：“我们真诚需要你，欢迎你过来看看再做决定！”这句回复影响了我的一生。这样，在实地参观了云硫一中学校之后，我决定留下来，因而这里成了我工作的起点。

我在云硫一中的工作同样是快乐和幸福的，在这里我得到了最大的锻炼，遇到了一批很有水平和敬业精神的老师，我也得到了一个年轻人可以拥有的最大荣誉。当然，唯一的遗憾就是：2000 年到 2005 年刚好是企业经济效益不景气的几年，我们的收入仅仅能够维持生计，这使我确确实实感受到了教师生活的清贫与无奈。2005 年 7 月，我与云浮硫铁矿企业集团公司合同期满，在好心的老同事提醒下，我参加了市直属云浮市邓发纪念中学的招聘，经过竞聘，顺利地成为学校的一员。此时谭志坚校长已经成为邓发纪念中学的副校长，“良禽择木而栖”，我此次的岗位变迁，一定程度上是受到谭志坚校长教育情怀的召唤和感染。

## 因贫瘠而加倍珍惜

从 2006 年到 2010 年，我连续担任高三班主任。2007 年参加云浮市班主任专业技能大赛，2009 年被推荐为广东省中小学名班主任培养对象，2011 年被授予“广东省中小学第二批名班主任”荣誉称号。2012 年 2 月，经市教育局推荐，我被省教育厅审核认定为首批广东省中小学名班主任工作室主持人之一。

工作室主持人有定期集中学习和交流的机会，在汇报工作的时候，每一个工作室主持人汇报的情况存在比较大的差距。这种差距反映出地区间的差异，如各地经费保障力度不一样、各地德育工作者的认识水平存在差异、各主持人自身影响力和自身聚合能力存在差异，以及主持人的做事风格存在差异。这些使得各个工作室的工作效果和实际影响力存在明显差异。

对我来说，能够成为首批广东省中小学名班主任工作室主持人之一，其实是有些意外和幸运的。面对更大的舞台，需承担更多的责任。首批名班主任工作室的建设是在摸索中前行，面临的困难和挑战都是前所未有的。困难主要体现在：首先，我个人肩负超额的工作量，除了班主任、备考组长工作外，我还承担了两个班的数学教学任务。其次，没有先例可依，团队的搭建存在着不科学的地方，而我本人的影响力有限，因而周期内实际开展的有影响力的活动较少。再者，当地领导机构在政策支持上没有可参照的先例，对经费的支持力度不够，最后难以真正按照文件来进行，工作室的经费只有省教育厅拨的10 000元，再加上严格的使用审批制度，能够拿来开展活动的经费非常有限，以至于第一个周期工作室评估时，所使用的经费不到1 000元。

工作室建设的第二个周期，面对的困难并没有减少，但是有了第一周期的认识和经验，组织队伍开展活动的目标明确了许多。再加上市教育局德育科对工作室的工作走向给予实实在在的行动支持，以及兄弟工作室的资源共享和方法借鉴。当时工作室工作的主要思路就是：用有限的经费办最需要的事情。

第一，尽量节约。因为市教育局的配套资金在资金申报时没有及时上报，导致配套资金不能到位，所以第二个建设周期，工作室没有添置一件新的办公设备；所有经费的使用都紧紧围绕活动的开展来规划安排。

第二，珍惜难得的走出去学习的机会。和其他相对发达地区学习的机会不同，我们参加2015年在东莞举行的第五届全国知名班主任经验交流会时，就遇到了来自当地不少学校全部班主任参加的火热场面；而云浮市组织班主任外出学习的机会是很少的，班主任的专业发展还停留在说得多做得少的层面，工作室成员与学员的学习机会也是非常少的。因此，面对难得的学习机会，我们工作室力求做到少而精练，每一次外出都能达到预期的效果。我们先后组织工作室成员和部分学员，参加了广东省德育年会、东华高级中学交流考察，佛山一中交流考察；先后与杨青兰工作室、杨灿媛工作室、汪欣工作室进行交流考察。

第三，珍惜有限难得的开展活动的机会。“要么不必开展活动，开展必求产生轰动”，如何发挥有限资金的作用，在全市范围开展让更多一线班主任真正受益的活动，是工作室在制订年度工作计划时必须认真考虑和谋划的事情。以2016年度为例，考虑到一线班主任走出去学习的机会难得，市教育局德育科要求我们组织一次全市范围内的骨干班主任培训，但市教育局除了提供政策支持外，不能够提供经费和人力的支持，所有的困难都需要工作室自己克服。考虑到组织全市第一次骨干班主任培训的重要性，工作室克服重重困难，请来了珠海市斗门一中的郑学明老师，做了“班主任理念和专业发展”的专题报告。我作为此次培训的总策划，还结合邓发纪念中学班主任工作实际，做了主题为“班级量化考核下学生核心素养的培养”的报告。全市骨干班主任和郁南实验中学，广东省名班主任杨灿媛工作室成员及学员，云浮市第一中学汪欣班主任工作室成员及学员，以及邓发纪念中学的骨干班主任共260多人参加了培训。培训活动取得了圆满成功，与会骨干班主任和应邀参与讨论的我市省名班主任及省名班主任培养对象，纷纷称赞活动价值重大，对提升一线班主任的认识水平和专业技能起到了良好的促进作用。

## 因实现而倍感幸福

虽然条件艰苦，过程充满艰辛，但目标更加明确，步伐更加坚定。在工作室建设的第一个周期，我们是摸着石头过河的。没有清晰的目标，没有可以借鉴的先例，也没有及时的帮助和指引，因此建设经费甚至没有找到可以开销的机会；成果寥寥，影响有限，难以起到很好的辐射和引领作用。

在第二个建设周期，工作室科学规划，市教育局和学校积极支持，各项活动稳步推进，取得了良好的成绩和不错的影响。在工作室成员及学员走出去学习方面：虽然机会有限，但是收获颇丰，每一次的学习都会激发大家对目标和方法的重新认识，大家的见识多了，奔劲自然就足了。

分别在2016年上、下半年进行的两次大的活动，对全市骨干班主任的理论水平和方法指引起到了抛砖引玉的促进作用，参与过活动的班主任曾经动情地说道："我从教几十年，学理论、去观摩的机会有过不少；然而像此次这样，接地气、有效率、源自云浮实际的培训讲座却是第一次遇到！"而我们开展的班主任专业技能大赛更是达到了培训骨干班主任和选拔培训省赛选手的双重效果，不断实现云浮选手在省赛从三等奖到一等奖的突破，更重要的是让全市骨干班主任在各级选拔活动中成长，在观摩市赛的过程中体验到省赛的水平和魅力！一份份对比赛组织调查反馈表中的高度赞扬，是对我们工作成绩的高度肯定，更是对我们下阶段工作目标的科学指引。

而在引进外力有困难的情况下，积极利用本土资源，我们也取得了不错的成效和良好的经验。在云浮市首届骨干班主任培训班上我们既聆听到了来自珠海的郑学明老师接地气、有实效的理论和专业成长报告；也见识到了来自工作室主持人学校实际的本土经验。培训活动和班主任技能大赛，我们让云浮市所有省名班主任和名班主任培养对象找到了发挥的舞台，大家有时候是听众，有时候是策划者，有时候是嘉宾，有时候是专家，有时候做评委，还有时候是培训导师。正是工作室平台的积极运作，使得大家在这个平台得到充分的锻炼和尽情的发挥。

（云浮市邓发纪念中学　汪宏亮）

# 12 一片冰心在玉壶

有这样一位山区教师，她好不容易走出大山，却又甘愿回到她的母校工作；她大学毕业十年，就已成为学校的骨干教师、“省名班主任”。她就是广东省国家级示范性高中云浮市郁南县西江中学的杨灿媛老师。年纪轻轻就获得如此“殊荣”的她究竟有着怎样的经历？

## 立志为师始不改，扎根家乡教育终不悔

杨灿媛老师出生在粤西的一个叫郁南的山区县。据说，她从小便有当老师的愿望，且她一直坚定自己的梦想。高考填报志愿时，她所选的专业全是师范类的——全班只有她一个是这样填的，同学们都笑她“傻”，笑她过于“执着”。最后，她如愿地考上了大学，如愿地读她自己喜欢的汉语言文学专业，她告诫自己：“虽然我读的不是名牌大学，但我可以做普通大学里优秀的学生；虽然我读的专业不怎么吃香，但我可以努力让自己学专一点。”现在，她如愿地当上了老师——她每天都在努力做好自己的工作。“尽力而为，问心无愧”是她送给自己的座右铭。她说尽管有时感觉很累，但能干自己喜欢的事情，那是一种幸福。一份执着成就了她的梦想。能够如愿地当一名教师，能够快乐地当一名班主任，她感到很满足！

杨灿媛老师是一个地地道道的郁南人，是一位平凡的西江中学教师，是一线的草根班主任。她走出郁南，又回到郁南；从西江中学出去，又回到西江中学。曾经有朋友说她：“那么辛苦才走出郁南，为什么还要回去呢？到外面发展多好啊！”的确，郁南是欠发达的山区县，但她依然眷恋着家乡的味道……能够回到自己的家乡、回到自己的母校工作，她说这是一种莫大的幸福！曾有很多到珠三角地区发展的机会，但她都放弃了。别人笑她傻，但她对自己的选择一点也不后悔！她觉得能为家乡的教育事业贡献自己的一份力量，她感到非常自豪！

正是因为杨灿媛老师有着这样一个纯粹的教育梦想，有这样一份执着，有这样一腔热情，兢兢业业，谦虚上进，潜心育人，她才能迅速地成长，并能在班主任工作中崭露头角。

## 寻找自己的“紫色奶牛”，享受当班主任之甘甜

“班主任”是这个天底下最难当的“官”，但杨灿媛老师却非常享受这份特别的“殊荣”。她说一毕业出来工作时，别人都害怕当班主任，但她却非常乐意。她说：“当时我有一个小小的心愿——快乐幸福地当班主任；让我的学生为在我们班而感到快乐、骄傲！我喜欢和可爱的学生们在一起……”幸福是一种感觉，是由心底自然而生的一种情愫。杨老师把这种“喜欢”去感染她的学生，把这种“幸福”传递给她的学生。她的学生都喜欢亲切地叫她“媛姐”。“班主任的幸福关键在于我们的教育能给学生的成长带来积极影响。”她一直谨记这句话，并时刻提醒自己、鞭策自己。

杨灿媛老师善于营造一个团结、和谐的班集体，给学生“家”的感觉。她曾经带的高二（18）班，开始时纪律有点涣散，班干部不得力，学生之间相处欠和谐，学生的班集体意识薄弱，女生钩心斗角，男生常惹“麻烦”。面对这样一个其他老师都怕接手的班级，杨灿媛老师却欣然接手，她就是想通过她的“魔法”去改变这个班。

她的“魔法”一是“收买人心”。在一周时间内，杨灿媛老师利用早读、晚修等时间把全班48人都一一约谈，从中了解学生的家庭、脾气性格等，同时让学生觉得老师不偏心，感受到温暖。最重要的一点是给所有学生灌输这样一个理念：“我们是一家人，大家都是兄弟姐妹，要互敬互爱。大家都要维护这个家！”在课堂、课外，杨老师都用笑容去礼待每一个学生，让他们都觉得“老师好像对我特别好，喜欢我”！这样，久而久之，学生们都喜欢上了杨老师，愿意听杨老师讲道理，并对她有敬畏之情，不敢轻易违反纪律。因为杨老师除了有平易近人的一面，也有“霸气”威严十足的一面。

“魔法”二是培养得力的班干部。杨灿媛老师意识到仅靠她一个人去带班是远远不够的，还得发挥班干部的力量，实现学生自主管理。一开始连班长范国伟都不敢去管班，有点胆怯。在杨老师的鼓励下，班长逐渐大胆起来，团结其他班干部开始管班。另外杨老师还处处找机会帮助班干部树立威信，定期开班干部培训会议，教会他们管班的技巧。这样，慢慢地，一支优秀的班干部团队便形成了。班上很多事务班干部都能及时去处理，不用杨老师去费心了。在杨老师的影响下，他们学会了“做事”，且能得到全班同学的认可。

“魔法”三是善于用“喇叭”来宣扬学生的优点。高二（18）班有一个叫邱楚的学生，他本就挺聪明的，但就是无心向学、懒懒散散，家人也拿他没办法。杨老师找他约谈了几次，了解到他是因为找不到学习的动力才变得懒散。于是，杨老师肯定他的优点，并及时表扬他。有一次，他的作文写得很好，杨老师不仅

在班上表扬了他、宣读了他的作文，还把他的作文拿到隔壁班去宣读。认识他的人都不敢相信这是他的文笔，都对他刮目相看。那一次，他觉得自己在同学面前特别有面子。第二天，他悄悄地留了一张小纸条放在杨老师的桌子上："老师，我想认真读书了。请您好好监督我！"有了学习的动力后，邱楚同学真的认真听老师讲课，积极回答问题。当然，当他坚持不下去时，杨老师会监督他、给他鼓劲。慢慢地，邱楚同学便自信起来，还懂得主动打电话给父母汇报情况。那一年的春节，他父母特地打电话给杨老师拜年，以表谢意。看着邱楚的变化，得到家长的肯定，杨老师觉得自己这个班主任当得有价值。

"魔法"四是给学生改过的机会，并维护其自尊心。有一次，一个叫小骆的同学因赌博被政教处领导"逮住"了，领导开会商量后决定给予他记大过处分。小骆同学平时看起来挺听话，自尊心也挺强的。背后是否有隐衷？杨老师再三了解，原来小骆同学看见家里经济有些拮据，想自己"赚"点零花钱，在一好友的劝说下，在同学中当起了赌博的"中介"，赚取其中的佣金。虽然知道小骆同学这次犯错的确是有些过分，事态也比较严重，但杨老师觉得小骆只是"一时糊涂"才这样做的，应该给予他改过的机会。学校决定在晨会时，全校通报处分决定。这个决定杨老师是无法改变的，唯一可以做的是尽量维护他的自尊心。那天的晨会，小骆提出留在教室里继续修改他的检讨书，杨老师知道他是怕同学惊讶的眼光，他是一个自尊心极强的人，杨老师怕他会因这次的处分而留下心理阴影，于是便同意了他的请求。当学校领导宣读处分决定时，学生们都十分诧异，难以相信班上有同学赌博。他们的眼睛四处搜索小骆的身影，想责问他，未果，他们便不约而同地望着杨老师，他们惊讶、难过。作为"一家之长"的杨老师心里更为难受，一向以班风甚佳为豪的她，此刻因为小骆而承受狠狠的批评。但她希望大家引以为戒，在晨会结束后的班会课上，她先让小骆给大家一个解释。因为尽管她让小骆"逃过"了晨会的通报，但她希望他能勇敢地承认自己的错误，深刻地反思自己的行为，以后不要犯错了。小骆向全班同学交代了事情的缘由和经过，非常真诚地向大家道歉，同时感谢杨老师的维护，说到动情之处还抽泣了起来。起初，大家都对他的行为感到气愤，但见小骆这般真诚地认错，就原谅了他。杨老师也抓住这个教育契机，给全班学生上了一节印象深刻的班会课。

经历这次风波后，高二（18）班变得更加团结了。凡是有人故意诋毁高二（18）班声誉的，全班同学都会一致对外，极力维护班级的荣誉。原来涣散的高二（18）班变得团结、和谐、积极，所有科任老师都对高二（18）班的班风、学风竖起大拇指。因读音乐而不得已转到别班的林洪和张深泉同学一直惦挂着高二（18）班，他俩常跟同学说："我们永远都是高二（18）班的！"她的学生个个都为自己在高二（18）班这个大家庭而感到自豪。这就是杨灿媛老师施“魔法”后的班级，这也正体现了杨老师的魅力！

这些年来，类似的教育案例在杨老师的班级管理中数不胜数。她所带过的每一个班，都会自然而然地“烙”上她的独特风格，而学生们都非常“享受”杨老师营造的班级氛围。毕业多年后，学生们依然会想念起这个教他们学会做人、学会做事、学会学习的可爱“媛姐”。

杨老师曾带的高一（3）班班长做了一个调查反馈：“不知不觉，我们毕业已四年了！当年媛姐当我们的班主任，你的感受是怎样的？请写下你的真实感受。本次调查为不记名调查。”杨老师的学生们纷纷写下了自己真实的感受：

当我在报名见到班主任的那一刻开始，我就已经深深地喜欢她了。她的微笑、她的眼神仿佛在偷偷地告诉我她是一位美丽优秀的教师。因此，她的每一堂课我都专心致志地听。在课堂上，可能有同学觉得她好严肃，但我就永远觉得她是那么可爱、温柔、甜美。千万不要觉得我是口甜舌滑，我说的都是真心话。班主任她是一位很负责任的老师，她对每一个学生都是那么关心，但我始终觉得班主任最关心我。

媛姐很努力，即使已经当了教师，有了稳定的工作，可她总会给我正能量，那就是不甘于平凡。在我的心中，她简直就是我的女神。当我迷茫不知所措的时候，她都会给我一盏灯，然后我就不会迷失自己，找到自己的方向。好想跟她说一句“认识你是我的荣幸”。怎样才是一位合格的老师呢？怎样才是一位优秀的班主任呢？杨灿媛老师做到了。她各方面都很优秀，若要我真的说出她不足的地方，那我只好唱一首张国荣的歌《怪你过分美丽》。嘿，班主任，嘿，我的女神，继续你的优秀传奇吧！

我觉得她好像我姐姐，我有什么心事都会跟她说，然后她就会帮我分析，她给我很亲切的感觉。她是一个很好的领导者，她会了解大家需要什么，然后尽自己最大的能力去帮助大家。她的一句话影响我到现在：“尽自己的最大能力去做，问心无愧。”我想这句话会影响我一辈子，我会一直记得她的好。

能得到学生这样的评价，杨老师感到无比的幸福，甜蜜已经淹没了她所有的累与苦。学生的肯定就是最高的荣誉，杨老师优秀与否，她的学生说了算！

## 大赛培训促成长，班主任之路漫求索

因为杨灿媛老师在班主任工作中有出色的表现，学校推荐她参加第三届郁南县中小学班主任专业能力大赛，她以优异的成绩，勇夺高中组一等奖。她代表县参加第三届云浮市中小学班主任专业能力大赛，经过日夜的备战，她也获得了高中组一等奖。于是，她代表市参加第三届广东省中小学班主任专业能力大赛，这次她只是获得高中组综合三等奖。在这高手如云的省级比赛中，她觉得自己犹如井底之蛙，意识到自己在班主任方面的专业知识严重不足，以前的“优秀”只是凭经验带班，理论知识太薄弱了。这次比赛让她重新审视了自己，并进行自我反思、总结、改进。

“机会总是留给有准备的人!”经过层层严格的筛选，杨灿媛老师成功被推荐为第三批广东省中小学名班主任培养对象之一。能得到省德育专家的亲自指导，能与全省各地优秀的班主任一起交流学习，杨老师非常珍惜这次宝贵的培训机会。在这两年的培训期间，她越学越觉得自身的不足，越学越有劲头，像海绵那样汲取班主任培训营养大餐的精华。每一次集中培训，杨老师都非常认真聆听专家们的讲座，做好笔记，把所学到的融入自己的班级管理当中。“三人行，必有我师焉。”她还积极主动虚心向其他优秀的班主任学习，汲取他们的正能量，她明白“与优秀的人在一起会变得更加优秀”。

“路漫漫其修远兮，吾将上下而求索。”杨老师明白到班主任之路还很漫长，需要潜心去研究。但一个人的力量是有限的，最好有一个团队一起学习、进步。经过严格的审核，2015 年 2 月，杨灿媛老师如愿地成为省名班主任工作室主持人。她建立了一个班主任团队，一起学习、一起研究、一起进步。杨老师知道“一个人走得快，一群人才能走得远”，同时她意识到自己身上的责任更大了——不仅仅要耕耘好自己的一亩三分地，还要发挥示范、引领、辐射的作用，为给云浮打造一支优秀的班主任队伍而努力。

作为广东省中小学名班主任工作室主持人，杨灿媛老师真正起到了示范、引领、辐射的作用。这两年来，她积极到各个乡镇学校送课、开讲座，周围的人都笑她“出名”了，但杨老师依然能以一颗平常心对待，因为她深知“名班主任工作室主持人”不是虚名，而是一份沉甸甸的责任，催人奋进！她觉得自己身上的担子更重了，肩负的责任也更大了，她不敢懈怠，因为她知道这是关系全市学生核心素养得到怎样培养的一个关键所在；这是全市班主任们渴望得到成长的一个摇篮；这是上级领导对全市班主任工作有新突破的一个期盼。两年来，杨灿媛老师带领她的团队开展了丰富多样的活动，并且一直坚持“四个原则”：坚持一月一活动；坚持一活动一主题；坚持“走出去，请进来”；坚持学习、研讨、示范、送课相结合。杨老师满怀热情地继续前行着。她相信，只要心中常怀感恩之心，脚踏实地地认真工作，就能把工作室的工作做好、做得出彩；只要心中对教书育人有着一把热情的火，就能燃烧起心中最初的梦想，并能影响一批志同道合的有梦想的班主任。

确实，在杨老师的影响下，她工作室团队的成员学员都是棒棒的。这两年来，杨老师努力为工作室成员学员搭建学习交流、展示的平台。而工作室的成员学员都能积极学习，潜心研究，都有不同程度的进步。其中，有一位叫沈嘉怡的班主任成长得特别快。沈老师出来工作才四年，但她却有一颗不服输、执着、上进的心，杨老师看到她仿佛看到当年的自己，对她特别用心。本来信心满满的沈老师在第六届郁南县班主任专业能力大赛中落选后，心情非常低落。这次落选对她打击还是挺大的。为了让她重新站起来，在广东省中小学名班主任工作室（高中组第一组）展示活动中，杨老师推荐她代表工作室上精品主题班会示范课。刚开始她有点胆怯，但在杨老师的鼓励下，她便慢慢恢复了信心。在整个团队的努力下，成功磨课，最后沈嘉怡老师非常自如地面对近500位听课老师，在中山纪念中学音乐厅里自信地上了一节“突破思维定式，刷新你的大脑”主题班会示范课。她表现得非常出彩，受到听课老师的一致好评。这次的成功展示让沈老师重新站起来了，她又变得信心满满的。看到她的成功，杨老师替她感到高兴。

在主题班会精品课成功展示后，沈嘉怡老师给杨老师发了这样一段话：“杨老师，谢谢您，谢谢您的赏识，让我有了工作室这个这么好的平台。谢谢您每一次都对我如此信任，我是一个懒惰不主动的人。如果没有您，我还是一个默默无闻的隐形人；如果没有您，我也不会成长得如此之快。真的发自心底地谢谢您！我的好姐姐！我觉得我真的好幸运，能遇到对我这么好的您，真的觉得很幸福！”

“真心为你感到骄傲！你本就有优秀的潜质，我也没做什么，关键是你自己肯努力、肯付出。你才出来第四年，已有这样的成绩，真的很不错，比很多人成长得快。希望你以后都对自己信心满满的，走得更稳、更远！”杨老师是这样回复她的。

“幸福来源于学生的喜欢与感恩，幸福来源于家长的信赖与认可，幸福来源于学校的肯定与鼓励，幸福来源于家人的理解与支持。能做自己喜欢的事情，并能把其发展为自己的职业，努力成就自己的事业，这是最大的幸福！”这是广东省中小学名班主任杨灿媛老师的心声。杨老师用自己的人格魅力影响着她的学生，影响着她的团队伙伴，可谓“一片冰心在玉壶”！让我们一起为她点赞！

（云浮市郁南县西江中学　杨灿媛）

# 13 怀揣梦想，行走在专业成长的路上

河源市唯一一个广东省中小学名班主任工作室，是刘舒玉广东省名班主任工作室。作为全省首批名班主任工作室主持人之一、全国优秀教师，刘舒玉老师在2012年至2016年五年期间通过引领、示范、辐射、带动，培养了一批批优秀的班主任。她立足粤北山区实际，怀揣着对教育梦想、对班主任工作的热爱以及对教育事业的憧憬，行走在班主任专业发展的道路上，为实现“中国梦”添砖加瓦。

## 情倾教育，不忘初心，是一位有情怀的人民教师

刘舒玉老师本着“一辈子做教师，一辈子学做教师”的初心，在喧嚣中独守一片平淡，在繁华中坚持一份简单，以“美其道，慎其行”为工作座右铭，恪守信念，对河源这片青山绿水情有独钟，对山区学生不离不弃，放弃了许多让人羡慕不已的机会。曾有深圳、佛山学校领导向她伸出橄榄枝，更有一家私立学校高薪诚邀，均被她婉拒。她全副身心倾注教育，心系学生，就是为了每个学生都能健康成长。她结婚时不仅没请婚假，第一个孩子出生后因学校缺老师仅休息了两个半月就匆匆到学校上班；2016年怀上二胎后，她没有减少工作量，对于省市教育部门及学校安排的任务依旧能高效高质完成，一直临近预产期才请假。家里祖母百病缠身生活不能自理，父亲因生计长期在外，照顾老人的重任落在她的身上，她工作、家庭两不误，白天学校晚上医院，忙得连轴转，但没落下学生一节课。

在2007年，学校德育主任被借调到市教育局工作，德育副主任转调其他部门，3 000多名学生的学校德育工作重担自然地落到这个刚担任德育处办事员的刘老师头上。她“无名无分”，更无所畏惧，勇于担当，虚心请教，科学统筹安排工作，确保了德育工作有序高效运作，并打造出“自主养成”德育品牌特色。2008年开始全面负责德育处日常工作，学校先后被评为河源市心理健康教育示

范学校、首批“广东省德育示范学校”，令省德育评估专家刮目相看。同时，她被广东省教育厅聘为中小学德育研究委员会委员，并以专家组副组长身份对省部分中小学的德育工作进行了评估。

## 智慧育人，科学管理，是学生成长的护航手

在17年的班主任（德育）工作中，她坚持“动之以情，晓之以理”的工作准则，抓住学生的心理发展规律及特点，引导学生“快乐做人、快乐生活、快乐学习”，努力构建“自主养成”德育品牌，营造了民主、和谐、团结的班级氛围。一方面，在班级管理过程中，推崇学生自主管理策略，实施“生活自我管理教育”“行为自我约束教育”“活动自主组织教育”“学习自我激励教育”“品德自我完善教育”五大板块的教育。另一方面，遵循“低起点、小坡度、按阶段、分层次”的原则，实施“自主·创造·体验”活动模式，推行活动课程化。根据学生的心理发展特点、认知规律，整合我国的传统节日、纪念日与学校的“四大节日”（读书节、艺术节、科技节、体育节），设置不同年级段的德育活动，构建了具有“三小”特色的德育课程体系。第三方面，完善了德育活动成效机制。制定出具有学校特色的《小学生良好行为习惯培养目标分解训导达标要求》《市三小一日常规三字歌》《校歌》等，编写了《养成教育读本》《后进生的成因及转化策略》《以“博”领航自主发展——河源市第三小学班主任专业发展校本培训教材》以及省名班主任工作室期刊《启航》等刊物。

刘老师善用发展观看待学生，辩证理性看待学生出现的各种“问题”。她利用两个暑假的时间参加了广东省心理健康B证、A证培训，从学生的心理角度出发，在培养学生良好行为习惯的同时，走进学生内心，与学生进行心灵对话，努力培优转差。在转化潜能生时做到“五个点”：激发动情点、捕捉闪光点、启发醒悟点、设置起步点、抓住巩固点。《河源日报》记者吴雪曾回忆：在与刘老师第一次见面时，刚好遇到两位四年级的年轻女老师火急火燎地找刘老师，汇报班上的“惯偷”又开始行动了，现在班主任和家长都很无奈，不知如何是好。只见刘老师不急不躁地一边给她们泡茶，一边幽默地说：“‘惯偷’？既然大家都给他贴上了这样的标签，他不采取点行动对不起他这个名号吧？”两位女老师有点愕然，刘老师了解了详情后，给了两个老师一些建议：①谨慎措辞，不能用“惯偷”来评价学生。一个十岁的孩子即使没经过家长、同学的同意拿了财物，也不要用道德之名给他贴上“惯偷”这一标签，因为这个年龄的孩子道德观还没形成，若轻易用上这标签会使当事人对自己的评价产生严重偏差，当然也会影响家

长、老师的判断，不利于孩子身心健康成长。②要走进孩子内心，悦纳孩子。这个家庭条件优越的孩子从二年级开始喜欢拿别人的东西，拿到后又不用，放在床底下，每一次被发现都承认错误但又控制不住，大家知道他为什么会这样吗？背后的故事你们去了解过么？只有了解了“病因”，才能对症下药。要站在孩子的角度去思考问题，不要想当然地下结论。③多学习，勤积累。去网上多了解类似孩子的心理特征及应对措施，结合孩子实际想想该怎么办，也可以把这个问题在班主任群进行讨论，集思广益，对其他班主任也会有所启发。两位老师豁然开朗，点点头离开了办公室。看着刘老师对青年老师的现场指导，吴雪感叹：“怪不得学校的老师喜欢叫她‘刘专’呢，名副其实呀！”

## 潜心科研，勇于创新，是有内涵的匠心者

在教育界常常有“不做教书匠”的提法，可是，细细挖掘“匠”的内涵，会发现它除了指代“具有某一方面熟练技能的人”外，也含有“灵巧、巧妙”的意思。更有一种精神含在其内——大匠精神，“匠”所代表的“技”又是通往“艺”的必由之路。由此，刘老师以为，为师者需要有“匠心”，并在此基础上逐渐形成自己的风格，这样才有可能慢慢转向为教育教学的“艺术家”。

勤学促成长，厚积能薄发。常言道，师者只有心中有“源头活水”，才能实现师生之间的“天光云影”。据了解，刘老师由于德育处繁杂的日常事务遇到了职业发展的瓶颈。为尽快摆脱职业倦怠，她一方面从书店、网上购买了大量的专业书籍，认真学习和研究新的教育教学理论和专业文化知识，坚持不懈地阅读中外名著，并做好读书笔记，每年阅读的教育教学名著不少于 12 本。另一方面，积极参加业务培训学习，先后参加了河源市第二期百名青年骨干教师、广东省中小学骨干教师语文学科省级培训、西南大学心理健康教育国培班、北师大高级德育名师培训班等培训学习活动；前往北京、南京等全国各地名校参观与进行学习交流，并师从深圳育才三小的何莹娟老师学习半年。这些学习不仅使她开拓了眼界，更新了理念，提升了业务修养，更重要的是使她的思想境界上了一个台阶。

科研树品牌，激情出硕果。刘老师以科研为引领不断提升自身的专业素养，先后参与了 11 项国家、省、市课题研究，其中作为主持人的有 5 项，3 次被省教育厅思政处、省德育研究指导中心评为科研先进个人。经过长期的实践与研究，她的教育教学工作逐渐形成了“自主系列”品牌特色，即自主管理、自主活动、自主阅读、自主学习。2013 年在全国名班主任工作室展示会上代表广东省山区小学名班主任工作室主持人交流工作室开展情况。“自主系列”品牌特色受到了

专家、同行的高度赞赏。撰写的课题成果《“自主化阅读”习惯培养模式探究》《运用教育博客促进班主任专业化发展》先后参加省德育科研创新成果展示活动，分别荣获二、三等奖。

## 立足实际，优化培养模式，是专业发展的领头羊

刘舒玉老师实实在在做事，踏踏实实培养了许多优秀的班主任。她极力推崇教师自主发展策略，采取“自主发展四结合”模式进行，即理论学习和实践操作相结合，专家引领和自主研修相结合，团队发展和个体发展相结合，集中研讨和分散学习相结合，努力贴近一线班主任的需求，促进班主任专业素养、专业能力的提升。在工作室每一周期确定了成员、学员名单后，她都会通过网络对工作室所有人员进行关于“小学班主任专业能力情况及需求”的问卷调查，以班主任的专业情感、专业知识与专业技能为主要内容，修订工作室的相关制度及两年的学习规划，有针对性地设计跟岗培训方案及自学科目。她所做的一切，目的只有一个，那就是和学员们同台交流、共同成长。

2015 年 5 月 11 日至 24 日是工作室第二周期的第一次集训，刘舒玉老师本着“从新、从活、从实、从用”的原则，以“德育课堂有效教学”为抓手，以“德育课题研究”为纽带，以“个人特色发展”为目标，通过专家引领、团队研讨、示范教学、案例反思、叙事互动等方式，构建了学习研修的共同体。她先后邀请了高校专家或知名班主任举办了 11 场接地气的专题讲座，让工作室学员了解了前沿教育教学信息与理念，更新了教育教学思想与班级管理的知识；组织了市直、源城区、江东新区、东源县等 200 多名教师前来参加主题教育活动（班会课）研讨，工作室主持人及成员开设了 5 节班会及心理健康教育活动示范课，随后通过集体评课，共同探讨德育课程教学模式；每个学员都结合当今新形势、新问题及班级学生实际上 1 节德育展示课，在工作室内部进行交流。主持人、成员、学员坚持撰写教育案例与反思材料，互相交流，畅所欲言，共同进步。同时，组织了工作室成员 13 次外出培训学习和两次外出参观交流活动。2015 年 5 月主持人刘舒玉及成员王美霞前往北京参观了清华大学附属小学、华师附小、垂杨柳中心小学、北方交通大学附属中学、北京教育学院等学校，与北京市工作室主持人郑丹娜进行了交流学习。

## 送教下乡，辐射引领，是山区班主任队伍成长的拉车人

刘老师常说，一枝独秀不是春，百花齐放春满园。她怀着感恩的心，以互助共进为目的，认真履行相关职责与义务，充分发挥工作室的引领、辐射作用。近年来，刘舒玉老师被聘为河源职业技术学院的客座讲师，协助培训了四批贫困山区教师。她指导了 8 个学校的省、市级课题开题或结题工作。在 2013—2014 年参与“广东省边远贫困地区、民族地区和革命老区人才支持计划教师专项计划”的执行，前往连平县三角镇中心小学进行了为期一年的支教活动。

她先后 60 多次带领团队深入县区山村学校开展“送教下乡”活动，她的初衷很简单，就是让山区的班主任尽快地成长起来。说起“送教下乡”，刘老师也是经历了一番周折的：乡镇学校比较注重教学，弱化德育，但刘老师认为，知识教育与品德养成必须同时兼顾，经常在支教研讨交流会上“舌战群儒”，苦口婆心转变乡村教师的思想。根据乡镇学校的实际情况，每次下乡，她都带着提高班主任素养的专题课程和学科示范课，将学科教学与德育互相融合，让前来听课的老师们都有所收获；有些学校的设施设备比较落后，她在送教之余，还开展“送书、送体育用品下乡”活动，受到了山村学校及老师的一致好评。

一分耕耘，一分收获。刘老师在第一周期培训考核中被省教育厅定为“优秀”，2016 年被河源市教育局评为“五星级工作室主持人”，并在现场做经验交流，得到了与会专家级领导的高度赞赏。我们深信，低调做人、高调做事的刘老师，在教师这一默默无闻的职业中，一样可以书写出一篇绚丽的华章！

（河源市第三小学　刘舒玉）

# 14 美丽的升华

不知不觉，为人师已有 17 个春秋，我从一个稚气未脱的年青教师成长为一个有着自己独特教育教学风格的师者。17 年来，我怀着一个教书育人之梦，捧着一颗关爱学生之心，经历了许多磨炼，收获了许多快乐。忙碌而富有挑战性的班主任工作让我尝到了为师之惑，也体验到了为师之乐，更激发了我对这个职业的执着和追求。17 年来，因为多了一分心思，多了一分思索，多了一分坚持，因此多了一分收获。

## “初生牛犊”不怕苦，青春年少也疯狂

谈起班主任的工作经历，和许多班主任一样，一开始我是一个勤奋型的班主任：起早摸黑，以校为家，对学生的关心无微不至；与学生打成一片，亦师亦友；事无大小，一一为之操劳。这就是我当班主任早期的写照。那时很年轻，也很有干劲，不知累为何物。三年下来，我有了快乐幸福的记忆，有了可喜的教育教学成绩，有了许多让我难忘的教育故事。

记得那时，我有初生牛犊不怕虎的勇敢，有青春年少时的疯狂。为了学生的课间活动场地，我和学生一起拿起锄头开拓课室后面的一块杂草丛生的荒地。为了让学生能有篮球场打篮球，我提前半小时顶着烈日去占篮球场。我有过带着学生一起在风雨中奔跑的疯狂，也有过和学生们背靠背坐在草地上，对着星星和月亮说悄悄话的浪漫……在学生心目中，她们的“贞贞姐姐”就是那样可敬可爱。

这样的日子是幸福快乐的，但也是劳累的。学生集体爆发流行性感冒，为了让他们早点康复，我奔波忙碌：早上在学生来到之前打开门窗通风透气，白天忙于送学生到医院看病，晚上等学生离开后给课室消毒。经过两个星期的战斗，同学们终于完全康复。全班同学整齐地出现在课室了，而我却不堪疲惫，病倒了。我还记得，为了帮助一个有心理问题的学生，我熬了无数个日夜，用自己仅有的心理知识和人生经历去耐心地给他做辅导。曾在操场上留下了无数脚印，在辅导

室谈过无数次心，在夜深人静时刻通过无数次电话，直到耳朵发热、疼痛。一切的一切都只是为了让他能减少忧虑，放松自己，好好地睡上一觉……

感谢我早年的勤奋和疯狂，让我累积了许多的工作经验，丰富了我的人生经历，为我后来的成长奠定了基础。

## 善用心理技巧，做学生的心灵导师

勤奋的工作让人有许多收获，然而，我总不能永远这样活着，毕竟工作不是生活的全部。于是，我开始思索如何解放自己。记得第一次的转变是从听李镇西老师的报告开始，当时我深深地为李老师的工作智慧而感动，我懂得了一个重要的道理：有效地运用教育技巧能够让我们的班主任工作事半功倍。我逐渐学着向技巧型的班主任转变。于是，我开始研究教育心理学和学生的成长心理，阅读有关书籍，听有关的报告，让自己有了更加扎实的教育和心理学知识。巧用心理知识和技巧，让我的班主任工作更加自如、有效，这是我的第一法宝。根据学生发展的需要，我会为他们定期策划团体心理活动：在初建班级时，我们组织了一个活动，让全班同学围成一圈，每个同学都半蹲，形成椅子形状，一个坐在另一个的膝盖上。这个活动让大家学会了互助和信任，对初建班级形成凝聚力有很好的作用；在高考前夕，我组织同学们到操场上进行减压活动，让学生放松心情，迎接高考。巧进学生心里，让学生敞开心扉，把心理咨询技能应用到与学生的谈话中，这是我的第二法宝。倾听、具体、淡化、通情、达理是我做学生个体工作的常用技巧。

记得一次刚考完大考，有一位同学一脸茫然地来找我，她对我说："老师，我这次考得很差！没有一科考得好！我从考试到现在一直睡眠不好，有时失眠，我很害怕，不知道为什么！我怎么办呢?"说着说着，泪水哗啦啦地流下来。我认真倾听着学生说的每个字，试图从里面读出她的真实感受。从学生的话中，我听出了她对自己的学习成绩感到忧虑，造成了一定的心理压力，导致失眠。我并没有急于给她讲学习方法，而是先把她所说的"差"字具体化。其实经过我的了解，她这次只是英语考得不理想，选考科由于审题错误丢了一些分，最终总成绩不高。我了解到这点后，马上肯定了她的数学成绩和英语写作能力，让她对自己有了自信；然后努力去淡化她所说的问题，我对她说现在发现问题是好事，因为现在多发现一个问题，高考就会少一个问题。对于她的失眠问题，我表现得非常冷静："这几天我也没睡好，已经有好几个同学跟我讲过这个问题了，可能是秋天比较干燥吧，人也有点烦躁；另外，你们现在复习到这个阶段，比较投入，精神比较紧张，晚上睡觉前喝点牛奶，那样就没事了。”谈话后，这位学生似乎有些放松了，她按照我所教的方法去调整自己，慢慢地，她学会了自我发现和自我调整，最后以良好的状态参加高考，并考上了广东工业大学。

## 与时俱进，不断创新

在我的心中，一个成功的班主任除了要有应对问题的能力，更要有自己的特色，于是，我追寻着自己的又一次转变：成为一个创新型的班主任。

参加省、市名班主任培训让我逐渐有了“创新”的意识，我逐渐认识到班级管理要从班主任的独裁管理转向学生自主管理，体现民主、公平。管理理念的转变让我有了技巧上的创新，并取得一定的成效。

记得 2012 年 9 月的那次班干部竞选，为了争当班长，选手们都精心准备自己的演讲词，从毛主席的诗词到奥巴马总统竞选的英文版台词，一一被同学们搬到了台上；如果说公平竞选的结果让大家满意，我想说竞选的过程更让我享受，更让同学们增长见识。班干部从此更有公信力，同学从此更配合。

创新不仅仅是班干部的选举，系列主题班会课是我的另一尝试。每个学期开学初，我和班干部一起规划本学期每月主题班会课的主题，并每月召开一次综合型的主题班会，每个活动月的其他 3 周围绕着这个主题，由学生分小组负责策划主持小型的班会。同学们参加主题班会课的积极性十分高涨，负责策划主持的小组认真负责，一方面锻炼了他们的组织策划能力，另一方面给予了学生展现自己的思想和能力的机会。

同学们总是渴望着轮到自己上主题班会课，从接到任务开始就一直认真地准备，设计方案、收集资料、做访问调查、请嘉宾；漂亮的 PPT、流利的台词、新颖的设计以及对教育主题的深入认识和评论，一一展示出学生的才能。精彩的小品、优美的诗歌朗诵、欢快的歌声、看似无序却有序的无领导小组论坛，同学们用他们的才智演绎得淋漓尽致。有时候我们全班围着屏幕一起观看一个电影视频，把大家感动得泪流满脸；有时候候我们一起兴高采烈地游戏，让大家把学习的烦恼抛于脑后；有时我们热烈地讨论一个问题，各抒己见，甚至争得脸红耳赤……在我看来，教育从学生的真实感受开始，在过程中感悟、深化，最后回归到学生的自我认识和提升，从而成为一种自觉的行为，这样的教育才是真正有意义的、有效的。

创新，我认为并不是要绞尽脑汁、挖空心思地进行伟大的改革，而是在原有的班主任工作方法和方式上进行改进；有时候多一点思索、多一分心思、多一些与学生的接触，会让我们多一分灵感。因此，阅读名师的著作、听优秀教师的报告、积极参与课题研究成了我创新工作灵感的源泉；也曾感到过迷茫、困惑，幸运的是在我彷徨时，专家的引领让我看到了曙光，使我更勇敢地走向远方……

## 用智慧引领成长，照亮班主任之路

正因为有了那份勇气，有一些底气和一点名气，2015 年 2 月，已获得“省名班主任”称号的我带领一批年轻班主任申请并成立了广东省中小学名班主任工作室。此工作室成立之初，吸引了区、市内许多优秀班主任的目光，纷纷报名参加。过去两年来，我在处理好学校正常的教育教学工作以外，还积极投入工作室的工作中。两年来，对工作室的成员、学员进行了 4 次的内部培训，主题包括“如何上好一节班会课”“班级发展规划的要素”“如何提炼工作特色”“班级建设”，学员成员收获甚多，同时我也见证了他们的成长。

工作室在本地区起到了带头示范作用，主动承担近两年来高明区的班主任培训任务，工作室受到市、区许多学校的喜爱，多次被邀请到多间学校开展班主任工作、师德教育、家长培训等讲座，深受同行和家长的欢迎。这些活动给予了成员学员展示自我的机会，他们逐渐成长为能独立担纲的优秀班主任。

工作室学员郑冠中老师是这批学员中成长得最快的一位老师，他的班级管理规范有序，又不失个性；管理严格又尽显人文关怀，他所带的班级两年来每个月都获得“文明班”称号，成绩在全年级遥遥领先，学生亲切地称他为“大表哥”。在四年前郑老师曾当过一年的班主任，那时也许是缺少一些经验，带班并不是那么顺利，后来甚至被学校换了下来。进入工作室以后，他积极向上，逐渐找到工作的方向，形成了自己的带班特色。在学校的优秀班主任工作经验交流会上，我推荐了郑老师参加，郑老师以“规范有序，快乐成长”为主题的工作特色进行了精彩的展示，获得全校老师的一致好评。领导和老师对郑老师的评价是“两年不见，刮目相看”。这也成了郑老师成长的巨大动力和信心，一抹前几年首次担任班主任时留下的辛酸和阴影。随后，郑老师的班主任工作经验还被推到区里进行进一步的推广，赢得了许多老师的掌声。作为工作室主持人，能与大家共成长是最快乐的事情！

从一个无名小卒到一位省名班主任，从一个人单打独斗到一个团体共同作战，从一个人的成长到一个团体的成长，我们所付出的努力，为我们带来了许多收获！“路漫漫其修远兮，吾将上下而求索。”毛毛虫之所以能破茧而出，蜕变为美丽的蝴蝶，源于执着和追求。我愿用这样的执着和追求，去实现人生美丽的升华！

（佛山市高明区第一中学　刘洁贞）

# 15 快乐着你的快乐，幸福着你的幸福

因为你快乐了，所以她快乐；因为你幸福了，所以她幸福。在珠海市紫荆中学，常常有人问崔艳茹老师：“你这么忙，做这么多事，学校没有给你任何额外照顾，工资没有任何提高，你快乐吗？你幸福吗？”崔老师的回答是：“我很快乐，我很幸福。”因为她的辛劳带给别人哪怕只是萤火之光，但已足够点燃她内心的幸福之火，成为她快乐的源泉。

每个人对快乐、幸福的定义不同，但是崔艳茹老师是快乐、幸福的。因为她有一个幸福的家庭，有支持爱护她的爱人，有活泼可爱的孩子，有一份她喜爱并为之奋斗的事业。

## 你快乐了，所以她快乐

做一名教师尤其是一位班主任，每天除了要备课上课外，还要接触各种各样的学生。崔艳茹老师教过优秀的学生，他们刻苦、努力、勤奋、上进，为了让他们能有更好的发展，崔老师会想方设法调动他们的积极性、主动性，让他们能够更上一层楼。为了能够主动掌握他们的动向，她会认真观察他们的日常行为，第一时间作出最有利的判断，引导他们更好地发展。

那一年，犹是崔艳茹老师青春正好的时候，她走上了三尺讲台。缘分的天空注定了崔老师和一个女孩子的邂逅，那是一个勤奋、踏实、稳重的女孩。上课时女孩用她专注的眼神追随着崔老师的轨迹，崔艳茹老师用春风般的笑容回应着孩子的追随，就这样，或微笑，或点头，或鼓励，或携手，或大笑，或痛哭，她们风雨携手。崔老师终于把那个暖心的孩子一路送到珠海最好的高中，又一路目送她去到中国最顶尖的大学，快乐在心底流淌。记得那个偏科却成绩不错的学生，刚开始教他的时候，他以一副满不在乎的姿态出现在崔老师的面前，但是认真观察后，崔老师发现，他其实非常在乎语文这一学科，甚至因为怕没有面子而考试不交试卷。面对这样一个要强的孩子，崔老师该怎么办呢？当然要帮助他。于

是，课堂上崔老师关注他，作文课时拿他的作文来点评，做作业时重点改正他思路不对的地方。最终当学生拿到理想学校的录取通知书时，他露出的那灿烂的笑容，成为崔艳茹老师永不磨灭的记忆。学生成功时开心的笑容，就是崔艳茹老师最大的快乐。

然而，崔艳茹老师教过的学生，很多都是"学困生"。对他们，崔艳茹老师关注其成长。崔老师认真了解每个学生，发现他们的特长。崔老师相信，每个人都很重要，她常说"一个都不能少"。崔老师会耐心地对待这群在学习道路上迷失了自己的学生，会主动为他们找到适合自己走的路，引导他们能够学有所长，最终能够学有所成。她曾经教过一个学生，从初一开始就没有好好听过一节课，上课睡觉，下课打闹，每次考试不是个位数就是零分，离家出走、打架是家常便饭。但就是这样一个学生，崔老师也努力发掘他的特长，坚持对他进行教育，让他对自己有信心、有方向性，最终他进入职校，学习酒店管理，现在在澳门上班。他经常回来看崔老师，每每看到他快乐的笑容，就是崔老师最快乐的时候。还记得那个没有自信、瘦弱、脸色苍白、眼神闪烁、双眼不敢与人直视、声若蚊蚋的男孩子，父母太多的希望，压得他直不起年少的脊梁。崔艳茹老师知道后，记不清多少次师生互谈人生，记不清多少次和孩子的爸爸妈妈交流、沟通、协商，找方法。后来，这个男孩成了崔艳茹老师班级的体育委员，男孩在校运会上、元旦联欢会上一次次展示了自己的跆拳道本领。再后来，男孩只身前往广州报名考托福、独自远赴异国他乡追寻求学之路，学成归来后成为一名知名企业的优秀白领。

因为学生快乐，所以崔艳茹也快乐。

## 你幸福了，所以她幸福

有人问崔老师，当老师有什么意思啊？为学生付出那么多，却没有收获相应的回报，甚至还会有家长不理解，何必呢？崔老师因为看到学生幸福，也就感到幸福，这就是崔老师坚守这个职业的原因。

崔老师的幸福是因为她每天都和学生们在一起，每天都过得很充实。每天一上班，她就会碰到可爱的孩子们，大声地叫一声"老师好"，然后看到他们求知的大眼睛眨呀眨的，一种幸福感会从心里油然而生。崔老师的班里有个留守孩子，进入青春期的留守孩子会有各种各样的表现，班级里的这个孩子表现出来的就是，如果任何人和他多说上几句话，他就会每次课间出现在你的面前，跟你说他昨天做了什么，今天做了什么，明天准备做什么。而且几乎天天都会重复一次。课间时他也会向你汇报班里任何的风吹草动，甚至哪位老师喜欢什么，不喜欢什么，他如数家珍地告诉你，希望你能够关注他。所以很多学生都不敢和他多说一句话。但是崔老师能明白他，因为他常年一个人在家，一个人吃饭、一个人睡觉、一个人说话，他没有朋友，也没有家人的陪伴，他孤独、无助、无聊，除了自言自语，就只能以这种方式来和别人交流。所以，每次看到他时，崔老师都会主动问他一些问题，引导他回答一些问题，引导他重复老师们上课都讲了什么内容，当他能够重复出老师的话，崔老师就立刻表扬他、肯定他，每次他都很开心。就这样崔老师带了他三年，他给她讲了三年的中学课程。毕业时，当他幸福地对崔老师说“谢谢老师”，崔老师脸上洋溢着的又何尝不是幸福呢？

特殊学生是班主任工作中不可回避的一个存在。崔艳茹老师的记忆里永远存在着这样一个孩子：他看到班里有个学生因为别人拿了他的东西没有还回给他，就觉得这个学生太软弱可欺，进而给这个学生一顿拳打脚踢。当崔老师问他打人的理由时，他回答说：“他太软弱了，我要教会他怎么打人。”就是这样一个有着“固执的性格、别扭的神态、奇怪的语言、不合群的独行者，偶然还会有暴力行为的孩子”，一度成为班级的焦点，家长们纷纷投诉。其实这是一个智商发展不完善的孩子，刚入学的时候，因为他的特立独行，没有学生愿意和他亲近、交往。崔老师敏锐地意识到这是一个特殊的孩子，所以格外地关注他。孩子的母亲是一个智障人士，崔老师耐心、细致地做其他家长的工作，发动全班学生来关爱这个孩子。她带着这个学生去参加其他学生的游戏，带着这个学生去参与其他学生的讨论，带着这个学生去参与其他学生的表演，让班干部在班级里创造机会，每天都找到一点哪怕是微小的亮点，来表扬这个孩子，让全班学生彼此寻找身上的优点，让家长走进教室，和学生共同撑起爱的天空。渐渐地，这个孩子不再独自一个人了，不再动手打人了，不再无缘无故发脾气了，他学会了和别的同学互动，学会了微笑，也学会了帮助别人。班级的气氛好了，学生的关系融洽了，家长的投诉没有了。看着孩子幸福的身影，崔老师的幸福感也写进了心里。

（珠海市紫荆中学　崔艳茹）

# 16 保有教育的良知

1987年7月，沙桂香老师从广东省韶州师范学校毕业，就扎根于粤北山城韶关市仁化县实验学校。30年的教师生涯里，她勤勤恳恳，尽心尽责，无怨无悔。沙老师常说："上有天，下有地，中间有良心。""仰不愧于天，俯不怍于人。"是呀，教育工作就是一门良心活呀！三尺讲坛是教师施展的天地。它不能受到学校时刻的监督，教好书抑或教不好，育好人抑或育不好；倾尽全力抑或出勤不出力；甚至是上班早来迟来抑或下班早走迟走……全靠教师的自觉性、责任心，以及对教育事业和对学生的热爱——也全凭教师的这份良心呀！

沙老师是这样说的，也是这样做的。她保有教育的这份良知，因此赢得了领导的信任、同事的认可、家长的支持、学生的喜欢。

## 一种情怀

班主任工作就是爱的事业，没有爱就没有教育。转化后进生需要爱心、耐心和智慧。2011年9月沙老师接手三（1）班，班里随班就读、自闭暴躁的男孩小胖胖，发作起来难以应付。上课、下课、做操、游戏，沙老师时时关注他，耐心和细心安抚他，像妈妈一样哄他、逗他。四年的付出，换来小胖胖的乖巧、懂事、懂礼。2015年3月，经常和妈妈闹别扭而找沙老师倾诉的女孩吴彤，沙老师耐心地给她讲妈妈十月怀胎的不易，讲妈妈工作家庭照顾周全的艰辛。2014年9月，爱上网、叛逆、吸烟、喝酒、逃学的男孩李浩华，父亲在深圳开厂，母亲独自带着他在仁化以经营小卖部为生。由于父母闹离婚，相互争夺孩子的抚养权。父亲为了讨好这个13岁的孩子，竟然对孩子有求必应，买电脑、买手机、买赛车……孩子有钱，天天聚众吃喝玩乐，无心向学。妈妈教育不听，说几句就顶嘴，甚至摔家里的东西，还动手打妈妈……十分难管教，真是让老师费心，让家长忧心。因为他整夜整夜地不回家，妈妈实在没办法，就打电话向沙老师"求救"。为了他，沙老师连续几个礼拜，白天晚上都往他家跑，有几个晚上还陪他散步聊天谈心，给他讲妈妈生活的不易、妈妈的苦心，让他学会体谅妈妈的难处……有时他妈妈没时间，沙老师还把他带在身边照顾饮食起居，辅导作业，陪他锻炼身体，彻底改变了他对上网的依赖……

## 一种信念

“上有天，下有地，中间有良心。”凭着这份教育良知，沙老师对学生负责，对学校负责，对家长负责，对教育负责，兢兢业业，教书育人。苏霍姆林斯基曾说过：“我们的教育信念应该是培养真正的人！让每一个从自己手里培养出来的人都能幸福地度过自己的一生。”怎样培养真正的人？如何让学生获得幸福快乐的“金钥匙”？

沙老师严格要求自己，努力提高班主任综合素质，率先垂范，身体力行，为孩子树立可学、可亲、可敬的榜样。她从中华优秀文化追根溯源，把“孝悌忠信、礼义廉耻”深埋孩子心里。

2010 年 3 月，学校派她到河南郑州学习传统文化，2010 年 7 月，学校又派她到南京学习传统文化。通过学习，她认识到了《弟子规》的价值，感受到中华传统文化的神奇魅力，所以，她决定用《弟子规》这部经典作为德育教材，指导学生学习《弟子规》、践行《弟子规》，教学生做人做事的道理。她在推广教学中懂得，学习《弟子规》少喊口号、贵在践行。让学生熟读背诵是为了践行，因为背是前提，做是目的；见面行鞠躬礼不是恢复古礼，而是提起学生的感恩心和恭敬心；课前读感恩词是培养学生的感恩心；写学习心得、心灵日记是教学生对照经典，反观自己的言行，是否合乎礼。开展主题班会、节日主题活动、学孝道歌曲手语操、看德育动漫故事、读教育小文章、利用名言警句进行教育等，都是让学生长时薰修，让学生在整个学期的学习践行《弟子规》的过程中，始终保持着一定的热情。学生学习经典后，班级面貌焕然一新。班里感人的事例层出不穷。2010 年 10 月 16 日，农历九月初九，是重阳节，也称老人节，刚好是周六。这一天，班上的曾艺华同学，独自一人，提着水果，骑着自行车到敬老院去慰问老人，给老人送去吃的，给老人打扫卫生，给老人穿针，和老人谈心……一个十一二岁的小姑娘却心怀敬老院的老人，沙老师是看日记才知道的。沙老师问她：“你怎么想到去敬老院看望老人呢?”她说：“我们学了《弟子规》，知道要爱老敬老，那一天是老人节，我就想到敬老院的老人了。”这就做到了《弟子规》里说的：“事诸父，如事父；事诸兄，如事兄。”

沙老师经常牺牲节假日时间，带领孩子走进家庭、走进社区，投身志愿服务，在实践体验中收获付出的满足与幸福。她设立班级论坛，“扶不扶”“中国式过马路怎么看”“如何爱国”“成绩与能力”……一个个社会热点主题被相继提出。在一场场激烈的辩论、一次次明辨事理中，学生在不断成长，人格不断健全，道德体系不断完善，因此再苦再累，她也觉得值了。

## 一份坚持

一路走来，沙老师曾经对这份神圣的事业犹豫过、动摇过。看到别人的轻松悠闲，她犹豫过；碰到学生的无理取闹，习性难改，她动摇过；想到病中的二老，为家庭劳碌的丈夫，她还真想过放弃……是孩子们清纯的眼眸给了她勇气，是领导的信任给了她力量，是同事的微笑给了她鼓励，是家长的支持给了她信心。

沙老师积极进取，勇于担当。2011 年，她参加为期两年的省名班主任培养对象学习活动，更新了理念，拓宽了视野，扩大了胸怀，提升了境界，坚定了信念。2015 年，她成为广东省名班主任工作室主持人，做课题、开讲座、送教下乡、志愿帮扶，带领 20 多名班主任走上专业化发展之路。

27 年的班主任工作，一路辛劳、一路汗水，也收获了一路果实一路歌。由于班主任育人工作出色，她荣获了很多各级各类的表彰，除了连年被学校评为“优秀班主任”“最受欢迎的老师”之外，还先后获得了“广东省百名优秀德育教师”“广东省第三届中小学名班主任”等荣誉称号。沙老师谦虚地认为，是学生成就了她的人生，是班主任工作让她的人生更加丰满和充实，让她找到了人生的价值和幸福。她要把班主任工作进行到底，用心做教育，真心真情真意培养真正的人。

（韶关市仁化县实验学校　沙桂香）

# 17 一种精神

穿过幽暗的岁月
也曾感到彷徨
当你低头的瞬间
才发觉脚下的路
心中那自由的世界
如此的清澈高远
盛开着永不凋零
蓝莲花
……

许巍在“留声十年　绝版青春”演唱会的现场，用有点沧桑的声音唱着这美丽的《蓝莲花》。也许过了十年之后，有人会感慨：“青春不再。”有人会笑道：“青春依旧。”因为青春就像孩子一样，喜欢用蘸着水的脚丫，一深一浅地，在走过的路上，留下一个个足迹。

从教已经18年了。尽管四季更迭，寒来暑往，学生来了，又走了，但她的内心，始终被一种精神温暖着，年近40，却仍感觉青春的气息在这里弥漫着，如同永不凋零的蓝莲花。因为陪伴着她的，永远是朝气蓬勃的年轻人。

她，就是揭阳市揭东区第二中学的李桂华老师。李老师的长相，带着一点古典的气息，一双不大不小的眼睛炯炯有神。工作起来，她那专注和入神，很有一种身经百战、纵横捭阖、驰骋千里的巾帼英雄的味道。只是眼角被岁月随意刻上了些许线条，给人一种蕴含人生深刻内涵的感觉。

李老师有好多的头衔：广东省中小学名班主任工作室主持人、揭阳市人大代表、揭东首届名教师、广东省劳动模范等。顶着这么多的光环，朋友们是否以为她是一位高高在上的“女神”呢？其实不是，站在学生群里，她绝对是一位受大家欢迎的、接地气的“大姐姐”。

语文组的林敏老师曾在一篇文章里这样描述：“与她畅谈，是一种美妙的感觉，就像是一种踏在现实的真实感，却又不忘飘浮于空中，寻摘美丽星辰的幻想感。我想，这就是李老师，用她十几年来对工作丝毫没有消减的热情感染着周围的每一个人……”她热爱这个职业，爱得炽热，爱得张扬！

## 爱，是最美的师德

李桂华是揭阳市揭东区第二中学政教处副主任兼团委书记、语文教师。参加工作18年里，尽管多次获得荣誉，但她一直保持低调。而学生、同事们一提到她就会竖起大拇指。因为不管遇到什么困难，她始终执着于自己光辉的梦想，始终如一地坚守在教师这个神圣而光荣的岗位上。她爱她的学生，而这些“爱”，就体现在日常普普通通的小事中。

每一届的新教师培训，她都喜欢跟新老师们说一句话：“要成就大事，你就必须得踏踏实实地做好每一件小事。”比如，她教育学生要讲文明、懂礼仪，在食堂跟学生一起吃饭，饭后，她会细心地抹掉饭桌上的汤汁，对学生说：“这样，下一位来这张桌子吃饭的人，就不会觉得这里脏了。”她会在洗手后把水甩在洗手盆里，对学生说：“这样，就不会到处都弄得湿答答的，不会让别人不小心滑倒了。”这是她“细心的爱”，教会学生：“关爱他人，从细微处体现你的教养。”

军训时，有一名女生因为胃痛吵着要回家，她耐心地开导说：“过几天就能回家了。胃痛是急性的，但又不是一下子就能根除的。如果你现在就打电话跟爸爸妈妈说你胃痛到不行了，想回家了，他们该有多担心啊！军训基地在山里头，你们家在龙尾，那么远，交通还不方便。而回家，又不是就能治疗好你胃痛的良方。更何况，这里已经有专业的医生帮你诊断、治疗了。你是高中生了，要学会为别人着想，自己能处理好的事就要学着去处理，不要老让家人担心。平时多注意点，按时吃饭，不要吃生冷的东西，少吃垃圾食品，胃就会慢慢养好的。”学生默默地点了点头坚持下来。在她的教育里，爱包含两个方面，爱自己，爱别人。没有人比她更关爱自己的学生，但是，在这种爱里，她没有放任，她让学生学会了如何去爱。

她班里有个男生跟家里闹矛盾要申请自动退学外出打工，她会打上十几个电话，还跑到学生家里家访调解，让家长明白不只要关心孩子飞得高不高，更要关心孩子飞得累不累；也让学生体会家长养育之艰辛，唯有好好读书考上理想的大学才是对父母最好的回报。当父母与孩子抱头痛哭时，她在一旁带着泪花欣慰地看着这一幕。这名学生后来考上重点大学，第一个报喜的电话就是打给她的，感谢班主任当年对他的及时引导。李老师喜欢跟年轻老师说：“你教室里的每一个孩子，都是一个家庭的整个世界。”她的爱，不止是对学生的关爱，更有对每一个学生家庭负责任的大爱。

## 你，也是我的百分之百

带班第五年，李老师带的是高三毕业班，开学第一天，就接到一位学生家长冷冰冰的电话：“老师，我女儿小澮暂时请假，至于请多少天，再看吧。反正我先跟您说一声，您做好登记就行，有什么事，我们自己负责。”李老师一头雾水，关心地追问，却被家长敷衍几句后挂掉电话。

李老师随即跟班里同学了解情况，得知小澮的死党是班里的萧萧，细问之下，萧萧总算愿意告诉李老师一切。原来，高二下学期时，小澮在一家发廊认识了大她几岁的发廊顶梁柱“一号”，“一号”对小澮“一见钟情”，甜言蜜语使情窦初开的小澮深陷“情网”不能自拔，三天两头往发廊跑。暑假，得知此事的小澮父母非常生气，多次劝说小澮必须“断”，小澮要不就是无动于衷，要不就是阳奉阴违。而当小澮妈妈找到“一号”谈，要他断绝与小澮的来往时，“一号”竟然以“真爱”为由，说决不放弃，甚至扬言要是父母再横加干涉子女的自由恋爱，他将带着小澮远走高飞，给她自由的生活。而被“爱情”冲昏头脑的小澮，也听不进父母的好言相劝。气得几乎发狂的小澮父母把她软禁在家里，并断绝她与外界的一切联系。萧萧也是在好几次找不到小澮，却在路上偶遇小澮弟弟时，才得知事情的真相。

了解了来龙去脉，李老师到小澮家与小澮的父母详谈，虽动之以情，晓之以理，却无法说服小澮父母。生怕孩子一离开自己视线就与男人“私奔”的小澮父母，宁愿一直软禁着女儿，也不愿女儿去上学，即使女儿已高三，面临着高考。李老师真诚地向小澮父母提出，让她把小澮带去自己家住，由她暂时看管小澮。单身女老师，家离学校又近，这也不失是一个好办法。其实，哪对父母不爱自己的孩子？小澮的父母当即感动地把一切拜托给李老师。而初次与李老师见面的小澮，也视李老师为“救命恩人”。

“真正爱你的人，是会为你的前途着想并放弃一切的。”“没有父母祝福的婚姻是不会有好结果的。”“手心是肉，手背也是肉，难道你这么懂事的女孩，会为了一个认识不到一年的男人抛弃含辛茹苦养育你将近二十年的父母？”“难道你准备年纪轻轻就当妈，然后永远靠男人生活？难道你愿意把自己的命运系在一个还不十分了解的人身上？”在李老师好几个夜晚与小澮情真意切地恳谈之后，小澮终于理解了父母养育自己的艰辛，和对她寄予的希望，也明白了读书的重要性。关键的一步，是因为李老师与“一号”在电话里谈，要他为了小澮的前途，暂时把“感情”冷藏，而“一号”却不管不顾，扬言要带小澮“远走高飞”，这才使小澮认清了“一号”的自私。

良苦的用心，换来了小澮的感动与“回头”。几天后，父母把小澮接回家住，而小澮也真正把时间和精力全部投放在学习中。事情没有太多的波澜起伏，小澮最终考上了军校，成为一名军医。但小澮永远不会忘记，当她问李老师为什么能那么用心地待她时，李老师说：“有人说，班里的一个学生，对你而言只是几十分之一，但是对于他的家庭就是百分之百。小澮，你，也是我的百分之百！”

（揭阳市揭东区第二中学　李桂华）

# 18 班主任发展是学生健康成长的前提
## ——阳江市省、市名班主任工作室特色建设

班主任是中小学日常思想道德教育和学生管理工作的主要实施者，是中小学生健康成长的引领者，是联系学校、家庭和社会的纽带，在中小学生思想道德建设、身心健康发展等方面具有不可替代的作用。那么，如何促使班主任走上专业发展之路呢？在阳江市教育局的组织领导下，阳江市省、市名班主任工作室经过几年的努力实践，探索出了一些有效途径。

### 一、实施“名班主任”工作室培训工程，培养班主任带头人

广东省实施“名班主任”培养工程和启动建设“名班主任”工作室后，我市共有五批13位班主任成了省名班主任，共有4个省级名班主任工作室，这在全省欠发达地区属于很好的成绩。从去年开始，市教育局开始实施“名班主任”工作室培训工程，成立了5个市级名班主任工作室共100人，拨付工作经费——每个省级工作室3万元，每个市级工作室1万元，省、市工作室组成班主任工作共同体进行培训、学习，重点培养一批班主任带头人，在本地区乃至全市发挥示范辐射作用。现在，这些班主任不但在本地区被各地各学校邀请做讲座、上班会课，还应邀到省德育中心和其他地市做经验交流，提升了我市班主任队伍的整体形象。市教育局在今年启动了“市级名班主任”认定工作，激励表彰有突出贡献的班主任，要求各地各学校也根据实际启动相应层次的评选表彰活动，全方位搭建平台，调动班主任工作积极性，促进班主任专业发展。

### 二、组织班主任队伍培训，提升班主任的综合素质和专业能力

近两年，阳江市教育局在“强师工程”中安排了专项资金开展了10多次大型班主任队伍培训，采取“工作室人员定期参加+全市班主任轮流全员培训”

的形式，把高校教授和一线优秀班主任请进来指导，内容涉及班级工作面临形势与应对策略、社会主义核心价值观与传统文化渗透教育、班主任专业成长、家庭教育等方面。每次培训均免费发放相关书籍给班主任作为工作参考书籍。

至今共培训 3 000 多人次，培训效果明显。据工作室一位学员反映，她这两年参加培训的次数和培训学习心得、读书笔记比以往 10 多年的培训总和都要多，收获满满的。还有一位乡村班主任培训后说感受，听了高校教授和一线优秀班主任的理论联系实践的讲座后，自己内心充满了正能量，非常想改变以前那种茫然的工作状态，希望以后有机会继续参加这样的培训学习，让自己有信心做好一名乡村班主任。

## 三、开展课题研究，提升班主任整体素质

为了打造我市名班主任工作室的品牌和特色，省级工作室主持人周雪燕在 2015 年初开展“阳江市中小学班主任能力建设研究”项目。该项目围绕打造班主任工作品牌、形成我市班主任培训模式、探索班主任专业能力提升途径等目标开展了一系列措施：两次走进县区和学校进行班主任工作调研、举行系列德育队伍培训、组织班会课巡讲和心理健康教育团体辅导课展示、组建名班主任工作室共同体等活动，提高了班主任整体专业素质。同时，为了提升工作室人员的班主任工作研究能力，省级工作室还带领市级工作室申报阳江市中小学德育课题项目，并开展课题研究“传帮带”活动。

市级工作室主持人、阳江二中谢洁老师以前从来没开展过课题研究，她从 2015 年申报市级德育课题立项之后，到现在课题中期总结的研究过程中，不断地请教省级工作室主持人周雪燕、杜巧、李芬爱等有经验的课题研究者，积极参加课题研讨活动，现在已经对课题研究的思路、过程有了较深的理解，并能主动地开展课题实践活动了。

## 四、组建工作室共同体，开展各项特色活动

我市把所有省、市名班主任以及班主任能力大赛的优秀选手都吸纳进来，组建省级名班主任工作室共同体，统一目标、规划和任务，承担市、县、镇、校四级的班主任培养、培训工作。此外，根据主持人的优势特点和地方实际，各工作室分别开展一项优势项目，把这些项目做细做深、做成系列、做出特色之后，再在其他工作室中全面推广。如周雪燕工作室开展班主任“每月谈”活动，杜巧

工作室开展班主任专业能力培训，李芬爱工作室开展“走心式”班会课研究，林锦华工作室开展成长故事研究。4 个工作室统一步调，自主创新，发挥示范辐射作用，提高班主任专业能力。

1. 以班主任“每月谈”活动为抓手，形成常态化培训模式

2015 年 5 月开始，通过“集中交流 + Q 群论坛”形式开展班主任“每月谈”活动，“集中交流”就是选定主持人和助理（汇总、整理），定期召集工作室人员，参与的班主任围绕班主任工作案例和热点、难点问题进行讨论、交流，形成一定的观点。“Q 群论坛”就是每个月初由主持人在 QQ 群上提供教育案例，班主任当月内在 QQ 群上发言，分析问题、提出对策，主持人再整理汇总。杜巧工作室成员、茶山中学林进军老师负责每月定期把发言内容即时发送到阳江市省、市名班主任工作室网站（http：//www. yjmbzr. icoc. cc/）。

工作室至今共进行了 16 期班主任“每月谈”活动，汇编整理了 5 万多字的第一手资料。“每月谈”活动，为班主任“有话想说，有感而发”搭建了平台，促使班主任关注教育细节、教育话题、教育理念和观点，提高了班主任的表达能力以及解决实际工作问题的水平和能力。

如周雪燕工作室成员、阳东实验学校敖杏桃老师在 2016 年 10 月份“每月谈——如何建设班级文化”中认为：“贾高见教师说，制定班规要学而有成、内涵有德、外显有规，这是很有深度的。我们制定班规时，常以为班规就是教师自己制定的一套管理约束学生的制度，忘了让学生参与进入一起制定班规，也忘了附予学生一些权利和奖励。贾老师的班规，是学生参与、民主制定的，班规中有约束，有权利，还有奖励，达到一定积分的时候，可以兑换奖励。这样的班规，让学生在受约束的同时，享受‘自由’，内化成为一种自我需求，每个人都明确目标并努力追求目标，每个人都在班规的约束中进步，陶醉在成功的快乐中。”这一观点引来了很多老师的跟帖，如一个老师说：“‘班规是让学生享受自由的保障’这个切入点很好！不妨从这个入手来制定班规，并开展研究，突出学生的主体性。”

在“每月谈”活动的基础上，工作室又拓展了班主任“微晨会”校本培训和学生“每周谈”班级议事活动，形成了多方探讨教育问题、寻找教育对策的常态化培训模式。

2. 以班主任专业能力大赛为平台，引导班主任向专业化方向发展

我市从 2010 年起举办阳江市中小学班主任专业能力大赛，每两年一届，至今已成功举办四届，大赛分小学、初中、高中和中职组，设置成长故事、班会课

设计、情景答辩等项目，是全市各地优秀班主任展示才艺、相互观摩和学习交流的平台。大赛分市、县、学校三级比赛，广泛发动，层层选拔，最大限度吸引了优秀班主任教师参与其中，形成了思考班主任工作、关注班主任群体、支持班主任成长的良好氛围，打造了培养智慧型班主任、提升班主任理论水平和专业能力的平台。现在，工作室共同体成员在每级比赛中都起到组织、辅导、培训的作用，特别是市级比赛挑选出优秀选手之后，工作室共同体在各级教育部门的支持下，在省级工作室主持人杜巧的带领下，制订专业化辅导计划、以“请进来和走出去相结合”的方式培训优秀选手，让一批有潜力的班主任得到迅速的专业化发展，取得较好的效果。

3. 以班会课为主要渠道，提升班主任的育人能力

2016年10月份，省级工作室主持人李芬爱带领工作室全体人员开展了“走心式班会课”巡回展示活动，主要形式由工作室成员、学员在原学校执教班会课，邀请所在镇兄弟学校选派班主任观摩学习。巡回展示活动过程中，李芬爱发出了这样的感慨：“至今工作室已经在六所学校进行了班会课的展示，每走进一所学校，都令我们感动和温暖！一是感动与感恩。感恩于学校领导的重视，感动于学员的认真与精彩的展示。只要给大家一个机会与平台，他们就会给我们一个惊喜！二是倍感惊讶。惊讶于有些学校还不知道怎么上班会课，惊讶于有些人说是第一次听到这样的班会课。为什么对学生实施素质教育基本途径的班会课没有被班主任开发和利用呢？三是甚感欣慰。听课老师对我们的班会课大加赞赏，一下课就围着执教老师请教问题，还想邀请工作室的老师走进他们的学校进行展示。四是满心期待。相信在我们的带领下，今后班会课一定会发挥激发学生潜能、引导学生积极上进的作用，这将是我们阳江教育的福气，也会是学生的福气！”

4. 以留守儿童“圆梦之家”为起点，发挥示范辐射作用

2015年全市建立了以7个镇为中心的18个农村留守儿童“圆梦之家”示范点项目，分别开展学业辅导、家教指导、艺术熏陶、结对帮扶等7项活动，其中“班主任帮教”活动是今年省、市名班主任工作室走进“圆梦之家”的新增项目。省、市工作室分别走进7个镇的中心学校，开展“送课送教”活动，并且与该镇班主任围绕留守儿童教育进行有针对性的交流和经验分享，效果很好。

几年来，阳江市省、市级工作室通过持续不断地打造班主任队伍，提高了班级专业发展水平，提高了班主任教育学生和班级管理能力，全面促进学生健康成长！

（阳江职业技术学院附属实验学校　周雪燕）

# 19 临危受命　踏实创新　玉汝于成

2012 年 12 月，刚任惠州大亚湾经济技术开发区第一中学副校长才满一年的何汝玉，突然被组织部门“空降”到大亚湾第三中学。随之以她名字命名的“广东省中小学名班主任何汝玉工作室”，也落户在大亚湾区实力最弱的第三中学。何汝玉以她从教 30 多年，从一线班主任逐渐成长为名班主任、优秀教育工作者积累的宝贵经验和敬业精神，在关键时期临危受命，以抓好党建促管理，抓实作风促发展为工作原则，创造了许多教育奇迹，引领了区域教育事业的发展，受到社会各界的一致好评。

## 一、一级带着一级干，工作室要“引领、示范和辐射”兄弟学校，必须先让自己强大起来

大亚湾第三中学，有着 20 多年的办学历程，曾经是当地教育的龙头学校，但因为“拉帮结派”问题严重，教师无心教书育人，学生散漫怠学，教育教学质量急速下滑，连续七年成为大亚湾区教育的末位学校。何汝玉的“空降”，打破了许多人的“逍遥梦”，抵触的情绪和行为不断出现，给何汝玉这位“校长新丁”设下了多重困难。但何汝玉并没有退缩，她认为：“作为一名共产党员，服从组织安排是天职，组织叫我来，再差再烂再困难，我也要坚持下去，相信办法总比困难多。”

就这样，她任校长的第一天，目睹新建不到三年的学校“不堪入目”的破损情况，她彻夜未眠，找到了造成这种现象的根源，就是师生对学校缺少爱。于是她迅速开设校长信箱、召开多场师生座谈会、拜访许多教师和家长，通过深入调研，为大亚湾第三中学把脉切诊，在大力争取上级和社会各界支持，把破损的校舍修缮之后，提出了“师生之六爱”的德育理念，并立马在学校全面实施。

“师生之六爱”，即要求教师要“爱我祖国、爱我岗位、爱我同事、爱我学生、爱我三中、爱我自己”，要求学生要“爱我祖国、爱我父母、爱我老师、爱

我同学、爱我三中、爱我自己”。结合她设计的“一问好、二弯腰、三课前静悄悄”和“四个良好习惯”等德育活动，为大亚湾三中“补爱”。

她以身作则并要求全体共产党员班主任带头，坚持“一级做给一级看，一级带着一级干”的原则，扎根群众，身体力行、率先垂范，迅速得到许多教师的认可。接着她带领部分觉悟较高的党员教师，积极以德育为突破口，以校园文化建设为切入点，凝聚人心，树立模范，立德树人，崇德善学，把学校的德育工作先做起来。同时为学校的“文化沙漠”营造校本学生明星等“绿洲”，把校园文化建设起来，以此推动教育教学工作走上正轨。

要摆脱学校的发展窘境，必须建设团结协作的班子和德育团队，必须团结全体师生，激发师生的教育和学习热情。于是，何汝玉在迅速建立良好的群众基础上，根据上级党组织的工作部署，召开了党员大会，进行了支部换届选举活动，并以较高票数获选支部书记。于是，她以抓好党建为发力点，整理了党员资料，规范了组织生活，严肃了党纪校规。特别是在中央“八项规定”出台和第一批党的群众路线教育实践活动启动之时，何汝玉抓住时事机遇，与党中央保持高度一致，再次以敏锐的政治嗅觉和工作魄力，率先在学校自行开展了党的群众路线教育实践活动，展开党员教师作风整治的系列工作。经过狠抓、细抓、实抓作风建设，党员教师特别是行政班子成员，“四风”得到遏制，重新凝心聚力到办学发展正轨上来。在党员教师“蜕变”的影响下，广大教职工也快速激活教育热情，重新回归到教书育人的轨道上来，学校的发展进入了快速上升期。

语文教师周剑浓在“道德讲堂”学习心得体会中写道：

现在工资涨了，孩子也大了，日子越来越好了，为什么追求的却少了点，又为什么总觉得缺少了什么？为什么现在不想动了？久而久之，脑袋渐渐地僵化了。剩下的时光仿佛只是观望者。我观望那些来来去去、谈笑风生的同事；我观望那些叽叽喳喳、无心求学的调皮蛋；我观望这闹市般的课堂和校园；我观望每次大考后，从楼上飘落的雪花般的碎纸和风一般飘来的狂叫声。久而久之，习惯了空荡荡的办公室，习惯了课间的喧闹，习惯了地面废纸成毯，习惯走光秃秃的绿化带，也已经麻木了。我缺了什么？

记得刚来的新校长，终日提个包，手里拿着笔记本，还拿着一支笔，走遍校园的每一个角落，一天、两天、三天，我在数；一周、两周，我也在数；一月、两月……我无语了。为什么我在她脸上看见的总是微笑，为什么我随时看见的总是她在走动的身影？为什么她的步伐永远比我们的快？为什么我看见那个衣着端庄，腰板挺直的，优雅娴熟的她，会弯下腰去捡起那揉成一团的纸？为什么她会亲切地拥抱孩子？为什么她总是称“我的兄弟姐妹们，辛苦了”，是什么给她这样的动力？

今天，我算懂得了。是她高尚的师德，是她的勤劳、上进、刻苦好学，是她坚定的“做人民的好老师”的信念，让她一步一步铸就出光环和荣耀。假设那光环闪耀出彩虹，那一定是阳光赋予她汗水的色彩；假设那荣耀嵌满了宝石，那一定是她汗水的结晶。我该何去何从？我不禁反省。是谁把我的热情泼冷？是谁把我的爱火浇灭？亲眼看见身边的何校，我才明白，没有任何人阻挡我，最大的敌人是我自己。

啊，我缺的是爱？我丢的是爱啊！

## 二、为优秀班主任专业成长铺路搭台

在连续担任两期工作室主持人期间，何汝玉通过各种途径为班主任的专业成长铺路搭台：

一是加强师德建设，引领工作室成员率先垂范，提升师德修养，并感染带动学员及身边班主任加强师德修养，增强对班主任工作的认同感和幸福感。

二是制定成员、学员两年发展规划，建立成员、学员成长手册，制定成员、学员考核评价标准。

三是成立读书交流会。定期举办成员、学员读书交流会，实行轮流负责制，围绕班主任工作的“价值”和“理论”推荐阅读书目，布置阅读任务，检查阅读情况。要求工作室成员围绕工作主线，明确在某个阶段该读什么书，要怎么读，并定期开展读书交流会，分享读书心得和自己的思悟，探讨教育困惑并学以致用。

四是积极开展课题研究。“教而不研则浅”，研究是名班主任工作室的要务之一。工作室在积极开展班主任工作的同时进行德育课题研究，形成各自教育特色。积极撰写德育论文、案例，以供同行借鉴学习。

五是继续完善名班主任工作室博客、QQ 群、微信群、邮箱、网站，开展远程学习、培训、交流。

六是承担本校或本片区骨干班主任的培训和指导工作，提高班主任工作技能，并按当地教育职能部门和学校的要求参与本地区班主任培训和校本培训工作，打造优秀的班主任队伍。

名班主任工作室是班主任业务学习、团队成长和专业发展的平台和阶梯。每次培训如一场及时春雨滋养了班主任的心田，让他们成长的目标更加明确，思路更加清晰，方案更加有的放矢。工作室为优秀班主任服务，优秀班主任为其他班主任服务，用集体的智慧、个人的魅力去影响和带动身边的班主任朝着班主任专业发展的方向前进。名班主任工作室是志同道合、志存高远的园丁之成长共同体。在何汝玉的带领下，工作室经常性开展“走出去，请进来”、班主任专业能力大赛、教育沙龙、家校合作等丰富多彩的活动。但工作可以重复，要求与标准不能重复，“重复昨天的故事”是工作室的大忌，精益求精是工作室的“室规”。因此，“接仙气、接地气、接人气”成为工作室的工作新常态。大家齐心协力把工作室打造成班主任专业发展的优质平台，使工作室的团队“招之即来，来之能战，战之能胜”，为本地区班主任乃至全国班主任提供优质服务，切实发挥名班主任工作室辐射、引领和示范的作用，促使班主任工作在上一期的基础上迈上新台阶。

2013 年以来，何汝玉工作室引领惠州市、区级名班主任工作室和部分学校工作室建设，且各有特色，各有所长。

何汝玉工作室助理匡女一说：“在担任何校长工作室助理的这三年，是我业务能力、教育情怀、自我成长提升最快的时期，也是我生活最充实、最快乐的时光。”

工作室助理林源章说：“何校的工作室是一线班主任成长的平台，道德引领、专业指导、榜样示范，让每一位班主任的教育梦想真切实现。何汝玉工作室，造就他人，成就自己！”

工作室学员徐正科说：“我是何汝玉工作室的一名新学员。短短一年时间，深切感受到工作室积极向上、牵手共进的学习氛围和学以致用、教研相长的平台效益，让我快速成长。”这些在工作室中成长起来的德育骨干，在各校德育岗位中发挥了巨大作用。

在何汝玉工作室的引领带动下，原本屈居全区末位的大亚湾第三中学，再振雄风，迅速崛起。在成绩的背后，何汝玉始终低调做人、踏实做事，时刻以党员的标准和要求严于律己。快到退休年龄的何汝玉，主动向教育主管部门和区委组织递交退休申请，区委、区政府和宣教局把她挽留了下来，并希望何汝玉继续为大亚湾的教育事业贡献力量，引领区域教育事业的发展。

（惠州大亚湾经济技术开发区第三中学　何汝玉）

# 20 当培训穿越时空
## ——山区班主任工作室建设新策略

承载着各级教育部门的殷切期望，承载着工作室全体成员的教育梦想，在上级领导的关心支持下，由我主持的名班主任工作室已顺利进入建设第二周期，并于2015年3月正式开班。由于我们工作室地处边远瑶山，成员、学员均来自全县各个乡镇，想要组织他们集中培训，想要带他们外出考察学习都很不容易。但团队要发展、成员要成长，这是刻不容缓的事情。为了摆脱这一困境，我们开辟了一条跨越时空的绿色培训通道——网络培训平台。

### 一、网站共分享

我作为工作室主持人依然承担与当地教师相同的工作量，如果每一次集中培训都要把纸质文件通知发到成员所在单位，将大大增加我的工作量。为此，县教育局网站为我们增设了“班主任工作中心”栏目。这样，只要我们工作室把相关的培训通知、活动方案、上级文件等传输到教育局网站，成员及其学校领导就可以及时看到，并依照文件通知精神参加研修。如果我们工作室到基层学校开展活动，校方领导也能按活动方案做好前期准备工作。另外，我们还把成员、学员每一次完成的作业进行评选，每次评选出10%～15%的优秀作业上传到教育局网站的“班主任工作中心”栏目，接受上级领导的审核，分享成功的教育经验。这一举措，既为我们的常规工作提供了绿色通道，又激励成员努力学习，积极工作，使我们工作起来省时高效。

### 二、博客共悦读

工作室博客，既是我们展示风采和成果的一扇窗口，也是我们学习交流的平台。因此，从工作室成立初期，我们就十分重视博客创建工作。工作室博客设有“文件导读”“课题研究”“成员博文”“Q群研修”“专家在线”“团队微电影”

等栏目。工作室充分利用博客网站容量大、空间广、信息快的特点，将工作室成员的优秀作业、研修成果及时上传到博客进行交流分享，方便上级教育部门了解我们的工作进展情况，接受更多同行的指导和帮助。我们还把工作室博客网页链接到教育局网站的“班主任工作中心”栏目，并设为置顶，这样，全县班主任老师只要进到教育局网站，就可以快捷浏览到我们的博客，分享里面的成功经验。博客上的“专家在线”栏目收藏了全国乃至世界各地的先进班主任工作经验及专家视频，有兴趣的班主任可以足不出户就间接参与我们工作室的研修培训，为更多的班主任成长提供学习、交流的平台。通过这个平台，我们有缘认识了来自四面八方志同道合的博友，有名师工作室主持人、名班主任工作室主持人、名校长工作室主持人，还有心理学、教育学、家庭教育、班主任工作等领域的教育专家，使我们在网上也能得到更多同行的帮助和鼓励，得到更多专家的指导及引领。这些不曾见面却似曾相识的博友，既是我们的良师益友，也是我们前进路上的灯塔，他们拓宽了我们的工作思路，指明了我们前进的方向。

### 三、Q 群共研讨

工作室成员分布广，且在学校身兼多职，他们在当班主任的同时，有的兼任教研组长，有的兼任教务工作，有的兼任政教处工作，有的兼任辅导员……而且我们每个月只集中培训一次，很多时候都得自主研修。为了引领团队更好地进行 Q 群共研，我主动加入湖北省肖盛怀老师创建的“全国（草根）班主任研究群”，并申请担任管理员。同时还要求工作室的全体成员、学员都加入这个研修团队，鼓励对 Q 群研修有兴趣的本县乃至本市的班主任也加入这一团队，建议他们积极参加该群每周一次的“相约星期二”班主任网络研修活动。通过参加该群网络研修，我不仅认识了来自全国各地的同行精英，分享了他们的教育理念、工作经验和技巧，也使团队成员得到更多专家的指导、引领。在拓宽了工作思路，指明工作室前进方向的同时，全体成员、学员也得到了实实在在的历练，迅速成长。更为可喜的是还得到了该群研训部负责人江苏省扬州市邗江区实验小学的卜恩年老师、佛山市石门实验小学的刘习洪老师的鼎力支持，他们主动提出愿意指导、帮助我们团队开展网络研修，并放弃休息时间，多次在我们工作室的 QQ 群里做讲座，指导我们开展班主任沙龙活动，随时给大家就德育难点、热点问题进行剖析、诊断，点对点、面对面力求针对性，“高大上”与“接地气”追求实效性，从而初步形成“苏粤三人行”新的德育网络合作模式。

## 四、网盘共存档

根据上级要求，结合我县及工作室成员的实际，在每一次培训学习或自主研修课程中，我们都会给成员布置相关的作业，每一次作业的电子稿我们都要求发送到工作室邮箱，并按要求分类保存到邮箱网盘相应的文件夹。培训结束后，我就可以利用业余时间给成员审批作业，提出修改建议。电子邮箱就如我们工作室的作业接收站，而其中的网盘则成了我们工作室的资料电子档案柜，方便快捷，永不丢失。

## 五、我们共成长

多元的网络培训学习，使工作室的各项工作扎实推进，使分布在全县各个乡镇的成员能随时交流学习，使我们更方便地得到省内外专家、导师的帮助和指导。我们的团队更爱岗敬业，学习从犹豫被动到自主自觉，甚至已乐在其中。

### （一）建最好的团队

人在一起是相聚，心在一起是团队！多元的网络平台让我们团队的心贴得更近，让我们前行的步伐迈得更快。“人心齐，泰山移。”我们抱团取暖，合作共赢；我们放飞希望，成就梦想！正如成员所说：“我们工作室的 QQ 群是温馨幸福的家园，我们每天忙完工作，最想进的就是这个总给人温暖与力量的家园，我们情同手足，亲如家人。网络平台就如一个此时无声胜有声的智慧大讲堂，我们的很多困惑，在这都能得到大家的引导和帮助，让我们茅塞顿开，豁然开朗。有了网络平台，大家就可以在业余时间共同交流，互相探讨，相互鼓励，同伴互助，共同成长……”

如今，我们团队正开展省级课题“班主任工作室建设有效性策略研究”，并努力实现三级课题全覆盖（即工作室研究的课题、学校研究的课题、个人研究的小课题相融合）。我们是一群幸福的追梦人，在团队里，人人是主人，人人要成长。大家都尽自己最大的力量互相扶持，彼此照亮。

### （二）做最好的自己

有了网络平台，我可以随时了解成员的学习动态。看到他们在努力地学习、成长，并把满腔热情投入到学习、工作中，相互传递着正能量，我无比欣慰！正如工作室成员所说：“虽然已是暑假，但我的学习并没有停止。通过在工作室团队中半年的学习，我不仅发现自己在这段时间里成长了，而且还看到了自己存在的不足。学海无涯，成长是一个过程，永无止境；反思也是一个过程，永无终点。教育是一门科学、一门艺术，育人成才是一种精雕细刻的艺术，需要教师用心去把握和体会。专业成长是在自己的本职工作和日常生活中积累与进步起来的，而不是脱离现实，一味地阅读、反思或者写作，更不是只参加活动而不结合自己的工作反思。今后我们将继续把学、思、行结合起来，用心工作，不断成长，努力做最好的自己！”

总之，网络已经走进我们的生活，网络本身代表着社会的进步、人类的发展。如果用得好，网络将是一条跨越时空的绿色通道，又是一个取之不尽的学习资源宝库。今后，我们将继续更好地开发和利用网络平台，实现教育资源的优化与共享，充分发挥工作室团队的引领、示范和辐射作用，推进“名班主任培养工程”深入实施，促进教育和谐、优质、均衡发展，带动身边更多班主任努力前行，不断成长。

（清远市连南瑶族自治县顺德希望小学　陈君玲）

# 21 从十年的那头儿走来

2016年的夏天，我幸运地成为广东省名班主任培养对象。名班主任培养计划，始于2006年，这一年是教育部印发《关于进一步加强中小学班主任工作的意见》的第一年，也是我入教师行业的第一年。感谢际遇的美好，感恩在这十年的美好时光里，与我相遇的每一个孩子、朋友、师长，还有这些年里一直在努力的自己。

## 一、初为人师·爱满腔

2012年夏天，我参加六年级学生的毕业典礼，听到孩子们唱起《最后一个夏天》，心头微微发颤，想起我教过的孩子们，想起他们带给我的忧愁与欢喜。尽管我做老师时日不长，带过的学生却在这一年夏天经历着高考、中考、小升初。这个夏天于他们是学生生涯的一个结束，于我，恐怕是再也不会有的最后一次。记忆在眼前一一闪现……

1. 木棉花开

这一年，我初为人师，第一次被高出我好多的男孩女孩亲切地唤作“老师”。那一年所教的初一（4）班是我的骄傲，也成就了我的骄傲。一年的时间不短，可在孩子的求学生涯中不过是流星一闪；一年的时间不长，但孩子们却记住了和他们一起欢笑流泪、分享分担的陈老师。这一年也让我对那木棉花念念不忘。

岁月依旧雕刻着时光，我们都按部就班地忙碌。我以为我的名字会在孩子们每日的题海中淹没，可他们却一直记得。刚开始，他们强烈地排斥别人，想尽办法要重返我的课堂；他们精心安排奢华的派对，只为把生日祝福当面为我唱响；听说我结婚了，他们吵着要参观新房；中考一结束，他们一群人跑到我老公开的店里来报喜，点了一桌子的菜，吃完扔下钱就跑光……

三年又三年，转眼你们都熬过了高三，战胜了高考，骄傲又自信地再次来到我面前。依旧青春，感恩依旧。我叫着你们每个人的名字，甜蜜回忆着那一年的点点滴滴。几十个孩子挤满我家客厅，感动也满满地装在我的心里。

如今，这批我从教以来所带的第一批孩子已走向社会，成为他们自己，而那一年扎起马尾混迹学生堆儿里的我，后来被学生笑称为“赵默笙”。也许正是因为保有一颗学生的心，才让我在初为人师时能获得如此礼遇。

2. 凤凰花开的路口

做班主任的第二年，我转正成为一名小学老师。换了环境，也换了心境。讲台还是讲台，然而面对的是摸不清状况的小学五年级孩子，见识了在上课时间满地爬、将红领巾系在嘴巴上的稀奇把戏。我曾愤愤地质问：“你们是几岁的孩子？”大多数孩子一脸无辜道：“10 岁、11 岁。”我哭笑不得。必须由我来改变套路去适应他们，但不能改变的，是为人师者对孩子满腔的爱。

时间老人真是步伐矫健，不经意间回头，我看到身后是深深浅浅的脚印：记得乖巧懂事的小女孩们一口一声“Lily”叫得我心好暖；记得我曾调侃过那些聪明又调皮的小男生们，告诉他们除了篮球打得帅，英语学得好也很能讨女生欢心哦；记得毕业离别时，几个有心的女孩子在家里做了点心送来给老师品尝，还写了满满一黑板的祝福与感谢；记得和他们一起拍照，多么喜悦；记得收获过无数鲜花、卡片、祝福、心愿，都印成了珍藏在心里的底片。

当升入中学的孩子们穿着蓝蓝的校服再次出现在我面前，他们齐刷刷回到曾经上课的教室，笑笑闹闹吵着要坐回当年的位置，起哄要我再给他们上一课。他们还骄傲地告诉我英语是他们学得最轻松、最棒的一科，他们可以理直气壮地说是我教出来的学生。令人意外的是，他们还记得我的生日，在忙碌的初中生活空当儿还特地赶来给我庆生。那个一向腼腆的男孩子居然亲手为我做了生日蛋糕。一群正在长大的少男少女，围在我身旁一遍又一遍把生日歌唱响，我心中的暖流一阵又一阵地激荡。

如今，这群孩子都顺利读上了自己想去的大学，爱他们有能力爱、可以爱的一切，包括丰富而充实的大学生活。而我，无疑是比他们收获更多的那一个，感谢那两年里他们用毫不吝啬的爱滋养着一个还很稚嫩的年轻教师的师心，感谢他们激发了我的师爱，让我无比珍视这份丝毫不亚于亲情的师生情。

3. 最后一个夏天

与四年级三班的相遇，一直很美好。课堂上配合越来越默契，我们之间有太多专属的暗语和笑话。至美之时仿佛课堂不是课堂，我们畅快地享受着时光。而担忧之时我又似乎化身为唐僧，对徒儿们一遍又一遍唠叨不停。运动场上有呐喊，舞台下有鼓劲，联考前有攻心……每一次欢笑与努力我都和你们在一起。你们可以充满敬意送上崇拜和艳羡，也可以轻易原谅我的疏忽和过错。你们内心的纯净，时刻警策我的师道良心。

真希望这样的日子一直延续到我把你们送入中学。可惜、遗憾，因为你们的小妹妹、我的女儿雨辰的孕育、降生，我无力分身，错过了你们的最后一个学期。刚出月子，我就急着要去参加你们的毕业典礼，只想最后再送你们一程，只想看看你们是不是已悄悄长大，只想给我们共处的这些年月一个圆满的交代，告慰三年里那么努力的我、那么努力的你们。

多么感动，你们在拥挤的人群中到处寻我；感谢你们在大雨中让妈妈们特意赶来，只为奉上鲜花，当面跟我说一声“谢谢”；感谢你们经由一个个小礼物传达给我感恩之心；感谢你们暖暖的拥抱和为曾经的一切流下的热泪。

那样一个夏天，我送走了三届不同学段的孩子们，他们的人生从此将展开更美丽的画卷。我不奢望自己曾在他们的白纸上留下多美好的痕迹，哪怕什么都没有留下我也不会在意。我只是希望不要因为自己的疏忽和愚蠢而留下败笔。那样的一个夏天，我拥有了自己的小女孩，我更拥有一群一群正在长大的男孩女孩。这是一个普普通通的老师额外得到的欣喜，是从事其他职业难以体会到的幸运。我只是做着我该做的一切，很可能某些地方做得并不好，我不奢望得到孩子们这样那样的回报，只想和曾经相遇的每一个孩子说：“谢谢你们！祝福你们！”

## 二、初尝失意·爱未央

就在我享受着教育之路“以爱换爱”的虚荣和满足时，就在我陶醉在自我荣誉和自以为是的成就感时，老校长要我接手一个没人愿意沾上关系的班级。听说我要做这个班的班主任，负能量蜂拥而至，我也好像渐渐被淹没在这样的晕轮效应中，开始和我的新学生们短兵相见，结果是我一次次败下阵来，好不容易积攒起来的那点儿自信和骄傲渐渐地快要被磨没了。我感觉好像我越努力，学生越是要给我好看，感觉幸福正离我而去；伤心、失望中，我甚至想过要放弃。抽身离去不难，可抛下一个烂摊子，让这群孩子觉得自己将再次被抛弃，那样的情景，想想，更令我寝食难安。矛盾徘徊中，心结一直无法解开，直到班上那个最让我头疼的孩子引爆了我失控的情绪——同时，这事竟也教会了我打开心结的方式。

那是个周五，我在办公室刚准备改作业，班长心急火燎跑来，后边儿还紧跟着几个男孩子，你一言我一语：“不好啦！不好啦！周熠又打人啦！”“他还说要让王浩轩粉身碎骨！”整个办公室的老师都听到他们的喧嚷，我又羞又恼、又气又急。我真是受够了！不是刚刚才上完班会课吗？那个公认的一号“刺儿头”竟又打人了！

跑回教室的我一巴掌拍在讲台上，“哗啦”保护电脑的玻璃板就这么被我拍碎了。我愣了，叽叽喳喳的学生们也都惊住了。过了几秒钟，一个弱弱的声音飘过来：“老师，您的手没事吧？”我怒目转向他，是周熠？是周熠！那清澈如水的眼神让我满腔的怒火一下子堵在了心口。一时间，我蒙了，我这个班主任竟第一次在学生面前感到无助。

那天晚上，我辗转反侧怎么也睡不着，耳边总是回荡着拍碎玻璃的声音和那一句“您的手没事吧”。我总是说他们不听话，可我听进孩子们的话了吗？不行，我要改变！从那以后，我开始有意识地阅读教育类书籍，读李镇西、万玮、徐丹红……我发现，在纷繁复杂的班主任工作中，甚至是在艰难的带班困境中，他们都能提炼出充满爱意的教育智慧，提升着自己作为班主任的成长空间，也提高着孩子们的综合能力。

越读书，越感恩，我感恩自己能遇到这群促使我逆风成长的孩子们；越回想，越愧疚，我愧疚自己竟忽视了他们带给我那么多珍贵、单纯的小确幸；越反思，越坚信，我坚信“第56号教室的奇迹”也能发生在我的班集体。

这几周后的一节体育课，“刺儿头”又被老师赶到我这儿。这一次，我不再怒不可遏，我告诉自己一定要把那一片片“破碎的玻璃”尽力“补”好。我要更耐心地倾听、移情，尝试用各种积极有效的方式走进他的内心。说实话我不知道效果会如何，但我相信着、坚持着。

后来，他因为做手术休学了，班上竟有人禁不住欢呼。我没有生气，抓住这个教育契机，召开了系列班会，把“刺儿头”打人的事儿变成教育资源，悄悄在每个孩子的心里种下友善、宽容的种子。后来，我发现，孩子们开始制作心意卡，还相约去看他。更让我感动的是，班干部还组织大家轮流去帮他补习功课，陪他聊天。

一个周末，我接到一个很奇怪的电话，电话中语无伦次的感谢让我一愣。过了一会儿我才听出来是周熠的妈妈。她不再是从前冷漠和指责的语气，而是一个劲儿地热情又激动地说：“哎呀，陈老师，最近总是看见儿子拿着同学们送的祝福卡傻乐，还大吼着说‘嘿，我们班真好，我再也不打他们啦’！”听着电话那头她一遍遍说着感谢的话，想着我当初带这个班受过的挫折和委屈，我鼻子一酸，流着泪笑了。

再后来到了新学期，周熠同学回归班集体，大家精心准备了一场欢迎会，把这个大块头的小家伙儿感动得一把眼泪，一把鼻涕。那一刻，整个教室充满了暖暖、甜甜的气息——我想，这也许就是对教育、幸福的最佳诠释。

就这样，从情绪失控不会爱，到潜下心来反思爱；从阅读、实践中学习爱，到坚持、期待中领悟爱——我从拼一块“碎玻璃”开始，慢慢成长。

## 三、初崭杏坛，爱如故

2014 年秋天，是个格外忙碌的季节，却也是丰收的季节。我像往常一样带着两个英语练习班，全心投入工作，干得快乐而认真。又新接了两个口语班，还身兼班主任。教师节的到来成了更加忙碌的前奏，我参加了学校组织的班主任技能大赛。开始我还抱着打酱油的心态，可听到赛中同事们讲起自己与学生的故事时，越听越感动，等到自己上台时，也同样是真情难以掩饰。我竟然幸运地通过校级初选，一路进到省里参加决赛。

在备赛的那一个月，我化身为奔跑中的女汉子：抓紧一切零散的时间看书、背稿子，把每个环节的手稿改了又改，逮到同事就让人给提意见。当我终于得到“广东省班主任技能大赛”的一等奖，同时还收获了两个单项一等奖的成绩时，这份对默默工作在一线的班主任们来说很难争取到的荣誉，令我感慨万分：这荣誉里汲取了太多身边同行们的经验和智慧；在打磨的过程中，我得到了太多师友的指导和帮助，光是一句轻飘飘的“谢谢”，无法表达我内心深重的感恩。我更是希望以此为起点，通过我坚持的勤奋和努力、积极和进取，为我的学生们言传一种力量、传递一份信念。

希望在班主任专业成长上有所进步的我，先后加入了香洲区、珠海市、广东省的名班主任工作室团队，跟随一群志同道合的一线班主任们研讨工作案例、工作着力点，研习班主任工作中的共同规律。我们在行动研究中抱团学习，互相促进，共同成长。从工作室的组建到章程的建立，从每月写一篇读书笔记到研究着眼点的实践研习，从参加集中培训到聆听专题讲座，每一分来自工作室的助力，都让我更加充满力量。

美国教育家苏娜丹·戴克说：“告诉我，我会忘记；做给我看，我会记住；让我参加，我就会完全理解。”工作室就给我提供了实践的平台和机会。从承担一节区级的体验式班会课课例开始，我和我的孩子们从头到尾地学习、收获了很多。从了解什么是体验式班会课，有针对性地看书、查找资料，到更有心地记录班集体生活中出现的有代表性的问题或困惑；从对课例的立意设想，到多方研讨，最后付诸实践；从孩子们在课堂上体验，到后续用手抄小报分享心得……我看到了自己在过往经验里向理论归纳的进步与提升，也看到了孩子们因为我适宜、适当的引导和帮助，收获了启示与成长。

## 四、初心不改，爱依然

因为省名班主任培养对象计划的实施，在我工作的第十个年头，我这样一个还不够成熟的小丫头受到了尊重与接纳，我被幸运引领着，将走向下一个十年。最近一年里，当我再一次回归到班主任队伍中来，内心多少还是有些忐忑，生性耿直的我不知如何用洪荒之力去化解越来越多的行政工作压力；分身乏术的我不知道能不能平衡越来越多的角色转换，我不知道自己还有没有能力做得更好，不让自己失望。一个个的疑虑和困惑，在我职业生涯的十年节点上接连涌来。好在这个时候，我有幸得到难得的机会学习，因而可以在这样的培养周期里，在这样的团队氛围里，被这样一群有爱有才的“同学”答惑解疑。

我可以想象出，一群不用打鸡血都可以自嗨的班主任们是怎样的热烈与激动。但是我想象不到，我的“同学们”是一群怎样有热忱、热爱、热血的班主任，又是怎样的充满才情、学识、智慧。特别期待在这个有点特别的班集体中，重新做回学生，用一颗谦卑、敬畏的心，跟随导师和同学们，涵养师德，学习更好的教育技能，为教育奉献，陪伴孩子们成长。

省名班主任培养对象的契机，让我站上了新的起点。在这崭新的历史时刻，我曾经认为重要的，现在已不那么看重了；我曾经以为的，现在也换了观念。是的，我必须求变。但，我曾经热爱着的，却不会改变，还必须爱着。更好的那个我，不全是我，却还是我，我时刻不会忘记自己的初心。

（珠海市香洲区第二十一小学　陈　冰）

# 22 “平”“易”“近”“人”：班主任工作新思维

信息化时代的高中生，有“三不”特点：不迷信宣传、不崇拜权威、不轻易服从。我们只有真正走进学生的心灵，让学生发自内心喜欢班主任，学生才能亲其师，信其道，我们的教育才会更有效。而做一个“平”“易”“近”“人”的班主任，就有利于拉近师生的距离，有利于师生共同成长，有利于班级的可持续发展。

## 一、平

这里的“平”是指，班主任平等对待每一个学生，对每个学生都有一颗平常心，进而营造平等和谐的氛围，实现双赢。

公平、平等是班主任获得学生信赖、建立威信的根本保证。在班级活动中，班主任不应以管理者自居，要努力营造师生自由交流、平等和谐的氛围。无论是成绩优秀还是成绩落后的学生，我们都应平等对待。对优等生、学困生，对屡屡犯错的同学，都要公平，不断鼓励学生、温暖学生、指引学生，促使学生不断改进。当班级里沐浴着平等的光辉，学生的潜能和归属感将被最大程度地激发，并成为班级发展的巨大动力。学生因此获得了更多的发展机遇，班主任也赢得了更多的尊重，赢得了更多的教育契机。

案例：谈情说爱巧解师生矛盾

倩莹在语文试卷讲评课上以试卷被大风刮走为由，看地理书而不听课，并和语文老师发生了很大的语言冲突。我有点惊讶，倩莹虽然成绩不太理想，但也是个内向懂礼貌的学生，怎么会在课堂上顶撞老师？

我找到了她，她以为我要批评她，抵触情绪很大，站在那儿一动不动。我笑呵呵地说：“倩莹，坐下来，我们聊聊天。你今天好像不太开心，看到你不开心，我有点心疼呢。”她用眼睛瞄了我一眼，脸色暖和了些。“听说你上语文课时在看地理书，是吗?”她说：“嗯。”便不再说话。“你猜，我会因为你上语文课却在看我教的地理而开心吗？”她不说话。“倩莹，举个例子，你说明天咱俩去游泳，大家都穿着漂亮的泳衣尽情地畅游，这没什么，但如果明天我们两个穿着泳衣去班级上课呢？会有什么效果呢？会不会轰动全校？你觉得合适吗？”倩莹突然笑了。

我继续说：“同一件事在不同的时间、地点，不同的情形下往往会产生截然不同的效果。”这时她不好意思地说：“我不该在语文课上看地理书。”“听说你的语文试卷被风刮走了，是吗？”她又不说话了。“倩莹，考试过后把各科试卷整理好，我看到你一直是这样做的，老师还看到你平时的模拟试卷、学案、错题集都保存、整理得很好，这语文试卷怎么就会被风刮走了呢？这不是你的风格啊？即使大风真把你的试卷刮走了，你上语文课前向邻班的同学借用一下啊。没借到，你还有同桌啊，可以和同桌一起看一张试卷啊？老师觉得以你的智商、情商，不至于被一场风就被难倒了吧？”

这时倩莹沉不住气了：“老师，其实我的试卷没丢，这次语文考得很差，我不想听语文老师讲试卷……”我笑了：“所以你就对语文老师发火吗？让语文老师和你一上午都不开心，这样好吗？那你再想一想，你今天的情绪波动是不是也浪费了全班同学的时间，也影响了大家听课的情绪？”倩莹低下了头，我知道她在思考我刚才说的话。我轻轻地说：“倩莹，我们要学会面对失败，而不是逃避，正因为这次没考好，更应该认真听，听听这几道题自己究竟错在哪里了。老师上高三时有一次月考也没考好，也很颓废，当时我的同桌送了一首他为我写的小诗，到今天老师都记得，现在转送给你，与你共勉：‘人生就像爬山一样/难免跌倒/但/我们从来不哭/因为山还在/青春还在。’”

我充满感情大声地朗诵出这首诗时，倩莹笑了，边笑还边说：“老师，这也是诗啊？明天我也写一首送给你。”我说：“好啊，是否也写一首送给语文老师呢？”“老师，我会的，我就用写诗的方式向语文老师道歉，同时我也想说声对不起，今天我的表现不够好，辜负了您对我的期望，给您添麻烦了……”“那全班同学呢？”倩莹认真地说：“今天晚自习演讲前，我会向全班同学说对不起，并鼓励和我一样这次期中考试没考好的同学正确面对。”经过这次长谈，倩莹打开了心扉，逐渐学会了正视考试，学习进步非常快。

对待犯错误的同学，不要狂风暴雨、电闪雷鸣般地批评，要用平和的心态，积极聆听学生行为背后的心声，用假设情境和讲故事的方式让学生感受，用故事和小诗去讲理，让道理变得有温度有诗意。先谈情，后说爱，再讲理，平等耐心、和风细雨地引导，打开学生心锁，让学生愿意说出心里话，积极地想办法，有效地化解师生矛盾。

很多时候，我们对待后进生往往很着急：其他同学都学会了，你怎么还不会呢？人家都开"花"，甚至都结"果"了，你怎么还是一个"小花苞"，你怎么还不"开"呢？你再不"开"，我就要强行把你给掰开！事实上，"花不是不想开，而是时机未到，时机一到，它自然就会开放，或许开得更加艳丽动人"。南京行知小学杨瑞清校长提出的"花苞心态"很值得我们思考：每个学生的学习能力不同、潜力不同、最近发展区不同，对待学生的成长，班主任就应该有一颗平常心，不抱怨、不急躁，以一种"花苞心态"给学生不断的鼓励，耐心引导其成长，努力成为最好的自己。而在班主任日复一日的淡定平和中，学生也会受到浸染，领悟积沙成塔、聚流成海的真谛，踏实走好每一步，静待花开。

有了平等、平和的氛围，师生智慧不断碰撞，师生的生命轨迹交相辉映，也就达到了共进双赢。

## 二、易

这里的"易"是指，学会易位思考，转换焦点，着眼于未来。班级管理中出现的一些问题、遇到的一些所谓"问题学生"，班主任若能转换角色，易位思考，往往会达到更好的效果。如何易位？其实就是在出现问题、面对"问题学生"的时候，把自己当作学生，思考学生产生消极、迷茫、厌恶、惧怕、抵触、逃避等情绪和行为的根源与症结：为什么要这么做？动机是什么？最担心班主任做什么？最期待同学、班主任、父母做什么？如果是家长，我会怎么想、怎么做？如果我是校领导，我会如何处理这些问题？同时，耐心引导学生易位思考，从自己当下情境中抽离出来，用旁观者的视角，用时间轴发展地看自己的言行，找到更好的解决办法。

案例：一张白卷引发的故事

"你看看，你们班王莉这次历史周测考试竟然交白卷！"历史老师怒气冲冲来找我，"我教书这么久，见过考试不及格的，但是没见过交白卷的！交白卷？就算不会做，随便勾一下选择题也能得十几分啊。考试不及格，是能力问题，可以理解；交白卷，则是态度问题，不能纵容。"

被历史老师狠狠批评的王莉一声不吭泪流满面低着头站在我面前，我的大脑飞速运转着，我站在学生的角度去思考：如果是我，为什么会交白卷？王莉从理科班转来文科班才两周，是对新班级存在抵触排斥心理还是想吸引老师注意？或寻求同学们的关注，敢做别人不敢做的事情？我拉着王莉说："我们去操场走走如何？你还真和我年轻时有点像，我刚上初三时，也交过一次白卷呢，因为我们换了数学老师，我当时非常不喜欢她。你呢？你遇到了什么困难？能和我说说吗？”王莉吃惊地说：“老师，你也干过这事？”我说：“热血青年嘛，我也年轻过呀。”在一圈一圈的散步中我了解到，王莉喜欢理科，可是爸爸妈妈觉得女孩子学理科太辛苦，而且女儿在理科班成绩不突出，学文科只要刻苦就一定能考上本科，于是强行让她转到文科班。我了解到原因后和她一起易位思考，让她站在父母的角度、历史老师的角度去看待问题，分析探讨如何更好地和父母沟通，如何打动父母让父母支持自己的选择；如何和历史老师交流，消除误会。

随后，我邀请王莉的家长面谈了三次，不断引导家长易位思考女儿当下的选择和未来的人生走向。在我和王莉的共同努力下，王莉的家长后来同意了女儿的选择。虽然我和王莉的师生情只有一个多月，但看到她在理科班充满斗志的幸福表情和不断进步的成绩，我为她开心不已。王莉最终考上了东莞理工学院，实现了自己的理科梦。一张白卷，打开了我和学生、家长的心门，尝试易位思考，可以让沟通更美、更有效。

当班主任学会易位思考，就不会纠结于问题和所谓的“问题学生”本身，而会多方借力寻找解决问题的更佳策略；当班主任学会转换焦点时，就不会只盯着问题，而是着眼于学生未来的发展。班主任易位思考有利于让学生感受到被理解、被尊重，感受到老师的爱。当学生学会易位思考时，就不会不停地抱怨父母、老师、学校、同学，而是学会理解、尊重、反思、行动。当易位思考、转换焦点变成一种常态、一种习惯，师生的心会变得越来越豁达，校园生活将变得轻松自如，充满幸福。

## 三、近

这里的“近”是指，走近学生的心灵，让爱增值。很多班主任都会感慨：“我把时间和深深的爱都给了学生，为什么学生还不领情？”有时，班主任一厢情愿的“爱”、不恰当的“爱”、不合时宜的“爱”往往会演变成“碍”。因此，班主任应“俯下身段”，用心倾听，多途径了解学生。如学生的微信群、朋友圈、微博、QQ 说说、在宿舍的表现等，往往会反映出学生不为老师所知的另一面。班主任通过周记、家访、调查问卷、个别谈话、集体班会、关注小团体、走进学生宿舍等，多角度了解学生的真实心理、个性、喜好和需求，给予学生最需要的关怀与帮助。

1. 点燃期待之火，让相见充满期待

未见其人先闻其声。开学前建立“4曾相识”高三（4）班微信圈，上传班级临时座位表、班主任联系方式、班主任寄语等。对新班主任的好奇、对新同桌的期待、对新学期的憧憬，使班级微信圈不到一天就人气飙升了。

2. 点燃浪漫之火，让初见难忘

创设一个温馨的教室环境，营造诗意浪漫的开学第一天，让初见与众不同。前黑板是用艺术字书写的“4班因我而不同”，后黑板是“4班因我而精彩”。当学生走进教室心生期待，这个“我”，既指新班主任又代表每一位同学，也蕴含着班级发展的理念：悦纳自己、欣赏他人，我与众不同，我的班级与众不同，我的高中生活与众不同，我的人生与众不同。

设计一份调查表，让学生找到自豪感和归属感。学生进班后填写《4班因我而与众不同——新学期报到表》，这是一份涉及兴趣、爱好、特长、喜欢的值日项目、身高、理想座位区间、科代表、班干部意向等22项内容的调查表。让学生感受到“我”很重要，“我”对高三（4）班很重要，有利于新班主任快速了解学生，发现人才。

特色的自我介绍捕获学生的心。“今天我们高三（4）班好像是网友见面会，微信上我们谈天说地，现在终于正式见面了。我的网名叫北燕南飞，老师的家乡在内蒙古，我从草原来！大家看内蒙古的省界轮廓像什么呢？内蒙古就像翱翔在辽阔大草原上一只雄伟的苍鹰！草原儿女都有一种英雄情结！知道老师为什么不远千里万里飞过千山万水来到广东地区吗？就是为了来见你们啊！”在学生们的笑声中师生的距离拉近了。“感谢缘分让我们走进了高三（4）班，你们的名字我看了又看，我对每一个你，都有一种似曾相识的感觉，老师相信高三（4）班在我们共同的努力下，一定会势如破竹、势不可当，与众不同。”班主任走到学生的面前亲切地叫出他的名字，给每一个学生一个小惊喜，通过“万能胶”、抛硬币等小活动让师生在游戏活动中建立亲密的联系。

3. 点燃魅力之火，用实力征服学生

班主任时尚得体的衣着、精彩纷呈的第一节班会课，风趣的第一次学生谈心、学科的第一节课，无不体现班主任的魅力与修养。这每一个“第一次”都有非常强的力量，如磁石一般吸引着学生。

当代中学生向往自由，个性鲜明，新班主任充满魅力的初始印象是师生情感的敲门砖、班级发展的催化剂。巧用“三把火”，让新班主任悄然走进学生的心里，快速融入新班级，形成班主任的独特影响力。

魏书生说：“心灵的大门不容易叩开，可是一旦叩开了，走入学生的心灵世界中去，就会发现那是一个广阔而迷人的新天地，许多百思不得其解的教育难题，都会在那里找到答案。”班主任走进了学生的世界，走近了学生的心灵，爱才接地气，爱才不再是高高在上、自以为是的爱。班主任走进了学生的世界，就能懂学生所想、所为，就能真正理解、尊重学生。班主任走进了学生的心灵，就能时刻关注学生的情绪、心理需求、学生行为背后的正面动机，并能采用诸如积极心理学等各类方法去引导学生，给予学生肯定和切实有效的指导。学生感受到了班主任的真情与智慧，就会对其产生敬佩、依恋、信赖的情感；学生理解、喜欢、赞同班主任的做法，就会与班主任心意相通，情通则理达，理达则功成。所以，走近学生的心灵，我们的教育、我们的方法才会奏效，我们的爱才会生根发芽，我们的爱才会不断增值，才会赢得学生更多的爱。而这浓浓的爱最后又能演变成班级可持续发展的不竭动力。

## 四、人

这里的“人”是指，以人为本，尊重学生的个性，引导学生和而不同，展示真我风采。教育宛如农业，每一颗秧苗都不同，都有自己独特的生长历程。班主任不仅仅要关注学生分数的增长、身体的成长，更要以人为本，关注学生的个性和精神成长。

每一个学生都是一个小小的世界，在这个世界里我们需要用心观察，慢慢品味，才能发现属于这个世界的五彩斑斓。班主任既要有班级的整体发展规划，也要关注班级里的每一个个体，尊重学生的个性，给予人文关怀，为其搭建展示的平台；更要用动态发展的眼光，观察、挖掘、培养每个学生的特点、闪光点，利用各种活动，让每一个学生找到属于自己的位置，让每一个学生都能发自内心地感受到“我很重要”“我是班级重要的一员”，分清自身的强弱，不断扬长避短，既重视悦纳自己，也学会欣赏他人，既要张扬个性，也要符合班级、学校的发展要求。

当学生的个性得到尊重，自我展示、自我规划、自我发展、自我完善的需求得到激发和满足，学生会产生更多的智慧与创造力，也会为班级的发展贡献更多的正能量。

总之，努力做一个“平”“易”“近”“人”的班主任，潜移默化地引领学生感悟校园里的平静、平和、平常，在平凡中领悟人生的诗意，进而让每一个学生都能从“平”“易”“近”“人”的视角看自己、待他人，让校园因自己的存在而不同，让自己生成一道靓丽的风景，学会学习，学会生活，学会创新，这恰恰也是我们教育要达到的目的。

（东莞市第六高级中学　黄海燕）

# 23 在路上

在教师的队伍中，中山纪念中学的王宝晨曾经是一个“逃兵”。2009 年，为了逃避教师工作，他选择了读研，但是与教书“分手”之后，他反而有点念旧了，甚至还有点期待，于是 2012 年他又走上了三尺讲台。从 2012 年 9 月开始，他的身份从学生正式转变成班主任。一晃四年过去了，在这四年中，他曾经感到过痛苦、煎熬、绝望，甚至想放弃班主任这份“兼职”，但是在同事、亲人、朋友的鼓励下，他坚持了下来，并且在班主任导师韩宜奋老师的引导下，逐渐体会到做班主任的幸福。第四学年末学校征集下一学年的工作意向时，他毫不犹豫地在“班主任”一栏打上了勾。四年以来，他逐渐感觉到做班主任的确是一门专业化的技术，他说：“如果有班主任资格证的话，含金量绝对不会亚于教师资格证。”现在的他提起做班主任这项工作，总是充满期待，而且他总是自信地说：“有韩宜奋老师这盏明灯，就永远不怕在班主任专业发展的道路上迷失方向。”

王宝晨的班主任成长之路并非一帆风顺，最初的他可以说是班级管理的门外汉，除了在网上搜罗的一些野路子以及老教师偶尔的提点，几乎没有接触过班主任相关的知识或培训。而现在的他已经连续三年被学校选中担任高三毕业班的班主任，在回忆自己从教以来的经历时，他把自己的转变总结为三个方面。

## 一、从学“术”到学“道”

2012 年，开学前半个月他收到了年级主任发来的短信，光荣地成了一名班主任。但是此时的他却内心忐忑，对于做班主任这件事，仅有的就是大四那年实习的模糊记忆。只有半个月的时间准备，他只好从网上到处搜集班主任的“兵法”，每晚睡觉前他都会想象着第一天见到学生时应该穿怎样的衣服，第一句话该说什么，学生会不会给他来个下马威，万一卡壳了该怎么圆场，准备几个笑话显示一下自己的幽默感……功夫没白花，看过几天“兵法”后，他感觉心里还真是有了那么点底气，感觉自己也算是半个“专业”的班主任了，就等着开学那天跃跃欲试了。

令人惊喜的是，“兵法”真的管用了，学生完全在他的掌控之中，一切都很平稳地开始了。反观其他新班主任，经常遇到各种突发状况而措手不及，他暗自庆幸自己的明智。可是好景不长，曾经好用的“兵法”被学生破解了，可不是吗，学生可是从小就跟老师斗智斗勇，只靠一招迟早是不行的，他也只好见招拆招，临时想一些对策来应付，只是过一段时间又不好用了，他再绞尽脑汁，继续颁布新的政策。如此几次之后他真的是无计可施了，感觉越来越难以掌控班级，他也几乎陷入绝望。到了高三，学生在高考的重压之下收敛了许多，这才勉强应付了过去。

后来，好友黄建军老师赠送他一本《巨人肩上的舞蹈——李镇西评传》，他一下子被李镇西的教育理念吸引，这正是他所需要的东西。李镇西最初当班主任时也迷茫过、失落过，甚至被领导批评、被学生指责，而他之所以能成功，其中一个原因就是，他从不用任何“兵法”对待学生，而是永远怀着一颗爱心和童心，无时无刻不站在学生的角度思考，对他来说，爱心和童心是一种信仰。

他经常思考李镇西和自己的区别，如果把李镇西的爱心和童心比作是“道”，那自己的“兵法”就是“术”。“术”注重的是形式、技巧，但是没有灵魂，所以它是冰冷的、无情的、一成不变的，它无法针对不同的学生、不同的情况作出变化，因此，一定会引起学生的反抗，久用必输。而“道”则不同，它拥有强大的能量，不管面对的是什么问题，只要是在这股强大能量的指引下，就能找到正确的方向。最重要的是，它跟学生之间形成了正反馈，越是拥有爱心和童心，在工作中越是容易解决问题，也越不容易产生新问题，整个班级就会健康有序地发展，班主任也会越来越轻松。

王宝晨逐渐认识到最初学的“术”只是花拳绣腿，只有学“道”才能让自己真正强大。在班级管理中，他积极探索，遇事总是怀揣一颗柔软的心去思考、揣摩学生的内心，用灵活的方法解决班级中棘手的问题。

有一段时间，学生在班里吃东西成了一种风气，不少老师反映上课期间也有学生吃东西。如果是之前的他，用的“术”无非就是先警告，再抓典型“杀鸡儆猴”，罚值日之类，最后不定时抽查巩固“疗效”；而现在的他深知这只是治标不治本的做法，学生只会把时间花在思考吃东西如何不被老师抓到上，而不是规规矩矩地去遵守，而且只要自己稍有松懈，学生就会报复性反弹。他决定听听学生的心声，为此他专门召开了一次班会，在黑板上他写下了题目“舌尖上的教室”。学生简直像见到偶像一般疯狂地尖叫，他从孩子们的表情中、呼喊中明白了，自己跟他们接轨了，接着他调查了在教室里吃东西的若干细节，例如吃东西的目的、时间、种类等，最后他郑重宣布：“可以在教室里吃，而且是正大光明地吃！”学生又是一阵狂呼。随后他结合学科特点，从人体生理的角度分析了吃东西会引起大脑供氧减少，思考迟钝，一边吃东西一边听讲效率是特别低的。此外，美食如果没有音乐相伴就少了一分情调，他提议每天上午和晚上的大课间专门作为大家享用美食的时间，并命名为“‘7 吧’美食汇”（当时的班级是 7 班，而“7”与“吃”谐音），在这一时间，同学们可以观赏节目，听听音乐，恢复满满的动力，大家都觉得这个创意很棒，全班鼓掌通过。下课前，他试探性地问了一句：“那你们以后是选择上课吃东西还是下课吃呢？”学生集体笑着回答：“上——课——吃！”不过他从学生们的眼神中读到了真正的答案。下课后，好几个同学冲上来把自己的零食塞到他的手里，笑嘻嘻地说：“老师，请你吃！”从那天以后，上课还吃东西的同学就寥寥无几了。

其实拥有了“道”就不需要拘泥于“术”，或者说拥有了无数种“术”，便可以面对任何一种情况作出最佳的选择。王宝晨是幸运的，因为他“遇到”了李镇西，于是他又找来李镇西的更多著作，让他的“道”变得更加完善，他希望自己有足够的智慧去应对任何情况。

## 二、从理性到人性

作为一个理科生，王宝晨身上有着浓浓的理科生的气质，当然其中也包含着做事时的过度理性，总是习惯性地把所有问题当作题目来解答，坚信只要按照规则处理就可以解决一切问题。每次学生违纪，他总能引用各种校规校纪，说得学生无法反驳，最后按照校规校纪给予相应的惩罚，当时的他认为这是理所应当的，就像法律一样，违反了哪条就要接受相应的判决。

2015 年，他遇到韩宜奋老师，并成为其工作室的一员，在这里他第一次接触到“四人”教育理念，即“做人事、说人话、讲人性、通人情”。这让他认识到自己面对的是活生生的人，反思自己当初的做法，他认为自己忽略了一个问题，那就是校规校纪除了约束学生之外，还应具有的一项更重要的功能就是教育。如果要起到教育作用，只有深入学生的心灵，与之引起共鸣，否则一切所谓的教育成果都是虚假的、经不起考验的。中国的校规大多都是不许这个不许那个，缺乏人情味，因此，能否教育好学生，很多时候要看班主任在执行过程中有没有“人性”了。

然而，真正让他完成转变的却是一次失败的教育。一天晚上他照例到班中巡视，只见学生小华一边吃着零食，一边翻着放在腿上的小说，丝毫没有察觉到他的靠近，他拍了小华的肩膀一下。小华抬起头看到了他，不慌不忙地把书合上，塞到桌子里面，低下头翻开课本看起来，仿佛事情没发生过一样。他用命令的语气小声说道："把书拿出来！"小华没有抬头，只是摇摇头，很坚定地回答："不给！"他努力控制住自己的情绪没有发作，并把小华叫出教室。"为什么不肯把书给我？"他问道。"因为书是我的。"小华面无表情地回答。虽然已当了几年班主任，但敢如此顶撞老师的他还是第一次遇到，一时被呛得接不上话，顿了一会儿，他解释道："我并不是想没收你的书，因为它影响了你的学习，所以我帮你暂时保管。"小华的回答又呛了他一次："我不需要你帮我保管。"这下他被激怒了，祭出了大招——校规。"小华，你上自习课看小说，还吃东西，一次违反两项校规，如果不想自习，干脆申请回家算了！"可是小华非但没被吓倒，反而反击道："我只是看看小说，吃东西也很小声，根本没有影响其他同学啊。""你这样当然会影响其他同学自习。"他感觉到自己简直是被这个孩子牵着鼻子走，反驳也愈发无力。"那是你自己以为，我最讨厌别人自以为是。"谈话到这里，他终止了谈话，以免事态失控。

他把这件事向韩老师倾诉，刚说到要没收学生的书，韩老师就打断了他："宝晨，你这干的不是'人事'啊，书是他的，你有什么权力这样做呢？我猜他最后没有给你吧。再说了，看小说怎么就成了错误呢，难道看小说对他的学习一点帮助都没有吗？"面对韩老师的"质问"，他意识到原来自己还没有领悟到"四人"教育理念的真谛。是啊，虽然校规有此规定，但没有经过任何调查就先入为主地把这件事定性为违反校规，哪怕是证据确凿的案子也得容被告说上几句吧，说自己不干"人事"没有冤枉自己啊。小华晚修看小说，固然是违反了校规校纪，但可能也有自己的原因，例如，已经完成了作业，非常疲惫，看看小说放松一下，或者这本小说是很经典的名著，可以提高自己的文化修养等，他用生硬的方法处理，小华丝毫没有感觉到人性的温暖，这不是一个专业的班主任应该做的。

在韩老师的启发下，他明白了规则的执行并不是简单地生搬硬套，否则非但解决不了问题，反而会引起学生反抗，让事态恶化。后来，他在工作室年度总结会议上再次提到这个故事，并把自己的反思结果向全体成员做了如下的汇报："如果再来一次的话，我会这样处理，把小华单独叫到教室外面，坐下来就刚才的情况进行沟通。如果是出于积极的目的，那么我会先肯定他看书的动机，再跟他聊一下书的内容，让他谈谈这本书是谁写的，主要内容是什么，从书里学到了什么。如果我看过这本书，也可以跟他交流一下我的看法，最后再从关心他的角度告诉他，看这种书最好选择非上课时间，这样不用担心被老师'抓'到。如果小华纯粹是为了消遣，而且沉迷其中，并影响学业，那么还是要指出他的问题，和他一起找出背后的原因，是疏于自律还是缺乏学习动力，对症下药，帮助他提高自习的效率。但是，由于种种原因，我没能找到机会再单独与小华沟通，但我坚信，只要在班级管理中渗透人性的关怀，在我手上就不会出现第二个小华。”

这次失败成了他管理风格的分水岭，从此之后，他的班级管理越来越有人情味。他组织了班级毽球比赛，与孩子们一起在赛场上挥洒汗水；他创设了班报，让孩子们尽情挥洒自己的才华；他举办了“7 吧”美食汇，让每个课间成为孩子们味蕾的天堂。

## 三、从专制到民主

初当班主任时，王宝晨听其他老师说，别被学生牵着鼻子走，该强硬的时候就要强硬，当时的他虽然半信半疑，但仍记在了心里。毕竟老教师经验足，多听听肯定没错的，而且印象中自己高中的时候老师也不怎么民主，班级不也管理得不错嘛。可是渐渐地，他发现现在的学生似乎没有想象中那么好管，表面虽顺从背后却是想方设法地暗度陈仓：自习不许说话，后来就有了放哨的，老师一来就互相通知；把爱说话的同桌调开，没几天就偷偷地换了回去。

管理的无力让他放弃了这种专制的管理模式，转而寻求民主的方式，在阅读班级管理的相关书籍中，他逐渐领会了民主的真谛，民主不是一种形式，学生投投票就行了，也不是撒手不管，随学生自由发挥。真正的民主既是一种制度，也是一种生活方式。民主意味着所有学生可以参与班级的管理，例如选举就是一种常见的形式。民主也意味着学生具有平等、自由、法治、宽容和妥协意识，它与个人的修养融为一体，从一个人的举手投足间就能看出。

有的老师反对民主：“我一民主，学生就乱来，最后的结果跟我设想的完全相反！”此类的论调屡见不鲜，而且说得义愤填膺。王宝晨却有不同的理解，他认为民主体现在生活的时时刻刻，而不只是一节班会课、一次活动，班主任应该在平时的教育中就做足工作，可以是直接的、理直气壮的，也可以是潜移默化的、和风细雨的。只要能让学生懂得如何分辨是非、如何辨别美丑，让正确的道德信念植根于学生的心灵，又何愁民主的结果换来的是错误的决定呢？正是这种正确的认识，使得民主化管理不断给他带来成就感，也让他在学生心目中的形象更加高大。

到了高三，学校对学生的时间管理越来越严格了，要求也越来越多，例如，在晚修前的5分钟，学生要集体朗读课文，其实这也不是第一次执行了，早读、课前都有过类似的规定，无非都是任课老师划定内容，领读的同学到讲台上扯破嗓子喊："全班起立，拿出××课本，翻到××页。"有时喊了三遍还有同学坐在位子上，即使最后摇摇晃晃站起来，嘴里也不知在嘟囔什么，总之最后读了什么估计他也记不得了。

年级领导要求班主任来规定晚修前的朗读内容，王宝晨不想"悲剧"重演，用心思考着，不一会儿，"民主先生"给他带来了好主意。他来到班上，把情况简单说明："同学们，年级领导让我决定朗读的内容，我相信他们的初衷是好的，我也相信大家肯定能作出最正确的选择，不会浪费时间，我决定把权力还给大家!"看似简单的说明其实暗藏玄机：首先，肯定了5分钟朗读的积极意义；其次，对学生的信任激起了学生内心的认同感；最后，民主的形式让学生感受到自己是被尊重的。接着各种声音来了，唱英文歌的呼声最高，他问道："为什么大家选择唱英文歌呢?"同学们说："因为既有趣，又可以练习英文啊，一举两得!"后来，有的同学还很担心地问道："老师，这样做年级领导能同意吗，会不会批评你啊?"看看吧，这就是民主的力量，哪还需要天天操心学生会偷懒呢。民主的火苗已经点燃，但他知道，要想使火苗熊熊燃烧，离不了自己这把"柴火"，所以每周他都特别积极地给学生打印新的歌词，几周下来，学生就学会了好几首英文歌曲，而且每次他们班都是所有班级中起立最快、最整齐的。

王宝晨老师的成长并不特别，但可贵的是，他永远保持着一颗纯净的心灵，对待学生，他用心感受、用爱呵护；对待教育，他海纳百川、坚定前行。班主任对他来讲已经不再是一份"兼职"，专业发展的信念越来越坚定、蓝图越来越清晰，在韩宜奋老师的悉心指导下，他的专业发展之路越走越直、渐行渐宽。2017年，他将迎来新一届的孩子，他的班主任生涯正在酝酿新一轮的精彩!

（中山市中山纪念中学　王宝晨）

# 24 勿忘初心，守望幸福

1998年，我走上了教育工作岗位，也走上了班主任之路，担任班主任至今已有18年，所走过的路程可以说是曲曲折折，充满了艰辛。头几年，虽然自己雄心勃勃，但许多时候，却是处处碰壁，久而久之，对班主任工作的激情日渐消减，对待工作的态度常常是“不求有功，但求无过”！直至2015年，我有幸成为广东省名班主任工作室的一名成员，我又重新燃起了激情，对班主任工作有了全新的认识，班主任专业能力有了一定提高，也获得了不少的荣誉。

## 一、在学习中成长

在名班主任工作室主持人周雪燕和林锦华老师的引领下，我明白在素质教育和教师专业化发展的背景下，班主任工作由“经验型”向“专业化”转变的意义所在。而要真正实现向“专业化”转变，离不开学习。

1. 借助阅读，丰满专业羽翼

两年来，我广泛阅读教育教学杂志、经典教育故事和名著，例如《班主任之友》《中小学德育》《广东中小学德育》《怎样读懂学生》《现代班级管理》《教师不可不知的心理学》等书籍。在阅读过程中与同行交流学习体会，并做好读书笔记，吸取别人的经验提升自己的专业能力，用学到的教育教学方法指导班主任工作。

2. 浏览网络，向名师取经

教师的成长不可能完全只依靠自己，专业的引领是非常重要的。我到各教育教学网站浏览各校的教育教学经验文章；上网聆听全国名班主任、家庭教育专家、心理导师的视频讲座，学习先进的教育教学和管理等方面的方法与经验，运用先进理念指导自己的教育工作。

3. 参与培训，向同伴学习

名班主任工作室成员的每一次相聚与培训，都使我受益匪浅。工作室QQ群的创建，让我们有幸与同行交流，取长补短。在自我锻炼的过程中，各名班主任的讲座精彩至极，一个个真实的教育故事，令我感动。如中山华侨中学张岩老师的讲座“班级的合伙人，发展型班级”，给我们展示了他的“合伙人”的理念，引导学生重新认识自我，让自己真正成为班级的主人；贾高见老师的德育专题讲座，促使我更大胆地利用一切可以利用的教育资源；还有杜巧老师，她是我最钦佩的一位老师，她从一个连 PPT 都不会制作的小学老师到名班主任及省名班主任工作室主持人，一路走来，她是多么不容易呀！可杜巧老师做到了，如果我们还在为自己找借口不做班主任的话，那我们又怎么能对得起杜老师为班主任工作所付出的努力与心血呢？杜巧老师给我印象最深刻的一句话就是：“无论你是什么大学毕业的，只要你认认真真、踏踏实实地去做事，准会有奇迹发生在你的身上！”这句话给了我很大的鼓舞。

## 二、在科研中提高

加入名班主任工作室后，我深深体会到：班主任参与教育科研不仅可以满足自己对教育科学知识、专业理论的渴求，还能促使我们广泛收集班级建设与管理的相关研究成果和资料，扩大自己的信息量，不断更新自己的知识结构。2015年，在林锦华老师的指引下，我带领我小组的 5 名班主任开展市级德育课题“网络环境下学生德育工作的有效性研究”和“名班主任工作室对班主任专业发展的影响研究”的研究工作，我坚信：科研，能提高班主任专业水平，参与科研，一定能增强自己的问题意识，促进自己对各种教育现象的关注，更能让自己对管理班级和教育方面的问题进行反思，改进自己的工作方法。

## 三、在实践中探索

加入工作室两年来，我经过多次的培训学习，班级管理能力和水平有了一定提高，并逐渐形成自己的班主任工作特色，我的特色班集体“幸福班级”在探索中不断形成与发展。

### 1. 特色班规——“幸福班级”的规范引领

规则只有深入学生心灵，才是真正有效的规则。所以每接手一个新班级，在制定班规时，我都要考虑班规的针对性、全面性、实用性，更注重体现师生的民主平等、科学发展的内涵，使学生认识到班规是体验幸福的守护神而非限制条件，是追求幸福的自身需求而非外在压迫，是提升幸福的翅膀而非枷锁。

（1）民主——三方商量出来的班规。如果只凭班主任个人的苦思冥想、个别体验，闭目塞听，不愿意听取别人的意见，就不能获得正确的认识，就不会作出正确的决策，就无法把班级管理好，所以“幸福班级”的班规是学生、教师、家长三方共同参与商量出来的。商量班规的过程，是学生、学校和家庭增进理解和达成共识的过程，学生在商量中产生主人的责任心和使命感，家长在商量过程中了解班规、支持班主任规范学生行为，形成教育的合力，让班规具有很强的生命力和执行力。

（2）平等——既约束学生也作用于老师。班规是一个班级的日常行为规范，班主任是班级不可缺少的一部分，自然应该遵守班规，这体现了师生人格的平等。这种平等能极大地提高班规在学生心中的威信，无形地增强班规的执行力。21 条班规，班主任必须严格遵守，在要求学生不迟到的同时，班主任必须不迟到，如果违反班规，班主任同样受罚，体现班规面前人人平等。

（3）科学——正思维的阳光引导。传统的班规基本都是采用禁令式、恐吓式、戒条式的语言，这种班规会使孩子们产生压抑、烦躁的心理，进而引发学生抵触心理，这种心理一旦形成，学生将感到自己的卑微和渺小，产生孤独感、无意义感、焦虑感。我觉得如果这样，班规就失去了它应有的作用，所以我采用的是正向思维的阳光引导，用一种积极的、面向目标的、力图解决问题的思维方法和世界观去引导孩子，让孩子们感觉班级是阳光的、温暖的，是他们的守护神，进而使他们自觉遵守班规范。

（4）发展——以“每个学生的终身发展”为出发点。初中时期是人生的奠基时期，也是学会做人的最佳时期，在这个时期，育人为先显得格外重要。班规教育是教育学生做人的一种比较有效的方式，所以在创建班规时，始终以“每个学生的终身发展”作为出发点和归宿点，把学校、家庭、社会的各项要求人格化、情感化。

2. 特色班级文化——“幸福班级”的灵魂

第一，让学生做班级的主人，人人是管理者，把班级还给学生。建立“名片CEO”岗位责任制度：设置“安保 CEO”“校园环保 CEO”“学习 CEO”“板报CEO”“天使美化 CEO”“健儿体育 CEO”等岗位，制作个性鲜明的名片，明确班委会、科代表、卫生委员、纪律委员的职责，使得班级每一角落、每一盆花、黑板、板报等都有人负责，突出学生的主动性，实现学生的自我服务、自我管理、自我教育。

第二，制定团队管理制度。根据学生的学习成绩、纪律表现、个性特点把全班 53 位同学分成六组，每个小组设置正副组长，负责组内学习、纪律、卫生等日常事务，班主任和学生委员会定期对各小组进行评比，评选出班的“学习标兵”“先进小组”，并在智慧校园网络系统展示学生个人和小组风采，促进学生的个体竞争、小组合作、互相学习，增强学生的集体意识、荣誉感，自觉投入班级建设中，让社会、家庭、学校参与到班级管理中，真正实现社会、学校、班级三位一体的德育管理体系，提高班级德育工作的有效性。

第三，把班级评价权利还给学生。评价不是教师的专利，教师不仅要做好对学生的评价，还要帮助学生学会自我评价。我大胆地推出了“我们的真心话”评价卡，通过自我评价、家长评价、同学评价、任课教师评价、班主任评价等多元评价，使学生学会自我反思、自我发展、自我完善。

第四，积极开展“体验幸福”系列主题活动。班级活动是最具魅力的德育，“没有活动，就没有德育”。德育要靠活动，没有精彩活动的校园生活，就没有学生终生难忘的亮点。我积极组织丰富多彩的活动，成为学生美好生活的起点，成为学生幸福生活的回忆，如“夸夸身边的同学”征文活动、“我爱幸福班级”演讲活动、“中学生使用手机的利与弊”辩论赛、“呵护花季友情”青春期心理健康团体辅导课、“感恩父母”主题班会、“笑对挫折，珍爱生命”主题班会、“全民禁毒，守护幸福家园”主题班会、参观英雄纪念碑等，让学生感觉到在这样的班集体中学习和生活是快乐的、幸福的。

## 四、在探索中收获

在教育教学工作中，我将理论知识运用于教育教学实践中，努力探索、大胆实践，用新的教学艺术充实班级管理及课堂教学。我的特色班集体“幸福班级”在探索中不断形成与发展，所带班级班风学风良好，每次考试的成绩都为年级第一名；在学校组织的各项活动比赛中，都获得年级组第一名，期末还被学校评为“文明班”“先进班”。我个人也获得了“广东省骨干教师”“阳江市师德标兵”等荣誉称号，参加阳江市班主任专业能力大赛获得二等奖，撰写的团体心理辅导课教案《呵护花季友情》获得广东省教育教学案例征集三等奖。在班主任专业成长的道路上，需要学习的有很多，但只要我们勿忘初心，真诚地捧着一颗“爱心”，积极加强教育教学理论的学习，结合实际构思班主任工作的方法和策略，在实践中不断完善自己，就一定能适应不断发展的教育形势，也一定能在班主任专业化成长的道路上走得更好，真正成为一名有智慧、有理想的幸福班主任！

（阳江市阳西县奋兴中学　林彩云）

# 25 好风凭借力　送我上青云

“匡老师这几年的成长是大家有目共睹的。”何汝玉校长不论大小场合都爱说这句话。同事们也都惊叹我的成长神速，我自己也常大言不惭地说：“在班主任发展道路上，我的确比大家成长得快那么一点点。”

## 一、“绒毛鸭子”，发言超时

说到我这三年来的成长的确不能不说说何校长和她的名班主任工作室。因为当初我是不想下河的“绒毛鸭子”。

2012 年 12 月，何校长在学期中途到大亚湾三中走马上任，随之而来的还有以她的名字命名的广东省中小学名班主任何汝玉工作室。当时，我们很惊奇，竟然还有班主任工作室，要知道当今做班主任大家可是唯恐避之不及！那时，我还不是工作室的成员。

2013 年 5 月的一天，何校长找到我，拿给我她办公室的钥匙，说她的工作室要进行中期检查了，希望我能抽空帮她整理材料。何校长是单枪匹马来大亚湾三中的，尽管当时我跟她的接触并不多，但我认为她是有教育情怀，真心做教育，真的来拯救大亚湾三中的，就冲这个，需要帮助我在所不辞！见贤思齐，我这“绒毛鸭子”是否得考虑下河了？整理材料的过程中我对工作室有了初步的了解。清楚记得当我第一眼看到工作室的宗旨是“引领、示范和辐射”时，我笑了，心想这也太不切实际了吧？这年头谁能引领谁哦，你示范给谁看哦，谁又会被你辐射哦！但我转念一想，如果你足够强大，又令人十分敬重也许可以。

整理材料的事情过后，何校长聘我为工作室助理。工作室主持人要向省里汇报中期工作，何校长事务繁忙就叫我代她去汇报。那一刻我觉得压力山大，但面对为了大亚湾三中日夜操劳的何校长我无法说不。于是白天上班，晚上我就绞尽脑汁做汇报课件，好几个晚上我熬到深夜一两点，眼皮打架，头脑一片空白，什么都无法想的时候我才放自己去睡觉，睡觉前我把闹钟调到凌晨四点。闹钟一响我立即从床上坐起，抱过放在床头柜上的电脑继续开工。课件做好后，我又写好对应的讲稿，再二者对照进行讲述练习，一遍又一遍。我想着要圆满完成何校长交给我的任务，不给何校长丢脸。先生警示我说："你这样熬下去迟早把自己熬残，到时多少个亿都换不回来。"他所谓的"残"是"老、丑"的意思。说实在的，我真心怕。熬得辛苦的时候，我不止一次问自己我真的要跟随何校长走下去吗？这么辛苦值得吗？我曾经偷偷打量何校长，看她每天那么忙有没有变得疲惫、憔悴，令我惊奇的是，她不但没有，反而似乎越忙越容光焕发。这简直违背自然规律，我探究了很久，某一天，我突然恍然大悟，何校长的一生都是在和教育谈恋爱，恋爱中的女人是打了鸡血的。

汇报现场主持人说，每人发言限5分钟。我顿时慌了，5分钟能讲什么！果然我只讲了我们工作室的特殊情况，短短一年何校长的工作室辗转三地，何校长来大亚湾三中仅半年多大亚湾三中中考告捷，李楠老师就不停地举牌示意我时间到。天哪，我还没汇报我们工作室在过去的一年做了什么，是怎么做的！要知道我们工作室落户在大亚湾区实力最弱的三中，从来只有弱者向强者学习，哪有强者向弱者学习的道理？因此我们工作室要"引领、示范和辐射"兄弟学校，必须先让自己强大起来。无可奈何我只好停止发言，那一刻心里很有一种挫败感，倍觉前路艰难，更烙下一个心理阴影，以后只要发言限时，还有人现场举牌提示，我就很紧张，但紧张也是一种收获呀，它证明你见过世面，经历过风浪。

## 二、懊恼无奈，接"烫手山芋"

从省里汇报回来，何校长叫我准备参加2014年的班主任专业能力大赛，并说我是她见过的综合素质最高的老师。这话我难以置信，却在心中叹服何校长是激励人的高手。我很想推脱，但最终依然无法说出口，就这样我算是默认了这件事。我有点懊恼，因为我又接下了一个"烫手山芋"。

2013年暑假，我主动申请担任班主任，9月开学我就有了自己的试验田——九年级的一个班级。何校长非常重视培训学习，她常说她之所以能够从一个普通的音乐教师走到今天校长的位置就是虚心学习的结果。"请进来，走出去"就成了大亚湾三中教师的学习常态，我拥有更多的学习机会，因为省里组织工作室主持人培训的时候，何校长总是申请带上我。现在回头想想，我是多么的幸运，本来我不过就是工作室的一个成员而已，却能够经常得到专家教授的指导。然后，我陆续知道了班级发展规划、主题班会设计、情景答辩、教育成长故事等专业术语，每一样在那时的我看来都是那么高深。

2014 年的暑假，校、区、市的班主任专业能力大赛一场接一场，我对校、区比赛没有太多的感受，但当我以大亚湾区第一名的身份参加惠州市的班主任专业能力大赛的时候，我开始纠结，我害怕拿第一，因为那样我就得代表惠州市去省里比赛，想想我都觉得好难啊！我又害怕拿不到第一，因为何校长经常把我带在身边，谁都知道我是何校长工作室的助理，我丢脸事小，毁何校长的英名事大。结果我还是拿了惠州市初中组第一名要去省里参赛。还有几个月的准备时间，我得好好准备，但我真的不知道怎么做才能在最短的时间最大限度提升我的班主任专业能力。我临时抱佛脚去读有关班主任的书籍，看网上搜集的资料，我尽可能利用我的试验田操练。比赛前夕，我参加了惠州市骨干教师赴浙江为期两周的跟岗学习，特地带了《班主任基本功》《中学德育问题与对策》等书籍。晚上老师们都去逛街了，我就在酒店里阅读，边读边结合我接触过的案例进行思考，一直读到我的脑袋几乎装不下东西。

11 月 1 日至 2 日，第五届广东省中小学班主任专业能力大赛在广东省佛山市南海区石门高级中学举行。何校长亲自带队，组织了几十号人前去观摩学习。我觉得我不怎么紧张，可就是吃不下，睡不着。我坐在主题班会准备室候场的时候，突然觉得我的身体开始轻飘起来，周围的人影和声音逐渐离我远去。我用力地按我的人中穴位，我知道，我要发生低血糖反应了。很快就到我上场，怎么办？我得马上吃点东西下去，有糖就最好了。我环视周围，很失望。突然，我看到和我同样候场的一个女老师在吃香蕉，我很想过去请求她分一点给我吃。就在我犹豫间，香蕉被她全塞进嘴里了。我只好起身去倒水喝，一连喝了两杯。最后，我只获得本次比赛初中组综合二等奖。但就是这场比赛，让我一下子领悟到了班主任专业能力大赛的内涵，它绝不是纸上谈兵，不是能短期突破的，它是班主任的教育情怀、育人经验、智慧、艺术的综合素质体现，它以班主任的工作实践为基础。这场比赛也让我明白了班级发展规划、情景答辩、主题班会设计和教育成长故事的真谛。我接了“烫手山芋”，也接触到了教育的真谛。

### 三、先谋后教，班主任工作别开生面

比赛归来，我重新思考修改我正带着的七年级的发展规划。新的班级发展规划让我变得从容淡定，我带班从未像今天这样目标明确，该怎么做，为什么要这样做，要达到怎样的效果，如何保证效果达到甚至更好等，一切都在我的头脑里非常明晰。转眼这届的学生已经成长到九年级，回头审视本届我将近三年的担任班主任时光，工作一直是有条不紊，扎实推进，社会主义核心价值观已深入每个

孩子的心中。

凡事德为先，作为班主任任何时候都要把学生的思想教育工作摆在首位。主题班会或是班集体活动是对学生进行思想教育的主阵地，运用得好，达到“走心德育”的境界，让学生在亲身体验、深刻感悟中自我反思、自我教育、纠偏改变，育人效果就事半功倍。有了这个认识，我开始主动研究主题班会和班集体活动。我首先研究的是何校长刊登在《班主任基本功》上的主题班会教学设计——《感悟亲情》。它共有五个篇章：亲情感言、亲情倾诉、亲情关注、亲情互动和我爱我家。形式非常丰富，有配乐诗朗诵、音乐剧欣赏、现场采访、孩子感言、亲情游戏、大合唱等。参加的人员众多，不仅有班主任和学生，更邀请了全班孩子的家长、区德育科科长、区妇联主席、校长等。我被吓到了，这也太难了，准备一节这样的主题班会课得花多少时间、精力啊！我们平时承担一节区级、市级教学公开课也远远没有这个难度。我问何校长这堂主题班会课她到底准备了多久。她说准备了几个月。我马上却步了，这样上主题班会课是无法做到常态化的。

一周一节的主题班会课我究竟应该怎样上呢？我开始陷入迷茫。思想决定行为，那我就用正能量的内容去影响学生的思想。我开始利用微信、QQ、优酷等收集大量的有教育意义的视频或文章，比如《天堂的午餐》《给我一斤母爱》《年轻人能为世界做什么》《不抱怨，靠自己》等，班会课上，我一个接一个放给学生看。刚升上初中的学生对此十分感兴趣，我这样做似乎为他们打开了另一个世界。一段时间后，我开始后悔我这样的行为，因为我发现随后班级出现的一些问题，本来某个视频或某篇文章刚好可以很好地引导学生，但之前都被我放给学生看过了，如今再拿来用就变成“炒剩饭”，教育效果大打折扣，真是浪费啊！我开始反思，视频也好，文章也好，不能看完就了事，还应引导学生挖掘里面的教育意义，让学生真正从中获得教益。从那以后，我使用收集的素材变得小心谨慎，目的明确。

班上有个女生因体味重遭到同学排斥，我反复做思想工作都收效甚微。一天，我看到一则新闻：某校一高二女生因被同学嫌口臭跳楼自杀。我立即收藏。班会课上，我带同学们阅读这则新闻，大家很是震撼。我趁机引导学生进行想象和感受：①想象该女生在校没人理睬，被人嫌弃的生活状况，感受其内心的痛苦煎熬；②想象该女生去世后父母亲人的无尽哀痛；③想象该女生去世后，其同班同学饱受的良心谴责等。然后我请学生联系班上的实际情况谈谈是否有类似行为，很多同学都羞愧地低下了头。接着我带领学生一起探讨做人的修养。最后我请学生阅读文章《你所给予的都会回到你身上》，让学生从中得到启示：善待别人就是善待自己。理解、体谅、包容他人的不足，不歧视、不排斥他人是每一个人应终生修炼的道德品质。班会课的效果很好，绝大部分同学认识到了自己的问题，改变了对该女生的态度。纵观整堂班会课，我只用了两个素材：一则新闻和一篇文章。班会课上更多的是学生们的畅谈，更难能可贵的是对于应该怎么做大家都达成了共识。从这以后，我就尝试着用这种方式上主题班会课，发现非常简单，不用过多准备，并且学生绝对是班会课的主体。再后来，我发现主题班会课甚至可以一个素材都不用。

七年级下学期期末班上要评选出 4 个优秀团员，结果有 5 个同学入围，陈思萌和付晓璐并列第四，需竞选。竞选结果是陈思萌得票数远超付晓璐。付晓璐很不高兴，教室里气氛有点尴尬。既然如此，我想干脆当场探究出付晓璐落选的原因。两位同学的差距究竟在哪呢？我请同学们谈谈自己的看法。原来本学期付晓璐有两件事没做好，影响了她在大家心目中的形象，一是作为语文科代表开学检查同学们的作业时包庇好朋友，有失公平；一是一次考试擅自改高自己的数学分数，有失诚信。原因清楚了，付晓璐的脸色平和了，她站起来大声对同学们说："我以后一定会严格要求自己，请大家不要再用老眼光看我。"这次的临时主题班会让我看到，只要有需要，无须任何素材随时随地都可以上主题班会课教育引导学生，这正是我一直想要追求的。我很高兴，这样的主题班会课就可以真正实现常态化，值得推广。

八年级上学期班上出现严重的男生不尊重女生的行为：扯女生的头发，用笔画女生的衣服，趁女生不注意搂抱女生等。女生忍无可忍，投诉到我这儿。我几次三番找男生沟通，他们却认为不过是闹着玩，一点都不愿收敛自己的行为。见此情景，我干脆召开主题班会，请所有被男生不尊重对待过的女生都来谈自己的感受。女生们毫不留情地对男生进行大批特批，说他们恶心、卑鄙下流、令人作呕等。批得男生个个脸红耳赤，恨不能找条地缝钻进去。事后，一个男生在日记中写道：

每个女生的话都像利剑刺痛我的心，正如老师说的"要想别人尊重你，你就得先尊重别人"，那一刻我真有种要"死"的感觉，我深刻认识到自己的陋习，我为自己的行为感到羞愧，我要坚决改正自己的行为，并向女生道歉，以求得她们的原谅。

这次的班会课让我发现，同样的意思，由我这个班主任说出来竟然远不如学生说出来有效果。怎么会这样呢？有一次听德育专家的课，他说中学生的重要他人是同伴、朋友，我恍然大悟，这就是同伴教育的功效！我立即上网查看有关同伴教育的资料，原来同学、朋友的观点和看法能产生同伴压力，促使学生自我反思、澄清价值、自我教育、教育他人。从此，我的主题班会课基本上就是以这种形式进行：抛出班级目前存在的一个问题，大家进行探讨，每人都发表自己的看法，最后达成共识规范大家的行为。我觉得这种形式类似于凤凰卫视谈话节目《一虎一席谈》，我甚至觉得我的主题班会课更优于《一虎一席谈》，因为很多时候《一虎一席谈》是众说纷纭没有共识，而我的主题班会课最终都达成了共识，给了大家一个行为的准则。

## 四、春华秋实，小荷已有擎天盖

何校长对我独创的主题班会形式十分赞赏。一次主题班会汇报课，德育专家说我的这种主题班会叫“恳谈式”主题班会。我们听了都觉得太恰当不过了，从此，我的朴实、简单、有效的谈话式主题班会就拥有了“‘恳谈式’主题班会”这个名字。我静下心来进一步提炼出“恳谈式”主题班会的三种结构：“素材＋班级情况＋学生恳谈＋共识（素材包括故事、视频、歌曲、图片等）”“班级情况＋学生恳谈＋共识”“班级活动＋学生恳谈＋共识”，供大家借鉴学习。

2016年5月8日至11日，我参加了在杭州举行的全国班集体建设暨首届中小学班会课评审观摩活动，并现场展示“恳谈式”主题班会课《选择·责任》。韩东才教授在看了《选择·责任》的教学设计后评价说：“班会课主题鲜明，设计精新，准备精细，针对性互动性强，思想性贯穿其中，充满了正能量。是一节高质量、有品位的主题班会课，是一堂典型的社会主义核心价值观进课堂、进头脑的主题班会课。班会课的形式采取‘恳谈式’，师生、生生面对面、零距离地真诚交流，各抒己见，平等对话，自我反思，明辨是非，共识共行。”我倍受鼓舞。2016年7月，我获邀参加第五届广东省中小学班主任工作论坛，并在论坛上做题为“‘恳谈式’主题班会与社会主义核心价值观进课堂”的发言。

大家常说“说来容易做来难”，但我要说一些看起来艰难的事，只要我们肯去做，就会发现其实并不难。何汝玉名班主任工作室的“引领、示范和辐射”作用正在一天天增强。

（惠州大亚湾经济技术开发区第三中学　匡女一）

# 26 用心教学　用情育人

我们知道，未来世界的竞争是教育的竞争、人才的竞争。推动教育事业发展的主体——教师，肩负着光荣而神圣的历史使命。要培养造就21世纪高质量、高规格的人才，就必须建立一支高素质的教师队伍。在这支队伍中，班主任充当着非常重要的角色，决定着一个班集体的命脉，影响着孩子的一生。刘荣老师从教16年来，担任班主任也有十多年了，这么多年的工作让她感受到了教师这个职业不仅仅是众多的放弃和倾其精力的奉献，还要运用智慧，科学地做，巧妙地做，坚持不懈地做，这样才能让班主任工作充满活力与生机，更重要的是它有其他任何职业所无法拥有的成就感与自豪感，当教师最大的福利就是与一群年轻的生命在一起让自己永葆年轻。她曾说过："说心里话，我非常喜欢教师这个职业，也特别愿意当一名班主任，很享受做一个纯粹的教师的感觉。"但当她的班主任工作没能达到自己想要的状态的时候，她犹豫了；当她的工作留给学生的仅仅只有分数的时候，她退缩了，因为她觉得教育不应该是这个状态，它应该更富有魅力、更富有活力、更富有生命力。当她回想十几年的教育与教学工作的时候，班主任工作的确让她成长了不少，收获了不少，感悟到作为一名教育工作者，需要回到教育的起点，真正走进孩子的心灵、走进孩子的世界才能够真正找到教育孩子的方法，享受教育带给教师的那份自豪和幸福。

## 一

她在选择教师这个职业的时候，就给自己树立了一个目标，做一个能给学生带来好的影响的教师，把每一个学生培养成幸福的人，这样自己也就幸福快乐了！可是刚入行时她并没有朝着那颗初心迈进，而是跟众多的教师一样，将大量的精力投入到教学工作中，用突出的教学业绩得到学生的认可，用勤奋来显示她的敬业，用严肃来树立她的威信，用严格来诠释她对学生满满的爱。表面上看班级管理井然有序，学生成绩优异，其实背地里，学生间明争暗斗，矛盾重重，并没有得到她想要的轻松与快乐，她每天与忙碌相伴，与问题相随，关键是可怜的她自己也不知道问题出在了哪里。直到有一天，她无意中在教室的后柜上发现了一本一位已经出国了的学生整理的相册，她顺手拿起来开心地翻看着其中记录下的孩子们高中生活的点点滴滴，突然有一页与众不同，它是所有照片中唯一的一张“灰白”照，照片记录的内容她已经不记得了，但照片旁边的一句旁白却让她一辈子也忘不了——“刘老师眼里的世界”。原有的心情一下子跌到了谷底，原有的自信与激情瞬间全无，她假装若无其事地离开了教室，其实只是想尽快找一个地方安抚那颗受伤的心。“难道我为他们的付出，他们没有看见吗?”她已经无法用言语来形容当时的心情了。那天晚上躺在床上的她怎么也睡不着，回想着跟孩子们在一起的时光，认真地反思着，终于理解了孩子们对她说的，“老师，我们在你面前是透明的，我们对你的感情是又爱又恨”。原来，一方面，她在尽情为孩子们付出的同时，不愿意看到他们一丁点的缺点与不足，甚至让他们觉得她在某种程度上放大了他们的不足，这样让学生觉得透明，觉得老师可怕，无疑会让学生感到有负担，不敢亲近老师。另一方面，功利心太强。急功近利是教育的天敌，她总想孩子们都听她的，有错误能立马改进，殊不知孩子是养出来的，它需要一个过程，而且很可能是一个漫长的、复杂的过程。

于是，从那以后，刘老师尝试改进以前的做法，用欣赏的眼光，多看到孩子们的优点，认可他们取得的成绩与进步，淡化他们的缺点与不足，多去引导他们欣赏别人，悦纳自己。一段时间后，的确取得了不错的效果，班级同学们之间的关系融洽了很多，孩子们的笑声也多了，整个班级的氛围有了明显的改观，一切都在朝着美好的方向发展。孩子们毕业之后，只要放假都会回来看望她，但她总感觉和学生们之间存在一段距离，离她想要的状态还存在一点差距，不能做到百分之百的亲近。此时的她又一次陷入了迷茫，问题又出在了哪里?直到有一天，刘荣认识了一位非常优秀的教师，她的教育理念、育人模式给出了前面所述困惑的一个非常准确的答案，那就是要从人性出发做教育，讲话做事都要接地气，不能一来就上纲上线，一本正经。当你真正把学生当作一个人来看的时候，一切的教育问题将会变得非常简单了。当教师把爱心自然而然地献给学生时，学生就不会只把我们当作教师，这时我们获得的尊严，就不仅仅是教师的尊严，还有朋友的尊严、同志的尊严、兄长的尊严、慈母的尊严。教师真正的尊严，从某种意义上讲，并不是我们个人的主观感受，而是学生对我们的道德肯定、学识折服和感情依恋。当教师“无视”自己的尊严而努力追求高尚的品德、出色的教育、真诚的感情，并随时注意维护、尊重学生的尊严时，学生会把他们全部的爱心和敬意奉献给教师。所以，教育者的尊严是学生给的。

## 二

素质教育，首先是充满感情的教育。一个受孩子衷心爱戴的老师，一定是一位富有人情味的人，只有童心能够唤醒爱心，只有爱心能够滋润童心，离开了情感，一切教育都无从谈起。歇了两年没有当班主任，当刘荣再次做班主任的时候，同事问她：“刘老师，你又出山了？刘老师，你又被抓回来当班主任了？”她的回答是：“没有啦，因为想继续保持年轻，我主动申请当班主任。”当她再次做班主任的时候，从人性出发，做人事、说人话、通人性、讲人情，和学生零代沟，与他们一起分享快乐，分担他们的烦恼和困惑，和孩子们一起组织活动，请家长一起参与到班级的建设。当学生犯错的时候，她选择引导和等待，这样做的结果是，孩子们带给她的是沉甸甸的惊喜与感动，而家长是无条件地支持与配合，让她每次的家长会开得像嘉年华一样，学生、家长一同参与，美食与节目相伴，没有一个家庭缺席，即使长达 4 个小时，也没有人提前离开。当教师的她很享受和充满朝气、活力、有创意的孩子在一起的日子，与他们一起嬉闹、一起探讨、一起辩论、一起享受美食、一起八卦，每天都有满满的快乐、满满的惊喜，让她始终保持一颗年轻的心。

教育机器下的小老师是需要勇气的。敢于尝试、敢于放手、敢于承担，这些都是一个教师的智慧、力量、理解力和创造力的表现，教师善于和勇于突破也是成长的必经过程。能在常规的教育过程中做点看似不常规的事，教师应是对学生有了足够的理解和信任，师生间的默契也可见一斑。

## 三

临近高考只有两个月的时候，语文老师布置给孩子们一份课外作业：认真阅读课文《庄子》，根据自己的体会编一个话剧，以宿舍为单位两个星期之后演出。这无论是对于学生还是班主任无疑是一个巨大的挑战，毕竟高考在即，谁敢拿出那么多的时间自导自演一个话剧？到底该不该同意这个活动呢？考虑了一天之后的她决定先看孩子们的态度，于是她问孩子们：“你们想组织这个活动吗？”孩子们的回答非常果断：“想，但是怕影响到高考。”这时看到孩子们的反应，她立刻打消了他们的顾虑，于是对他们说：“类似的表演经历你们在高一、高二的时候就已经有过，但随着时间的推移、年龄的增长你们看待问题的角度一定有了不同，既然它是你们想做的事情，就不要留遗憾，让我们一起来做好这份课外作业。老师相信你们会处理好这件事情与高考之间的关系，而且老师相信它不仅仅是你们能力的体现，而且是你们对于一件事情的执着，一次人生的体验，一份高三生活的美好回忆。高考是这么重要的事情，你们定会表现得更好，所以我选择支持你们。”果然这帮孩子非常懂事，非但没有占用学习的时间，反而把学习抓得更紧了，只是利用课余的休息时间编织着自己的梦想，最后以出色的表现完成了这次作业，同时在高考中她带的班也取得了优异的成绩。如果她不给孩子们表现的机会，她就不会知道他们是如此的优秀，她就不会知道，教育可以有很多种方式。一旦老师用欣赏的眼光看着自己的学生，反射到学生那里的就是满满的自信，学习与生活都会朝着好的方向发展，作为班主任还有什么好担心的呢？

高考前夕学生们组织了一节主题班会课《我心目中的三班》，学生是很用心去准备这节课的，当时因为临时通知班主任开会，她没能准时到场，于是安排副班主任去指导，由于其中一个重要的片段她不在场，那位学生的发言她没能听到，学生非常失望。晚修的时候那位学生无法安下心来学习，于是请求她再听他发言一遍，看到学生的表情，她立刻答应了他的请求。说实在话那位学生的发言还真不错，让她感受到学生是多么用心地在做这件事情，与其说看到了学生的成长，不如说是她自己在成长。

## 四

作为班主任她总想在学生面前树立自己的威严，因此总表现得非常严肃，从不在学生面前表露出一丝笑容。美国心理学家发现，一个原本心情舒畅、开朗的人，若同一个整日愁眉苦脸、抑郁难解的人长期相处，不久，他也会变得沮丧起来。教师总是教导学生要保持健康的心态快乐地学习，其实这首先就要求班主任自己积极乐观，笑对人生，这样便容易使学生受到感染，容易使学生性格开朗乐观。教师在工作中经常会遇到学生之间相处不太融洽的事情。在这种情形之下，如果老师总是给他们讲一些大道理，其实学生能听进去的不多。不妨结合着身边的一些具体的例子，同时站在学生的角度去分析他们的心理，启发他们换一种角度去思考问题，他们更容易接受一些。法国大作家雨果说过，世界上最广阔的是海洋，比海洋更广阔的是天空，比天空更广阔的是人的胸怀。如果每个人都有一个宽广的胸怀，都有一颗包容之心，都能多给别人一点欢乐、一点赞美、一点信心，我们的生活将是多么快乐！

教师的功德就是在年轻的脸上写下微笑，给年轻的心灵播种希望。

（中山市中山纪念中学　刘　荣）

# 27 “职业”班主任的专业之路

今年是我当班主任的第十三个年头，当年我大学毕业来到新会华侨中学工作，学校就安排我当班主任，当时还真是诚惶诚恐。要知道，我只是一只初出茅庐的“菜鸟”，别说班主任，就是对日常教学工作我都战战兢兢。但学校领导用信任和鼓励说服了我。于是我也只能拍拍胸口赶鸭子上阵了。在第一个十年，凭着我对工作的热情和高度的责任感，我每天早出晚归，掏心挖肺，为学生鞍前马后还得应付家长们种种的要求。可是近几年我觉得越来越累，越来越困惑：我已经足够努力了，可是为什么得不到预期的效果？为什么付出与回报不能成正比？每天上班最怕的事情就是领导或同事向我投诉班里学生的不是，要是遇着难缠的家长，更是焦头烂额。但更要命的是，我的身体也亮起了“红灯”，长期处于亚健康状态，只要放假必定生病。我甚至一度怀疑自己作为班主任的价值，认为当班主任就是在消耗自己的生命，反正身心都感到疲惫，这就是所谓的“职业倦怠”吗？就在郁闷的时候，幸运的事情却发生了。我被推荐参加广东省名班主任蒋青工作室的学习。当我第一次看到如此容光焕发的蒋老师，看到她当了20多年的班主任依然充满激情和冲劲，我既惊讶又佩服；而在学习的过程中，我又明显地感受到同伴们热爱教育、热衷班主任工作的那股赤诚。他们都不是刚出道的新人，却依然拥有着新人的干劲，依然充满着对教育的希望，这又是为什么呢？于是我想，在这么一个优秀的团队中，我一定能从他们身上得到启迪和力量！

果然，经过一年多的学习与思考，慢慢地我觉得眼前的迷雾好像被层层剥开，终于有点开窍了：我要把“班主任”当作一种职业，我要做的是一个“职业”班主任，我应该向专业化的道路发展。当看待问题的角度发生了变化，我对班主任工作的看法也随之发生了变化。我对自己说，我每天出现在班里的作用就是——用我“专业”的知识和能力帮助学生们打造一个团结奋进的班集体，用科学适当的方法处理学生内部的矛盾，用“教育智慧”来帮助需要我帮助的人。这才是一个“职业”班主任该做的事！于是我迅速地找到了工作的乐趣与动力。

今年六月份，我刚送走了一届毕业生，九月份我又接手了一个新的初三班级。刚接手，我就发现这是我所带的所有毕业班中最淳朴的一个班，我真的从心底里喜欢他们。通过多方了解，凭我多年的班主任经验，我完全知道他们会喜欢一个怎么样的老师，于是我乐意“投其所好”。我多次抓住他们有良好表现的契机，明确地告知学生：我喜欢他们，他们是我所教学生中最纯真、最可爱、最听话的一群，而他们也是年级最好的班集体，所以作为老师我非常骄傲！我甚至感叹跟他们相处的时间太短。这时我从每个学生偷偷向上翘的嘴角就知道，我跟他们的情感关系已经初步建立起来了。我知道班里有一个微信群，绝大部分的学生都已加入，于是我也想办法混了进去。大家对我还是挺有好感的，在群里大家都比较放松。我经常把我在微信上看到的好的教育文章转到群里去，让大家去看、去感悟，反正我什么也不说。最妙的一招是我喜欢发红包，这可是最受学生欢迎的。学生之间发的红包都是1分或5分钱，我发的红包基本是10元或5元，学生们受宠若惊啊，叫我“大老板”，每个周末都期待着我发红包。当然，我不会乱发，都是带有目的性的。比如一个长假结束前，我会发个大红包，上面写着“做完作业的同学领”；周末，我有时也会发个红包，写着“到图书馆自习的同学领”等，学生们倒也诚实，有人说：“我没做完作业，就不领了。”当然无论诚信与否，我只是换个方法提醒他们该做作业和复习了。通过这一系列的部署与行动，在短期内我成功地融入班集体，得到了学生们的信任。

当然事情不一定就如我设想的方向发展，肯定也会遇到很多突发的情况。我们班上有个女生叫小培，她在学业上比较有进取心，但个性张扬，爱面子，待人接物有时比较极端。上星期班长又来向我投诉说晚自习时小培总是大声说话，班长要求她不要说话，她还公然与班长对着干。于是我立刻找来小培，问她为什么晚自习要讲闲话。可是小培显然是有备而来，她振振有词地说：“老师，你怎么知道我在讲闲话？我只是跟同学交流学习的问题。你开学的时候不是说，当天问题当天解决吗？晚修没老师辅导，我只好问同学了，老师，你不信任我吗？我的成绩是有进步的。”她一溜烟地把我准备要问的问题都作出了解释，甚至还反将了我一军，看着她挑衅的眼神，我立刻觉得我好像处于下风了，我真后悔没有了解真实的情况就贸然找她出来谈话！匆忙间，还真找不到应对的办法。但作为新班主任，我绝对不能在对学生的第一次管理中就败下阵来，这样的话，以后在班级的威信就很难树立起来了。于是我决定不按常理出牌，想个办法把眼前的压力转回给她，过后再图对策。于是我假装恍然大悟的样子说：“哦，原来是这样，看来你解决问题还是很及时的，那你的成绩应该一直会有进步，所以你必须要保持啊！我看好你，你能答应老师吗？”小培立刻怔住了，她显然没想到老师非但没有责备她反而表扬她。“哦……”她只好不置可否地回应我。接下来的一天，我找了小培附近的同学了解情况，发现她的确是在问学习问题，但为什么那么高调，声音那么大？同学们吞吞吐吐再也不肯说了。适逢当天的晚修我坐班，我在讲台上细心地观察小培，终于让我发现原来在她长长的头发掩盖下，戴了一副耳塞，她正在用手机听歌，嘴里还念念有词。哦，戴着耳机跟别人说话，声音大了，自己当然是感觉不到的呀。于是我悄悄把小培旁边的同学叫出课室，让他帮个忙，叫小培翻译个英语句子。这个同学出色地完成了我交给他的任务，只见他把纸条递过去，跟小培说了些什么，然后小培接过纸条看了看，大声地回答他：“我是一个强壮的男人！”这一下，安静的课室像炸开了锅，同学们笑得前俯后仰。小培见状立即觉察了，从脸到耳根都红了，她低下头，飞快地摘下了耳机。下晚修之后，小培主动来找我，我开门见山地对她说：“现在你知道为什么自己晚修说话的声音那么大了吧？”“老师，对不起，我用手机听歌了。”小培把头垂得更低了。“那你以后打算怎么办？”我心平气和地问她。“我以后说什么也不在晚修听歌了！”小培向我发誓。“可是手机放在那里是个诱惑呀，还违反校规呢。”“我会把手机放在家里，老师，请你再相信我一次，可以吗？”“好，那你回去吧，请记住你对老师的承诺。”小培难以置信地看着我：“你不向我的家长告状吗？”“既然是你自己能解决的事情，我为什么还要求助于你的家长呢？我相信你啊！”小培的眼睛立刻红了，眼泪哗哗地流了下来。从此之后，这个棱角分明的女孩在我面前变得谦恭温顺多了，上我的课特别认真，她的学习天赋也日渐显现。

通过这件事情，我深深地感悟到：在班级教育中不怕有突发的状况，就怕没事情发生。因为状况的发生就是为教育提供了一个极好的契机，也是班主任积累“教育智慧”的过程。处理问题时不妨打破常规，巧用方法，但一定要“走心”，用信任换取信任。

现在我经常在想：在很多人平凡的一生中能够遇见并产生交集的陌生人并不多，而我却遇到一届又一届不同的学生，并在他们人生最美好的时光里留下痕迹，对他们产生影响，这是多么难得和奇妙的事情呀！看来能从事教师职业特别是班主任工作可真是一种幸运！为了收获更有价值的人生，我非常愿意在教师这个职业上继续耕耘，不断前行……

（江门市新会华侨中学　林少容）

# 28 成长四季，与爱同行

教师这个职业于我而言一点都不陌生，家族中上至太祖父，下至我这一代最多人从事的职业就是教师，从小的耳濡目染让我顺理成章地走上了教育之路。2012 年我只身一人来到江门，一路过关斩将加入了江门一中成为一名教师。一晃至今是我走上三尺讲台的第五个年头，两年前有幸成为“杨青兰名班主任工作室”的一位学员，如今期满结业，回顾往昔，对比过往，两年跟随工作室成员的学习，四年三尺讲台的锻炼，让我不断经历着四季般的成长风景。

## 春之生机

刚刚踏出校园，还没来得及转换身份就被委以重任，看着一群似弟弟妹妹的第一任学生，我强压住内心的羞涩与慌乱，假装淡定地开始了我的教师生涯。那时候的我自知没有资历、威信、气场等优势，便给自己定位为“朋友型”班主任，站在他们的角度为他们考虑，细致用心地照顾他们。最初这招很管用，带班不久便收获“心腹”数名，时不时有学生来办公室与我推心置腹，班上的氛围也轻松活泼，一片祥和有生机的景象，让我这个初入社会的新手教师感恩被上天温柔对待。

## 夏之旺盛

在中学阶段的学生心目中的重要他人是朋友，所以我以爱护他们的朋友形象出现时能轻易获得他们的信任与认可，但大家相互熟悉之后我的话似乎没那么有分量了，稍微要求严格一点他们就会想方设法求放过，班干部监管不力，很多设想的管理措施根本没办法按计划实施……恰巧此时，我幸运地成为“杨青兰名班主任工作室”的一员，两年的学习让我对班级管理、班干部培养、主题班会策划、班主任专业成长等有了重新的认识，也让我明白只靠对学生的爱不一定可以管好班级，于是我学着在爱里加了点“料”，让它释放出更多热量。

1. 给爱加上条件，让爱有限度

记得有一句台词“喜欢就是放肆，爱就是克制”，我想放在班级也很合适，爱并不代表纵容一切，真正的爱应该与严格并驾齐驱。所以真的为学生好，是应该给这份爱加上限度的。通过在工作室的学习我掌握了一些班级量化管理的技巧。针对我班的现状，我和班干部及其他同学一起分别从学习、生活、考勤、卫生、纪律五个方面重新制定班级管理条例细则，每周由班干部统计并公布结果，配有相应的奖惩措施，学期末纳入综合考核中，经过一段时间的实施，对规范学生行为，帮助形成良好习惯起到一定作用。

2. 给爱装上导航，让爱有方向

一月一次的大扫除又来临了，三位班长把任务分配到每一个人，可到大扫除时只有少数人在认真打扫，一部分男生随意应付以后就溜去打篮球了，最后剩下班长和劳动委员满头大汗地在收拾“残局”。晚上检查情况公布，宿舍和课室都有不同程度的扣分。我找来班长开会分析原因，原来他们太“体谅”其他同学，任务布置下去没有安排人及时监管，任务完不成只能自己辛苦，结果却是吃力不讨好，体谅变成了纵容，让爱走错了方向。回想起听过关于班干部培养的讲座，我受到了启发，决定同他们一起明确责任分工方案，具体如下。

班主任
- 学习班长——学习委员——六科科代表——学习组长（监督考试及平时作业）
- 纪律班长
  - ——纪律委员——值日班干（监督每天纪律）
  - ——考勤员——纪律组长（监督集会纪律）
- 生活班长
  - ——生活委员——男/女宿舍长（监督宿舍卫生）
  - ——劳动委员——劳动组长（监督每日课室卫生及每月大扫除）

有了明确分工，责任清晰，班级大小事务开始有条不紊地进行。班干部有了分工这个导航仪，爱的方向也更加明确了。

3. 给爱装上翅膀，让爱有力量

有了量化的班级管理条例，同学们更加有规矩了；有了明确的班干部分工，班级管理更加系统化了。班级整体情况有了很大好转，可是似乎还缺点什么。每月一次的换座位时间又到了，以前我都是一个人排完所有人的座位，纵使我用光所有脑细胞想出来的自认为完美的座位表还是会引发争议，这次我正想借这个机会考验一下条例是否产生效果，班干部的管理是否有进步，同学们之间会不会好好沟通，我便把这项艰巨的任务交给了三位班长和各组组长，我暗中观察着。只见三位班长先按照各自的分工把一个月的小组及个人得分从高到低统计出来了，接着得分最高的小组组长综合组员意愿首先选择了本组位置，以此类推。最后一步是组员位置的确定，这是最考验沟通技巧的，每组都有不同的分配方式：有的抽签，有的按照得分高低由个人选择，有的自动轮流。相处了几年的同学们之间是最了解彼此的，他们自己排位还考虑了科目互补因素、避免说话因素、性格不合因素等，有些特殊成员的位子不好安排，班长、组长和其他同学纷纷出谋划策，出面沟通，最终到达我手上的座位表除了少数需要微调之外，总体结果让我十分满意，同学们也基本没有意见。我们总是觉得应该掌控所有班级事务，其实给学生们一点自由他们一样可以处理得很好。安排座位这件事也让我看到了班干部的担当、组员间的谦让、同学之间的和睦相处。一个人的爱是有限的，可是给它加上翅膀，它就可以变得力量无限。

## 秋之收获

如今这一届孩子已经毕业，纷纷考入全国各地的大学，放假时他们专门返校看望老师，如同朋友般讲述着大学的经历与收获。那一刻我体会到了教师的收获：不仅源于他们毕业时的好成绩，还因为我看到了他们的成长，看到了自己的成熟。

## 冬之等待

两年的工作室学习让我收获了很多，也感悟了很多。期满汇报那天观看着成员们丰富的履历，我心中佩服不已，他们就这样几十年如一日地耕耘于教师这个职业，孜孜不倦，乐此不疲；期满汇报那天倾听着同行们独具匠心的讲座，我心中惊叹不已，他们就这样刻苦勤奋地在教育上潜心钻研，脚踏实地，精益求精；期满报告那天分享着精彩的班会，我心中感动不已，他们就这样细致耐心地重复着平凡的教育，不厌其烦，层层深入。我等待着有一天，通过我的努力我也能像他们一样绽放精彩，不愧职业，不辱使命。

教师这个职业需要爱，却不止于爱，我愿带着对教师的热爱，继续成长！

（江门市第一中学　曹　霞）

# 29 行德育之道，走爱心之路，做幸福之人

轻轻回首，我已经走过了七年多的教育历程。虽然不算长，但对于一个年轻的教师来说，这段历程弥足珍贵和深刻。特别是当班主任以来，我与孩子们共同经历，一起成长，这让我倍感人生的充实。回想着这几年来的努力和付出，看着一个个学生在一步步地成长，我觉得一切都值得。这也更坚定了我的教育信念，坚持行德育之道，走爱心之路，做一个幸福快乐的人。

## 一、行德育之道，让每一位学生在集体中成长

一直以来，我都在给学生灌输着这样的思想：在学校不仅仅是学习文化知识，更重要的是学习如何做人，如何做最好的自己。在班级管理中，我一直都在想方设法把自己的工作做得更好，希望每一位学生都能在集体中健康快乐地成长。

为了让学生能在一个充满正气、学风浓厚、温馨和谐、严格有序、民主团结的班集体中成长，我严格要求学生让优秀成为一种习惯：上好每一节课，进行好每一次早读，做好每一次课间操，做好每一次值日，开好每一次班会，搞好每一次集体活动……为了让优秀成为一种习惯，为了营造竞争氛围，建设良好的班集体，我还给学生制定了严格的班规班法，并据此实行德育加扣分制度，对学生的个人品德、课堂表现、作业态度、值日情况、运动会表现等方面用加、扣分的形式进行评价。每个月计算每个人的德育总分，按分数由高到低评选班级每月的“德育之星”；到学期末，再根据每个人的德育总分，分数最高的前 20 名同学将被评为班级的“学期德育之星”，并根据每个人的德育总分来计算每个学习小组的德育总分，从而评选出“优秀学习小组”。

在班级管理中，我特别注重思想教育。这两年来，我跟随工作室的名师们一起观摩了不少的优质班会展示课，从中我学到了如何更好地准备一节班会课，如何更好地上好一节班会课，更让我认识到了班会课是对学生进行集体思想教育的

最好时机，所以我特别重视每一次班会的召开，对每一次班会都精心准备。

比如刚刚毕业的2016届学生，为了能让学生更好地认识自己，明确自己的奋斗目标，初步有自己的人生规划，我在他们读初二时开展了一系列的主题班会活动。我首先开展了“我的名片设计”活动：假如十年后，你选择了自己喜欢的职业，也有了自己的名片，动手设计属于你自己的名片，要有姓名、公司单位、联系方式……这是学生在成长的季节里，必不可少的一次活动，初步规划人生，激励成长。经过初步的人生规划之后，接着开展“明责任，立目标，做一个有远大理想的中学生”的树立远大理想的活动，引导学生定好人生奋斗目标——我的理想高中、理想大学和理想职业。有了明确的目标之后就要明责任，付诸行动，唯有带上责任，追求梦想，努力奋斗，才不会有愧于青春，才会更好地折射出人生的光彩！于是召开主题班会“责任让我们更优秀”和“做最优秀的自己”，让学生们对责任有了一个更深刻的理解，张贴在教室墙壁上的“责任树”，上面迎风而动的一片片“叶子”，时刻在提醒着学生们不忘初心，要知责任、明责任、负责任，努力超越自我，做最好的自己。希望“责任树”越长越好，枝繁叶茂，愿每一个同学都能成为有责任心的人，愿每一个同学都能成为各个领域的优秀人才！再通过在班级开展“用知识丰富人生，用行动实现梦想”的主题班会，让学生明白了行动的力量，唯有行动才能让梦想成为现实，唯有不懈地学习科学文化知识，才能成就精彩人生。

在学期末举行筹备已久的“奖品拍卖会”更是将班级活动推到了一个高潮！我利用我们班在校运会上因获得荣誉而得的270元奖金来购买文具，并以拍卖会的形式奖励给学生。因为在运动会上获得荣誉是全班同学的努力所得，奖励应该人人有份。因此，结合同学们学期末的德育总分进行折算，1分=0.1元，计算出同学们手上都有多少钱，然后用自己的钱去竞买自己想要的奖品。奖品尽量丰富多样，希望能满足同学们的愿望，人人有份，甚至多份。这一别开生面的奖品拍卖会活动是一次很有创意的活动，让同学们在这次活动中都得到了很好的社会体验，并且玩得很愉快，增强了集体荣誉感，更是让同学们下定决心下学期要努力争取更多的德育分，在各方面让自己做得更好，促进自身综合素质的提高！

## 二、走爱心之路，用心灵赢得孩子心灵

爱是永恒的教育主题，关爱学生是教师教育学生的起点和基础。对学生而言，老师的一举一动、一颦一笑、说话的语气声调、面部的表情气色，都在向学生传递一种信息。教师只有真诚地关爱学生，以亲切的笑容面对学生，以善意的

眼光欣赏学生，才会对学生产生一股巨大的感染力和推动力。或许，我会在课堂上对某些不听课的学生进行严厉批评，或许，我会给不听管教的学生以严厉的惩罚，但是课后我又会去找他们谈心或很耐心地辅导他们数学。我从不放弃任何一个孩子，对每一个孩子都辅以深切的关爱，默默地关注着每一个孩子的成长。

在平时的考试、作业或练习中，凡是讲过的题目，我都严格要求学生务必掌握，用心关注每一位学生的成长。无论是每天的作业，还是每周一测，只要看到比较差的、存在某些问题的，我都会在他们的本子或试卷上写上“找老师”，或“今天内找老师”，或“不懂的来问老师，办公室的大门永远为你敞开”。这样能让学生变被动为主动，同时增强了师生之间的交流，提高了学生的积极性。

对于正处于青春期、叛逆期的初中学生，我们不可能用同一把钥匙来打开所有学生的心锁。每个学生都各有特点，真正的教育是针对学生进行个性的教育。特别是对待“问题学生”的教育，要多点与学生沟通，悄悄打开学生的心锁，走进学生的心灵。从我的经历来看，一个“问题学生”的转变，需要老师付出很多的爱心和智慧，绝不可能一招制胜，一劳永逸。

小莫同学可以说是我所有“问题学生”中的一个典型。自七年级以来，他上学期间就常迟到、缺交作业；八年级曾因迟到早退、不交作业、多次自习课时间旷课到操场打球，被学校记小过一次；自九年级上学期初开始，他因为身体原因，断断续续地请假多次，每次请假都还算程序正规，基本都是通过家长打电话请假。大概是从期中考试过后，情况变得越来越严重，要么回来学校在课堂上睡觉，要么就无故旷课，在外面游荡。即使家长送他回到学校门口他也不进来学校，只是在学校外面“散心”！老师给了他一次又一次的机会，多次和他家长沟通，也约了家长到学校来商量解决问题，但最终都无法解决，他依然无故旷课。12 月初，政教处根据他无故旷课的情况约家长过来，签订协议停学一个星期。但停学一个星期后，他却又主动继续停学了一个星期，家长意思是再给他一个星期考虑究竟是读还是不读。结果，后来的情况是越来越严重，他想啥时候回来就啥时候回来，想何时走就何时走，最后干脆不参加期末考试！

其实他是非常聪明的一个孩子，数学题一点就通，他平常因为违纪而写的检讨书比很多同学写的作文还要有文采，但可惜的是他从小就因为家庭原因，缺少理解和关爱，到后来的失恋造成的打击，让他无心向学。但我作为班主任，不忍心看到他这样堕落下去，在他出现问题的时候，我从未放弃过对他的教育。他有进步的时候，我当即对他进行表扬。在他主动休学在家的时候，我多次电访、亲自家访，希望他回心转意；并让全班每一个同学都写一封信，表达了大家对他满满的关爱，希望他能够“浪子回头”；还主动找了他的前女友了解他们后来的情况，并希望她能帮助他积极面对人生；经常通过他的好朋友，了解他的情况，让他们也一起说服他回心转意。他妈妈说，他改变了很多，他一封一封地看了同学们写的信，也很感动，说下学期一定回来认真读书，一定要参加中考！

下学期开学了。报到那一天，小莫同学真的准时回来了！开学第一天和第二天，虽然早上迟到了，但他回来上课了！但从第三天起，他又打了退堂鼓。他好像觉得自己难以融入这个班集体，特别是看到了隔壁班曾经心爱的女孩，曾经的一幕幕又浮现在脑海里。我也实在是没办法了，但又不能就这样放弃一个人。校长也出面和他谈心了，希望他回来好好读书。他后来回来一段时间后又决定休学在家自学。这期间，我也从未放弃对他的关注和教育，我和他商量约定：要回来报名参加中考，所有的模拟考试都要参加。这点他做到了！提前考的英语口语他参加了，中考体育考试他参加了，而且成绩也不错。后来临近中考的各科模拟考试，每次我都打电话“请”他回来考试，他都如期参加了；中考信息填报和报考，他都按要求做了。最后中考考取了 436 分的成绩，虽然不算是很理想的成绩，但对他来说已经非常不容易了，他突破了自己，被江门市第一职业技术学院录取。他非常高兴，因为他报了自己喜欢的专业并被录取！他妈妈对我非常感激，她觉得自己的儿子通过这一系列的变化成长了，即使没考上江门一中，在江门市第一职业技术学院将来也大有作为。听闻小莫现在的情况还不错，我也总算感到欣慰了。

## 三、做幸福之人，像普雅花一样默默坚持梦想

在南美洲安第斯高原海拔 4 000 多米人迹罕至的地方，生长着一种花，名叫普雅花，花期长达两个月，花开之时极为绚丽。然而，它为了两个月的花期，竟然等了 100 年。在这 100 年中，它只是静静伫立在高原上，默默等待着，等待着 100 年后生命绽放时的惊天一刻，等待着攀登者身心俱疲时的眼前一亮。我被普雅花的坚持精神深深地打动了。生命是一个奋斗的过程，也是一个等待的过程。教育学生就如同生命一样，需要有个坚持的过程，不可能一蹴而就，需要像普雅花一样默默坚持，默默等待。

作为一名教师，教书育人是我的责任。一直以来，我始终坚持着自己的教育信念——“学博为师，德高为范”。然而，默默关注每一位学生的成长，需要不断地付出和努力，需要耐心和持之以恒。在教学工作上，有时我觉得很忙碌，特别是在班主任工作中，有时我觉得很辛苦。但是当我看到自己的学生很懂事时，看到自己的学生通过勤奋努力获得进步时，我心里就感到特别欣慰。特别是毕业

后的学生心里依然惦记着自己，常回来看自己的时候，心里就特别感动。我觉得自己是一个十分幸福的人，就算再忙再累都是值得的。比如，本学期开学以来，我在 2016 级七（6）班成功地举办了一次又一次的集体活动，我是忙碌并快乐着的，我非常享受这一种充实而快乐的过程。例如，开学第三周，我们班就筹备并成功举办了主题活动“中秋节雅食会”，同学们不仅尝到了从自家带来的美食，还欣赏到了同学们精心准备的有趣的魔术表演、动听的吉他弹唱、特别的魔方表演……看到同学们脸上洋溢的笑容，以及对以后班集体活动的期待，我觉得非常开心。再比如 12 月初在江门市农业科学研究所举行的“携手同心，和乐共进”亲子活动，在家长们的支持和配合下，活动开展得非常顺利，参与活动的人数超过 110 人。我们参观种植区了解了很多的农作物，并通过亲子游戏活动加强了家长、孩子和老师之间的感情沟通，增进了同学之间的友谊、师生间的情谊。

教书育人是我的责任，也是我的梦想。希望我的学生都能健康快乐地成长，将来都能成为对社会有用的人。我会一直坚持自己的梦想，就像普雅花那样默默坚持，以坚挺、庄严的姿态绽放出生命的美丽，做一个幸福快乐的人！

（江门市第九中学　杨海荣）

# 30 坚持让我如此美丽

起点低没关系，学历低没关系，悟性低也没关系，只要行动，就有收获；只要坚持，就能见到彩虹。坚持学习、坚持实践、坚持探索和创新，那么有一天，当你被认可的时候，你就会觉得所有的付出都是值得的，所有的辛苦也会转化成一种幸福和满足。

——题记

我于1999年师范毕业至今一直担任班主任工作，多年的班主任工作让我明白班主任工作是一项艺术性强的工作，班主任工作方法和技巧的得当与否，直接影响着学生成长速度的快慢和成长质量的高低。所以我们要提升自己的班主任工作技巧。

## 一、坚持外出学习，用楷模风范引领自己

想要进步，一定要学习。走出去，引进来，才会有新鲜血液，才会让自己更加优秀，对班主任工作更加得心应手。师范类的大学，有各门文化课和实践，但就是缺乏班级管理这个科目，因此，我刚毕业的前些年，对班主任工作的要领和技巧缺乏认识与领悟，感觉自己工作得特别吃力，对班级中出现的一些事情的处理不是很妥当。比如有一次一个老师告诉我遇到六年级刚毕业的一个男生（之前是我教过的，是我的得力助手）和我班（五年级）的一个女生晚上在学校的花坛边拥抱。由于是放假期间，我立马打电话给家长，委婉地跟他说让孩子晚上少出门，可能家长对这件事情早有察觉，经过我的提醒，果断地采取了一些措施。后来听说女孩的家长把女孩送到惠东亲戚家过假期，男孩还过去找她。开学时女孩并没有来学校，她转学了。之后分别遇到过女孩和男孩，女孩倒还是热情地打招呼，可是男孩看到我就一副视而不见的眼神，我就反思也许是当年的事情我伤害了他。我一直想做一个好老师，希望自己是学生的重要朋友，但我深深地知

道，没有一定的理论知识，没有楷模的引领，就不会有开阔的视野和胸襟，更不会让自己上一个台阶，闭门造车只会故步自封。所以，我会争取一切的机会让自己去参加学习，省的、市的、区的，不管是讲座、观摩课堂还是论坛，我都积极参与，学习聆听专家教授的先进教学理念，分享授课老师的智慧结晶，并认真撰写心得体会。分享名班主任的事迹经验后，我会积极对照自己的做法，不断反思以求进步，一些可行有趣的主题班会也会在自己班级试验，以求提高班主任工作能力。先进楷模、名班主任引领着我、启发着我，也改变着我。

## 二、坚持阅读书籍，用文字滋养自己

苏霍姆林斯基说过："教师若不读书，若没有在书海中的精神生活，那么提高他的教育技能的一切措施就都失去意义了。""一个人如果缺少真正的阅读，缺少那种震撼他的心智和心灵、激发他去深思生活和考虑自己前途的阅读，那将是很大的不幸。"班主任想要飞得远、飞得高，就要借助一双双隐形的翅膀：与书中的高尚灵魂对话，与书中智慧的方法和谐共振。于是，我读《提升班主任领导能力》《教育的使命与责任》《中小学班主任工作的理论与实践》《小活动 大德育》等书籍。这些书不但丰富了我的理论知识，还教给我许多管理班级的方法，使我的班级管理有理论依据，更显科学化和民主化。这一本本充满智慧的教育真经让我干涸的心田得到雨露的滋润，迅速成长。这些书籍不但给我知识，还给了我信心和勇气，让我更加坚定地相信自己能胜任班主任工作，并热爱这份工作。在一次培训学习中，老师与我们有个小小的互动，她问在座的老师："有谁是乐意做班主任的？请举手！"我就是寥寥无几中的一个，我不是作秀，也不是被逼迫，而是真心实意地喜欢做班主任，我想，这是书本给我的勇气和决心。书中的教育理念、教育智慧、教育案例，让我深受启发，我在书中汲取作者的精髓，灵活地在班级中试用，使我在处理班级事件时轻车熟路，让我充满成就感和幸福感，做班主任怎么会累？简直乐在其中。

"腹有诗书气自华"，是的，读各类的专业书籍，不仅让我增长专业知识，更有底气，还提高我的班主任工作技能。读书，不仅让我感情丰富细腻，更让我活得精彩充实。

## 三、坚持教育反思，用实践丰富自己

都说对一个老师的成长来说，实践是基础，读书是关键，思考是灵魂，写作是成果。是的，自从我开始记录我和学生一起走过的路程，记录我成长的足迹，反思每一次班级纪律的整顿都让我重新审视甚至感悟。每接一个新的班级，我都会问问自己，你了解每个孩子的状况了吗？你可以在短时间内摸清孩子的脾性吗？你把班上的孩子当作自己的孩子来爱了吗？你让孩子们有一个明确的目标了吗？你班的各项规章制度严明、公平、可行吗？教育孩子的时候，我也会时时反思，我是直接训斥，让学生反感又自暴自弃，还是用他们易于接受的故事教育法教育他们，然后心悦诚服地改正呢？

有一次我声带水肿，失声已经几天了，可因为特殊原因我还要代课，课上我只能写下来让得力助手传达。课后我准备去医院，小调皮佳鸿匆匆地跑过来，咧着嘴笑着羞涩地说："老师，祝您早日康复。"我转过头去看着他那可爱的笑脸，突然觉得自己的整个世界都亮了，多日的阴霾被一扫而光。随即我开心地笑了，边点头边给他竖了个大拇指，以示表扬和谢谢。这小鬼能对我说这样的话真让我吃了一惊。他是我们班出了名的小捣蛋，开学伊始他还暗示我他不怕罚抄书，四年级罚了一年已经身经百战，练就金刚不坏之身了。我当时笑笑，问为什么要罚？他说因没有按时完成作业，违反学校班级的规章制度。当时我就想你都知道是不对的，是要惩罚的却还不改正，究竟是为什么？在后来的教育过程中，我慢慢让他明白老师的目的只是希望他改正缺点，养成良好习惯，然后能受益终身。每当学生做得不对，我都会想自己的教育办法管不管用，有没有唤醒他们的心灵，让他们对事情有正确的认识？当我明白故事教育能让学生乐于接受时，我一般都会选择用故事去打动和激发他们。这样，把教育意图隐藏起来，点燃他们心灵的纯洁火焰，让他们越走越好。这样才有佳鸿对我的真心祝福。所以，面对犯错的学生，我们要做的是用爱心、耐心、恒心和宽容之心去诱导、指引孩子走上康庄大道。在教育的时候，我也注意到不能伤害孩子的自尊心，而要完全发自肺腑，让孩子感觉到老师的爱。

前些天，有个老师告诉我，我班的一位女生小玲与初中的一位男生走得很近，遇见他们晚上手牵手走在大街上。于是，我向女孩家长了解女孩在家的情况，她的父母反映她这段时间经常彻夜不归。这女孩在学校爱说话，也还算乖巧，从没缺过课。我有些疑惑，觉得该找她好好谈谈，了解一下事情的真相。因为有前车之鉴，我暗下决心这一次得好好处理，不留后遗症。第二天早读课，我把她叫到了教师阅览室。刚开始她显得手足无措，我只是笑着与她扯些家常，慢慢地将话题转到了交朋友上。我说："今天的话只限于我们两人之间，我可以用我的人格担保，今天谈话的内容在没有你允许的情况下决不会向第三个人透露。"她用怀疑的眼光看着我，显然不放心。我微笑着说："我只是想帮你，想想老师平时有没有骗过你。”她渐渐放松了警惕，把事情的经过与心里的想法说了出来。我对她说，我对于这种男女孩之间纯真的感情表示肯定，爱慕是人之常情，是美好的，但对于学生来说其性质又不同于成人。要她清醒地意识到自己现在所处的阶段、自己的责任，并且向她提出两点要求：在处理感情时要做到学会保护自己和稳定学习成绩。她若有所思地点点头，我相信她会尽力而为。

人只能以心换心，用真诚打动真诚。这种事情，只有当事人心甘情愿去终止才会奏效，不然只会适得其反。因此，我必须蹲下来跟学生聊，让学生觉得我们是平等的，学生有发言权，可以有不同看法。有改正的机会，然后才有教育的成效。是的，赠人玫瑰，手有余香。作为班主任的我们要因材施教、因地制宜，还要不断反思自己，不断改变教育手段，完善自我。一步一步走到现在，我已经可以在三尺讲台上收放自如绽放光彩。将来我也坚信只要坚持学习，坚持阅读，坚持反思，即使我悟性不高，也会破茧成蝶。

（惠州市大亚湾区兴汉小学　黄巧慧）

# 31 我与学生共成长

有一种辛苦，你不去经历，你就不知道其中的快乐；有一种快乐，你不去体验，你就不知道其中的付出；有一种付出，你不去给予，你就不知道其中的收获。这就是我们做班主任的真实写照——辛苦、快乐、付出、给予、收获。刚开始带班的时候，我总是高高在上，每次进班必板着脸，班级事务必事事躬亲，面面俱到，要求特别严格，学生普遍惧怕我，小心翼翼地，我也做得很辛苦。偶然在一篇文章中看到陶行知先生说的一句话："师生本无一定的高下，教学也无十分的界限；人只知教师教授，学生学习；不晓得有的时候，教师倒从学生那里得到好多的教训。"原来教育既是育人，也是育己，教育是一个先育己再育人的过程，在教与学的过程中，我们共同成长。

## 班会课上教会学生做人的道理

刚接手五年级这个班时，我发现班上同学有懒惰、任性、冷漠等缺点，比如每次安排的值日不是忘记做就是直接逃跑不做，弄坏班级门锁、折断扫把、弄丢黑板擦，打破同学的水壶，没一个人承认。一开始，我在班上苦口婆心地进行教育，但是效果甚微，一时间一筹莫展，不知道怎么办才好。通过名班主任工作室这个学习交流的平台，通过和有经验的老师交流与探讨，我决定试试开主题班会。说干就干，我马上着手准备了一堂以"责任"为主题的班会课。

首先课间没事我就拿着手机在教室里巡视，用拍照的形式，把班级中出现的现象搜集起来，比如放学后教室没打扫，到处都是纸片；发作业本的时候，还剩一堆留在讲台上，而且是乱七八糟地放置……我赶紧把它们拍下来，作为我的"证据"，然后从网上搜集下载了关于责任的小故事。那天班会课上，我首先把我拍的照片一张一张放给学生看，同学们看后都面面相觑，默不作声。我紧接着发问："不知道大家看到这样的场面会有什么感受？"同学们都各抒己见，纷纷表达了自己的感受，总之一致的观点就是：这些行为很不好，值日的同学要负起责任来，把教室打扫干净，还有同学们自己也要注意保持教室干净，毕竟卫生整洁靠大家。另外关于作业本的问题，同学们说首先课代表要负责任，负责每个小组作业本的分发，其次是小组长要负责任，要第一时间把本小组的作业本拿回去并分发给小组同学。对于同学们的回答我很欣慰，起码他们已经有了“责任”这个意识，我的目的达到了一半。

接着我放了有关“大连司机黄志全在生命最后一刻，亦没忘记自己职责”这一事件的视频。然后让学生讨论：“如果你是那个司机，在心脏病突发时，是保全自己还是保全乘客?”学生们发言热烈。小结时，我告知孩子们：“责任，就是分内应该做的事；责任，就是对没做好的分内事，承担过失。”我把这句话写在黑板上。再回过头去看看同学们，我发现他们个个低下了头。从这以后，同学们的责任心明显增强，值日时再没出现过逃跑现象。

尝到了主题班会对于教育学生的甜头后，我又针对班级中出现的学生书写潦草、班级学生浮躁，总是无法安静下来、与家长之间的亲子问题、值日偷懒及推诿等现象，先后开展了“一撇一捺书写美好人生”“安静是一种美德”“爱的冲突”等主题班会，通过图片、歌曲、诗歌等多种形式让学生的心灵受到触动，达到教育学生的目的。

## 在关爱中让学生茁壮成长

作为教师的我们是辛勤的园丁，在多彩的花园中辛勤地耕耘，面对众多璀璨而光彩耀人的“花朵”，我们倾注了许多心血并为他们的茁壮成长而欣慰，但我们也要关注“弱苗”的成长，因为他们更需要来自老师爱的关怀与培养。

小明，一个从外县转入我班的学生。由于家距学校较远，周末他都不能回家与父母团聚，只能借住在学校周边的亲戚家，周五放学的时候尤其感觉孤独。他很少与同学来往，上课、下课都是自己一人。作为班主任，我看到这种情况，心里很不是滋味，家长为了孩子能接受良好的教育，想方设法把孩子送到好一点的学校就读，这想法大家都能理解。但是初一学生毕竟心智没那么成熟，刚刚小学毕业，对父母还是很依赖，所以，我就决定帮助小明，让他尽快地适应新的环境。

有一天上语文课，讲到《羚羊木雕》时，针对课文中子女与父母发生冲突这件事，我在班上提出一个问题，问全班同学在平常的生活中，有没有与父母发生过什么不愉快的事情？很多同学都畅所欲言，历数爸爸妈妈对他们管得严格，对他们不理解，以致发生冲突的事件不少。而小明同学一人坐在座位上一言不发，低垂着眼睛，我看到后，就让他来说说心里话。出人意料的是，他大胆地走上讲台，对着全班同学说："刚才你们说了那么多与父母的不愉快，都在说父母对你们的不理解，你们知道吗，听了之后，我非常羡慕你们。你们每天还可以与爸爸妈妈见面，而我呢，一个学期就只有放长假的时候才能回去见一面，偶尔通过电话聊一聊，我是多么想像你们一样，每天都见到他们，哪怕他们每天在我耳边唠叨。"说完，他的眼睛湿润了，全班同学安安静静地看着他。我趁机接着小明的话，教育其他同学，说父母养育我们不容易，要珍惜与父母的相处机会，不要等到分开时，才知道父母的好。同时安慰小明，离开父母是为了更好地学习，班上有这么多的同学、老师陪着，不要感觉孤独。

晚自习时，我马上召集班干部及小明所在宿舍的其他同学开会，跟他们说了小明同学的情况，组织了一个"爱心小分队"，要求班干部要轮流来帮助小明。宿舍其他同学要团结起来，主动关心小明的生活，每天上课、放学回宿舍要约他一起走；打饭、吃饭也要一起行动。

另外，我主动给小明家长打电话，告诉他们小明在学校的近期表现，和他们商量好，每周一、三、六晚上准时来电，和小明聊聊学习、生活。班里安排活动的时候，尽量安排到他，让他与其他同学协作完成，让他感受到自己是重要的一员。这样，持续了一周时间，我明显地感觉到，小明同学的脸上现出了难得的笑容，下课也不是孤孤单单地坐在课室里了，而是身边围着三五个同学一起聊天，一起嬉闹。我又主动找到小明，问起最近的情况，他笑着跟我说："老师，您放心，我已经完全适应了这里的学习、生活。有同学们的陪伴，我很开心。偶尔还是会想父母，但是没以前那么强烈了。您放心，我会越来越独立的。"他的父母也给我们打来电话，说："老师，我儿子每次给我打电话，都说很喜欢你这个班主任，一点架子也没有，很喜欢上你的课，总感觉上你的课，时间过得好快。老师，我们很放心。"

小明的转变，使我感觉到，只要我们老师倾注爱心和耐心，给"弱苗"关怀，让这些学生在爱的阳光下充分吸收成长中所需的能量，他们必然会给我们一些意想不到的惊喜。热爱学生，我们要用毕生的精力在孩子们的心中播种关怀、培养关怀、传播关怀，从而让他们在未来的生活中发现关怀、感受关怀、发扬关怀，让关怀永远伴随他们茁壮成长。

## 在赏识中树立学生信心

上周星期五，我早上刚一迈进教室，我们班的小林同学就洋溢着笑脸，高高地举起手中的作业本问：“老师，什么时候检查作业呀？”我听后笑了。要是开学初，我很难想象，这句话是从小林嘴里说出来的。

刚接手这个班时，就听前任课老师跟我说，小林是我们班的一名特殊生，作业不是数量不够，就是写得乱七八糟，上课不认真听讲还妨碍其他同学，测验成绩排班中倒数。开学初，果然如前任课老师所说，小林的缺点全部表现出来了。对待小林这样的“困难户”，我还使用着我的老办法，写不好就重写，直到写好为止，坐着不好好听课就站到后面去听，一次、两次、三次，但改变不大。

没办法，我只好找来家长商量对策。小林爸爸来到学校，无奈地对我说：“老师，小林是我一个人带大的，他妈妈很早就离开了我们，我平时想多挣点钱，晚上很晚才回到家，对他管教不够，加上自己本身文化水平也不高，在学习方面，也帮不到孩子多少，老师，现在只有您能帮小林了！我希望孩子能多读点书，比我有出息。”听了小林爸爸的话，我心里很不是滋味，决定一定要帮助小林改掉缺点。

一次改作业，我首先拿出小林的作业本，找到书写工整的地方，哪怕只有几个字，我以一种赞赏的口吻对他说：“你看这些字写得多好看，后面的如果也像这样，该有多好！老师相信你以后能自始至终都写好的。”他露出了不可思议的表情，好像在说：“今天太阳从西边出来了？老师没弄错吧，我这书写也能得到表扬？”但看得出，他走出办公室时是开心的，以后的作业，明显一次比一次要写得好。

那天的早读课上，我发现他非常认真，坐得端端正正大声地背诵。后来我在班上表扬了他，第二节课上虽然他还是动来动去，但每次和他进行眼神的交流或给他一个微笑时，他就会不好意思地坐端正。小林进步了，不光自己能管好自己，还能提醒旁边不专心听讲的同学要注意认真听讲，学习成绩也在一步一步地提升。前不久的作文训练《老师，我想对您说》，小林在文中写道：“老师，谢谢您的鼓励和赞赏，使我重新认识了自己，原来我也可以变得这么好……”此刻，我才懂得老师的一个灿烂的微笑、一个赏识的眼神、一句热情的话语，胜过任何“强力风暴”。我们要多用赏识的眼光看待每一个学生，让每一个学生都像大树一样茁壮地成长、健康地成才。只有这样，班主任才能和学生共同成长，共同进步。

（惠州市大亚湾西区第一小学　雷燕飞）

# 32 丹心育桃李　陪伴出英才

三尺讲台，那是对教育热土的一方坚守。四季轮回，不变的是丹心育人的一片初心。从白山黑水、沃野千里的龙江大地到四季常绿、山川秀美的岭南景象。他，跨越千里来到羊城广州，只为那时的一个梦想。他就是来自华南师范大学附属中学的青年教师——刘中博。

2014 年 7 月，刚刚大学毕业的刘中博受聘成为华师附中语文科的一名青年教师。当年，根据学校德育和教学工作的双重安排，他被分到初中部并担任初一年级的语文教学和初一（1）班的班主任工作，并且一干就是两年。

华师附中的初中部不同于其他学校的初中，因为它的初中部叫广东奥林匹克学校初中数学集训队。听名字便能得知他所带的是一群天资聪颖、极具数学天赋的学生，从实际的情况来看也的确是这样。这些学生虽说智力过人，但在日常行为规范上却着实让他费了一些脑筋。初中学生相对高中学生而言，年龄小、自律性较弱，有些事情需要反复说，当然一些问题也仍然反复发生。因此，面对这样的一个特殊群体，刘中博老师采取了最原始的做法，那就是——悉心陪伴。从陪伴中，促进他们身心的成长；从陪伴中，发现他们身上存在的不足。因此，你总能在办公室看到他，他也成为每天来得最早、走得最晚的一位老师。为此，他也获得了一个特殊的称号——“刘常在”。

“刘常在”不仅常在办公室，更常出现在班级、常出现在其他课的课堂上。你可能会问刘老师这样做是否值得？这样做真的能起到作用么？当你带着这样的问题问他时，他总会说：“做就会有效果，只不过或大或小，但不做就一点效果也没有。”的确，刘中博老师在管班、治班上采取了一系列的方法，既有对华师附中传统育人模式的继承，又有现阶段在继承基础上的创新。因为，他知道华师附中人始终坚持“以完整的现代教育塑造高素质的现代人”的育人理念。具体说来，他这几年主要做了以下几方面的工作。

## 一、扎实推进以德育为主题的集体教育

2014 年 12 月，临近年终岁末，学生都在盘点这一年来取得的收获。刘中博老师也在思考，究竟这一年学生都收获了什么呢？除了收获考入华师附中的喜悦，更多的是收获父母从小学起一路陪伴的快乐。提到这，刘老师不禁眼前一亮，何不开展一期以“感恩”教育为主题的班会呢？

经过调查，刘老师发现大多数学生对自己的母亲赞不绝口：大到考场陪考，小到生活杂事，可以说母亲无处不在。但是，相比之下，提及父亲的言语就少之又少了。为此，刘老师决定就以“感恩父亲”为主题开展一期主题教育班会，并定名“父爱如山，感谢有您”。

与母爱相比较，父爱往往较少被谈及，但是父亲在家庭及子女的教育中扮演了十分重要的地位。父爱与母爱不同，母爱是无微不至的呵护，父爱是深沉稳重的关怀。无论是父爱还是母爱都表达着父母对子女浓浓的关爱。

我们想把父爱作为感恩教育系列班会的突破口，以便更好地指引学生形成感恩社会、感恩学校、感恩父母的良好氛围。为此，刘老师前期做了大量的工作：①召开动员班会，让相关任务；②前期准备：板报布置：父爱如山，感谢有您；③搜集父亲与孩子的合影；④布置父亲给孩子写一封信；⑤将搜集的合影先期贴到黑板上。

班会当天，他又邀请了部分同学的父亲作为家长代表出席本次班会活动。当音乐声响起，看到孩子一双双的眼睛落到他们父亲给自己写的家书时，他看到一些孩子的眼睛是湿润的。因为他们从未想到，看似粗线条的父亲竟然会有如此细腻的文字，甚至他们也没有想到平日里看似公务缠身的父亲却无时无刻不在关心着自己的成长成才。

此时的刘老师不仅读出了父亲对子女深深的爱，也读出了子女对父亲深深的爱。他随机叫起几位同学，一同分享那一封封沉甸甸的家书，学生说出了隐藏在心底羞于表达的语言，特别是当他们看到自己的父亲就在教室后面坐着的时候，那种感情更是难以言表的。他们献上一束鲜花，给父亲一个深情的拥抱。随着歌曲《父亲》音乐的响起，那最感人的一幕涌现在我们眼前。

一幕幕感人的画面，一个个暖心的镜头。这不仅让刘老师看到了父母与子女关系的融洽，也让他看到了悉心德育工作所带来的良好效果。他总说教育的路是漫长的，教育的方面是多元的，教师要尽可能地给学生一个完整的中学教育。

## 二、走入学生，做好“个别教育”工作

虽说刘老师来华师附中时间不长，但在学生心目中却有着很高的威信，因此学生常称他们的刘老师为“小猴子老师”。至于为什么叫“小猴子老师”，学生们总会说因为他们自身比较顽皮，就好像一只只小猴子一样，而刘老师与他们年龄差距并不大，而且私下里又有很多共同语言，所以“小猴子老师”这个“雅号”他当之无愧。

“小猴子老师”既和蔼，又威严，甚至有时候还有些“吓人”。实际上，管理这些顽皮的初中学生是不易的，他不仅需要揣摩他们的心理，还要关注他们生活中的每一个细节。有时，他们可能会因为搞坏了东西而争吵，有时他们也可能会因为传所谓的“绯闻”而闹得面红耳赤。当这些问题发生时，作为班主任的他都需要及时介入，了解问题的来龙去脉，化解同学之间的误会与矛盾。

## 三、加强沟通，密切与家长的联系

学生的成长进步离不开教师的教导，也离不开家长的家庭教育。从家长的角度讲，他们关心的不仅是学生在校的学业成绩，更多的是在校的日常行为表现，特别是一些住宿生，因为每周只有一次回家的机会，家长便十分迫切地想了解学生在校的行为。

面对家长们的疑虑和担心，刘老师主动出击，与各位家长展开密切的沟通。刘老师利用家校“互教通”定期发放学生学业成绩，让家长了解学生在相关学科的学习状况；利用微信平台，及时与各位家长就学生出现的一些问题进行交流。小到生活起居，大到人生规划，可以说刘老师生动的话语、朴实的言行也激励了家长，让家长们对学校教育放心、满意。

两年的初中班主任工作经历，刘老师见证了班上每一位学生的成长。当他看到他所带的学生在国家级和省市级比赛中获奖时，他是欣慰的；当他看到他所带的班级先后获得学校“文明班集体”称号和各类荣誉时，他是开心的。悉心的陪伴带来学生的不断进步，换来了领导和同事们的肯定，得到了广大家长的一致认可。

2016 年 9 月，根据新学年工作安排刘中博老师调入华师附中高中部工作。面对新的学生群体，结合高中学生自身特点，刘中博老师再一次俯下身来，认真思考，不断探索。高中的“陪伴”与初中的“陪伴”是不同的。对高中生教师更

多的是对其人生规划予以正确的指引，对其因学习产生的各种压力予以调和。无数个日日夜夜，你总能看到办公室里刘老师忙碌的身影。他常说：“教育他人也是不断地提升自己。”

站在新的起点上，面对崭新的群体，不变的是刘老师对教育事业的那片初心。丹心育桃李，陪伴出英才。刘老师相信，在他孜孜不倦的努力下，他所带的学生一定会得到更好的发展、更大的进步！

（华南师范大学附属中学　刘中博）

# 33 以课题引领，做智慧的科研型班主任

自踏上讲台起，我担任了多年班主任，所任教班级多次被学校评为“先进班”。我先后获得“广东省优秀政治教师”“阳江市教书育人奖”“阳西县高考优胜辅导教师”“阳西县教育科研积极分子”等称号。我做班主任的工作特色是“以课题引领，创新德育实践，做智慧的科研型班主任”。

## 一、课题研究，从实践中来，到实践中去

“为什么我的眼里常含泪水？因为我对这土地爱得深沉。”诗人说出了我的心里话，我在德育工作方面之所以能够取得一点点的成绩，就是源于对德育研究的热爱。

“为师之乐，乐在课堂”，对德育课题研究的热爱最根本的就是立足本职，坚守三尺讲台。14 年来，我始终牢记自己的神圣职责，在深刻的社会变革和丰富的教育实践中履行自己的职责，百折不挠，奋勇直前。作为教师，最基本的就是把课上好，把书教好，把班级带好，做一个学生欢迎、家长放心、领导信任、同行认可的好教师。而为了做到这一点，我虚心好学，向老教师学习，向能者学习，向书本学习，十几年如一日，兢兢业业，默默奉献，以无私的精神投入工作中去。

“大河有水小河满，大河无水小河干”，只有学校发展良好，才能为个人的成长提供良好的平台。基于这样的认识，我自觉树立大局观念，服从学校工作安排，勇挑重担，把个人成长和学校发展结合起来。2003 年，学校参加广东省一级学校评估，招聘了大量的新教师，由于新教师培训一时跟不上，而当时全校政治科组只有两个有过循环教学经验的“老教师”，学校指派我从高三下来高二把关。我从大局出发，服从学校安排，不但顺利完成了教学任务，还带出了两位骨干教师，之后学校又把我调回毕业班的教学岗位。2009 年 12 月，学校参加广东省国家示范学校的评估，学校又把我从高三调到高一任教，负责综合实践活动科

组的学科建设、档案管理。尽管工作担子重、头绪多、压力大，但我从不叫苦，而总是任劳任怨，苦干巧干，每天早上7点前准时到班，晚上11点才到家休息，经常牺牲休息时间加班加点，最终所负责的工作以优秀的成绩通过省专家组的评估。随着学校的迅速发展，我敏锐地意识到，学校不但要在教学方面体现出示范高中的作用，教育科研也应该起到窗口的作用；作为老师，既是教学方面的能手，又必须是科研型、智慧型的具有创新精神的教师。于是，我积极开展教育教学方面的改革与探索，并取得了良好的效果，受到领导、同行的认可。为了进一步提高自己的科研能力，大学毕业时隔十年，我又重拾课本，考上了华南师范大学教育硕士。基于我在教育科研方面的突出表现，学校安排我担任学校教育科研组长。

## 二、课题带动，创新德育实践，做智慧型的班主任

育人为本，德育为先；德育发展，科研先行。能否开展德育课题研究，反映了一个班主任德育工作的创新能力。因此，班主任要积极投身德育改革，参与课题研究。2009年4月，我申报的德育课题“活用实践活动资源，提高德育实效的研究”被广东省教育厅批准立项，作为主持人，我在倍感荣幸的同时，也决心以此作为动力和契机，创新德育的教育方式，提高工作方法和育人水平。经过两年多的研究，项目取得了丰硕的成果：多篇成果论文在省、市、县获奖，四篇论文发表在省级刊物上，编写了15万字的校本教材。

针对目前德育工作存在实效低的难题，作为学校省级德育课题的负责人，我以身作则，践行提高德育的实效措施，破解德育难题。第一，重视利用学校运动会、文艺晚会、学雷锋活动等课外活动对学生进行教育，提高学生思想道德水平，培养学生综合素质；第二，整合校外各种德育资源，深入发掘本地的革命事迹、历史人物、文物古迹、特色民俗文化、旅游景点和特色工农业生产基地等德育素材，利用这些资源对学生进行思想品德教育。例如，我会争取条件，在确保安全和得到家长同意的前提下，于假期带领学生走进我们本地区的一些革命遗址，对学生进行爱国主义教育和艰苦奋斗的教育。第三，以地方德育资源为载体，开展各种体验活动。例如，为配合纪念新中国成立60周年的“爱国、爱乡、爱校”的教育，我组织学生深入企业、农村等进行调查，发动学生写体会、编手抄报，让学生在利用当地特色的德育资源为载体的体验中，进行自我教育，从而提高德育工作的实效。通过课题研究的带动，我创新了德育实践，努力破解了德育难题，提高德育工作的实效性，使自己不断成为科研型、智慧型的班主任。

## 三、引领示范，分享成长经验，做德育科研的领头人

“教而不研则浅，研而不教则枯。”以研促教，教研结合，才能实现从“辛苦型、经验型”向“效率型、科研型”教师的转变，才能由“教书匠”转变为“学者型”的教师。教育教学科研就像登山，沿途风光无限，攀上绝顶，“我为峰”的豪情更是令人心旷神怡。多年来，我总是鼓励自己，既然选择了这个职业，就意味着要终身学习，就要学会攀登超越。因此，不断地迎接挑战，攀上高峰，放眼无限风光，成为我不懈的追求！

14 年来，我先后荣获“广东省优秀政治教师”“阳江市教书育人奖”“阳西县高考优胜辅导教师”“阳西县教育科研积极分子”等称号。先后主持了三项省级课题，有多项课题获省、市、县奖励，七篇文章发表在学术刊物上，参编和主编学术著作两本。由于我在教育科研方面取得了一定的成绩，引起了市县教育部门的注意，并在这些部门的帮助下，我先后在市县教育部门主办的学术活动中做学术报告或经验介绍，在省市各类中小学继续教育活动中担任助学导师。

苏霍姆林斯基说过：“如果你想让教师的劳动能够给教师带来乐趣，使天天上课不至于变成一种单调乏味的义务，那么你就应当引导每一位教师走上从事研究这条幸福的道路上来。”我在积极参与课题研究、做智慧型班主任的过程中体会到青年教师成长的幸福。在课题的研究中，我深深地体会到：课题就像班主任专业成长的“助推器”，促进了自身的专业成长，推动德育实践创新，促使教师由“教书匠”向“学者型”教师转变。

（阳江市阳西县第一中学　陈玲长）

# 34 育人之道，严爱结合

不断地在学生心灵这张纸上擦去污点，然后描绘出美丽的图画，这是我的育人追求。对待学生，爱而不溺，严而不酷，“严爱结合，恩威并重”，这是我的管班风格。幽默风趣，走进孩子的心灵，做他们人生路上的引路人，这是我的良好口碑。

我忠诚于党的教育事业，服从学校安排，踏实工作。自 1986 年参加工作以来，尽管先后在医院做过 3 次手术、交通事故致胸椎骨折，患有十二指肠溃疡和偏头疼等疾病，但当学校需要我担任班主任时，我仍积极承担这一工作。我担任班主任工作长达 25 年，其中在山区乡镇中学担任班主任工作 9 年。学生对我说，是我成就了他们；而我则对学生说，是你们成就了我。2016 年，我荣幸地被评选为“第二届云浮市道德模范”。

## 育必爱

“亲其师，信其道”，就是说一个人只有在亲近、尊敬自己的师长时，才会相信、学习师长所传授的知识和道理。要让学生亲近老师，乐意接受老师的教育，老师就必须热爱学生。爱是教育的基础，没有爱就没有教育。因此，我在担任班主任工作期间，一直以实际行动去帮助学生解决他们学习和生活上遇到的实际困难，把关爱学生的工作贯穿到整个教育过程，踏踏实实做好班级管理工作。

2004 年 1 月 7 日凌晨 3 点左右，寒风伴着冷雨，我在沉睡中突然被床前一阵急促的手机铃声惊醒，接听后得知本班一名高二内宿生梁华玲，她在睡梦中突然从宿舍床位的上铺滚落到宿舍地板上，痛苦不堪，哭声惊醒了宿舍的全体同学。我急忙拨打了 120 急救电话，然后一骨碌翻身下床，驾驶摩托车冒着风雨赶到了学校宿舍，接着救护车也赶来了。梁华玲很快被送到云浮市人民医院医治，在医院做 CT 等检查需要费用的时候，我主动帮她缴纳了费用并和一名学生陪护梁华玲到天亮。还来不及休息，我在当天早上 7 点又赶到了学校正常上班。

在关爱学生的同时，我也不忘引导学生学习关爱他人，尤其是从关爱学生身边急需帮助的人做起，把爱传递给社会，培养学生乐于助人的优秀品质。只有人人都献出一点爱，我们的社会才能变得更美好。

2010年我担任高三班主任工作，儿子李鹰也在自己班学习。开学初，我校外省籍保安冯春同志不幸偏瘫在床，右手失去知觉，生活不能自理。得知冯春同志这种境况后，我和儿子李鹰主动带头帮助冯春同志提水，清洁卫生。然后我安排了我班全体同学轮流为他服务，可是在最初帮助冯春同志的过程中，班上有的学生抱怨："我们都高三了，要考大学，学习时间紧，为什么其他班不去服务，而偏要让我们班为他服务呢？"

对于学生的抱怨，我没有进行批评，而是表示理解，因为他们毕竟不了解冯春的人生经历。于是我向他们耐心地解释：做人要"心宽广"，并告诉他们冯春是在参加对越还击战争中负过伤的战士，身上还有战场上留下的弹片！他是保家卫国的英雄，是保卫我们生命的大恩人！没有这些人民英雄的付出，哪来我们现在的安定生活。然而，他命运坎坷，现在担任我校保安工作，每月只有1 200多元的工资！而今他又因健康问题陷入了困境，生活不便，缺人照顾。难道我们不应该为了他献出我们一点力所能及的爱心吗？我们要懂得感恩。学生们听完冯春的人生经历，又想起自己的班主任及其儿子都带头服务，他们慢慢地都发自内心地、自觉地按时去帮助冯春。

一学年以来，学生们坚持给冯春同志提供生活帮助一直持续到他们高三毕业。这让冯春同志倍感温暖，时时夸奖。2011届的高考，我班并没有因为帮助冯春同志而影响高考成绩，相反地，我班还获得了更优异的高考成绩，学校给我班颁发了"高考尖子生奖"和"先进文明班"等奖项。也正是受到冯春同志的鼓舞，我儿子还填报了国防生志愿，立志报效祖国，并顺利地成为一名重点大学的国防生。其实让我更感到慰藉的是：高三（3）班的全体同学在体验被老师关爱的同时更加体会到他们要关爱他人，热爱祖国！他们体验的不只是受到他人关爱，同时更感受到关爱他人也是他们义不容辞的责任。这样，学生们深深感受到：爱，像空气，每天在我们身边，学生犹如在爱的怀抱中成长、成才。

### 爱必严

爱不是只有和煦阳光，爱同样需要狂风暴雨、电闪雷鸣。小树苗们如果不经历四季变化，不经历雨雪风霜，是无法长成大树的！我们的教育，不能只给爱的鲜花和掌声，还应该有适当的责罚。温室里面的孩子，永远无法成为有担当的人才。

有的班主任深深体会到自己付出了全部的爱给学生，可是疑惑怎么也建立不起来一个优秀的班集体。这时，我们就要思考一下：我们是否在对学生“爱”的教育中添加了必不可少的“严”？俗语云：“严师出高徒。”就道出了“严”在教育中的核心作用。通过严格教育，把他们培养成品学兼优的学生，使他们考上理想的大学，将来更好地去爱祖国。

“严”就是指严格执行班级的规章制度，班规面前人人平等，凡是违反班规的学生，必须受到相应的处罚。在对学生的教育中，关爱和责罚并用，最有利于塑造孩子健康的人格。适当的时候让学生受点小气，受点小委曲，其实是一种心理上抗挫折的锻炼，受得了气，才成得了人。

做好一个严师，很不容易。现在的中学生大多数是独生子女，是家中的“小皇帝”“小公主”，学生容易产生“处处以我为中心”的思想，缺少互帮互助的精神，其基本特征是心理脆弱。严师往往是不受其欢迎的，弄不好会被家长找麻烦，让学生走极端。所以，我们首先应该严而有度，严的程度，就如同拧螺丝一样，要拧紧但又不能滑丝。如果把学生“拧滑丝”了，容易导致教学事故，最终只会伤害了学生也伤害了自己。批评要见好就收，切忌把那些孩子逼上绝路。要很准确地把握好严格的这个“度”，需要班主任非常了解学生的实际，包括学生的思想、学习、心理承受能力、平常的行为习惯及家庭状况。其次，严得公平。严得公平很重要，也就是严的标准要统一，对事不对人。女生和男生，成绩好和差，班干部和其他学生，富裕和贫困……标准都应该一样。最后，严中有爱，爱要有理、真诚。以理解、信任为前提，做到严格的要求和真诚的关爱相结合。

2014 届的高三（1）班，我接任该班的班主任工作后就带领全体学生一起协商制定一套切实可行的班级规章制度和违纪处罚条例。它既能约束每个成员的弱点，又能激发每个成员进步的动力，实现考上理想大学的目标。

通过严格执行这一套班级规章制度，学生形成了良好的行为习惯，班级量化管理成绩取得了明显的进步。一年下来，本班的每月班级量化考核获得 8 次一等奖，被评为“文明先进班级”，而且学生成绩整体得到提高，2014 届高三（1）班学生在高考中取得了可喜的成绩。

（云浮市邓发纪念中学　李忠卫）

# 35 一枝一叶总关情

2002年大学毕业后一直坚守在教育第一线工作，在这15年的任教时间里，王宋花老师把满腔的热血献给了她挚爱的孩子们，把勤劳和智慧融入三尺讲台，她用辛勤劳动和勇挑重担的敬业精神，赢得了学校和社会的赞许，得到了学生和家长的信任与尊重。

## 一、扎根山区，勤奋耕耘

2002年9月，王宋花老师自愿到增城市正果中学担任一名语文教师，扎根山区教育。增城市是个相对发达的地方，但却有三个贫困镇，正果镇就是其中之一。虽然正果镇离市区只有18公里，但因交通不便利，王老师只能每周回家一次。这并不影响她对山区教育事业的工作热情。她一直担任班主任和学校团委书记职务，在工作中，她兢兢业业，关心热爱学生，深受学生喜爱；她立足实际，创造性地开展学校的教育教学和教改科研工作，在山区教育这片田园里勤奋耕耘，积极探索，奉献她的青春。为了给学生的快乐学习与健康成长打下坚实基础，她宛如一支蜡烛，以三尺讲台为平台，饱尝了艰辛，燃烧着自己，点亮了一颗颗童心，培育出一个个优秀的花季少年。

因为山区生活困难，很多家长都选择外出打工，或许因交通不便，所以每次开家长会，到校的家长都寥寥无几。王老师不顾教学任务的繁重，每周必定抽一个下午，骑着摩托车到学生家家访。几年的时间，王老师的身影遍布正果镇的每个村庄。2006年的一个周日下午，台风突然来袭，学校接到通知，要求明天停课。因为很多学生家离校的路途较远，大部分都是寄宿的，周日晚上他们就会回校。校长要求所有班主任一定要通知到班里的每个同学晚上不用来晚修。当时很多学生家里都没有安装电话，王老师和其他老师只能分工合作，冒着风雨前往各个山村。台风已经逼近，中心风速虽然不在这里，但风力还是很猛。当很多人都在家避风避雨时，一个年轻的女老师却坚定地开着摩托车穿行在那崎岖的山路上，直到全部学生都一一收到通知。

在2002年到2005年期间，她任教的班上有个学生叫黄宇，他的母亲早年病逝，父亲体弱多病，无经济来源，生活相当艰苦，每周连30元的生活费都无从保障，父亲要求其退学，但该生不肯。王老师知道这情况后，从自己微薄的工资里给他每周30元的生活补助。这资助一直坚持到该生读完初中，而且每个新年，王老师都会给该生买新衣服。刚开始，该生接钱的时候还会有些尴尬，但王老师总是微笑着鼓励他专心读书，困难总会过去的。2006年，当所有同学沉浸在临近过年的喜悦中时，王老师班上的钟颜同学的爸爸出车祸了，之后该学生一直没来上学。王老师得知这件事后，带头向钟颜同学捐钱，并且到该同学的家里慰问，还组织全班同学每人写上一句鼓励的话，鼓励钟颜同学勇敢面对挫折和困难。

婚后，王老师和丈夫两地分居，身怀六甲的她，生活无人照料，而且还担任两个毕业班的语文教学工作兼学校行政工作。即使这样，她也从来没有出现过迟到、早退和旷课情况，连请假都几乎没有。她尽职尽责，一心扑在教育事业上，换来的是教育教学的累累硕果。由于她教学能力强，经验丰富，成绩突出，2009年9月，王老师作为语文骨干教师被增城中学引入。

## 二、以生为本，潜心育人

### 1. 用率先垂范感染学生

"学高为师，德高为范"，12年教育工作中，她用真诚善良的心、博大的胸怀、积极探究的精神走进了学生的心灵，在潜移默化中教会学生怎样生活、怎样学习、怎样做人！她用自己的一言一行给学生留下深刻的印象，用自己的高尚品格影响教育学生。作为一名中学教师和班主任，身教显得尤为重要。因此，她特别注重职业道德的培养和个人修养的提高。凡是要求学生做到的，自己率先做到；要求学生不能做的，自己坚决不做。

2010年冬天，特别冷，王老师班上的男生总是有迟到的现象。王老师告诉他们："我能理解，这么冷的天，谁也不愿早起。但，又有什么办法呢，因为我们是在求学呀。这么艰难的日子我们都过了两年，这段时间我们定能坚持下来的，老师和你们共同进退，好吗？"那时候，班里的学生都知道王老师刚做完手术，身体很弱，但以后的每个早上七点和下午的两点半她一定准时出现在教室，一起和学生早读、午读，无论是英语、语文还是政治。

2. 用真诚打动学生

作为班主任，王老师特别主动关心学生，用真诚打动学生。2008 年，王老师中途接手一个班级，班上的朱小峥是学校的“头号人物”：抽烟、斗殴打架、骂老师、吐口水、迟到、在教室随地吐口香糖、不交作业、上课要么睡觉要么讲话，反正初中生常见的缺点，他一样不缺。学校该做的工作都做了，但都没用，换来的是家长的不理解。一个月的时间，王老师硬是用自己的真诚把该生打动了，她还和该生的家长站在同一线上一起督促该生，最后该生不仅在学校运动会上大放异彩，还在中考中取得了好成绩。王老师的真诚，赢得学生的爱戴。那些毕业了的学生，在取得好成绩时、工作有成就之际，他们总是第一时间向王老师报喜，和王老师分享。

## 三、潜心钻研，追求卓越

王老师认为“要给学生一杯水，自己要有一桶水”。她深深体会到，在当今科研兴教，呼唤反思型教师、研究型教师的新形势下，作为一名青年教师，必须是不竭之泉，时时奔涌出清新的、闪烁着斑斓色彩的溪流。于是，她坚持学习，以此提高自己的文化素质。教学中，她潜心钻研教材，反复研讨新课标，大量订阅教学刊物，坚持业务自学，认真做好笔记，广泛汲取营养，及时进行反思，转变教育观念，捕捉新的教学信息，勇于探索教育规律，大胆采用新的教学手段。她常向同科老师学习教学经验，借鉴优秀的教学方法，提高自己的教学能力和业务水平。她会把自己的经验和年轻的老师分享，让其他老师少走了很多弯路，同时积极参加各种公开研讨课，使教学技能不断提高。

王宋花老师就是这样用一点一滴的实际行动为自己深爱的教育事业默默地奉献着，用实际行动塑造人民教师朴素而高尚的品质，在平凡而伟大的岗位上作出自己最好的业绩。

（广州市增城区增城中学　王宋花）

# 36 成长路上，花开灿烂

我担任班主任工作有13年了，在班级管理中，我一向以“严”字当头，严谨的班规，严格的管理，严厉的处罚，班级管理颇有成绩。但在成绩的光辉下，我逐渐感觉学生视我如判官，见到我如老鼠见到猫，退避三舍，我失望、无奈啊。学生怎么不理解我的良苦用心呢？每天早读和晚读时间我抓得紧，是因为我希望他们能赢在时间的起跑线上；在班级纪律方面，我奖赏分明，严惩不贷，是因为我相信有良好的纪律才有良好的学习和班风；对宿舍内务不合格的同学我反复教育，是因为我想竭力帮他们建立良好的生活习惯啊……为什么对我的良苦用心学生总是不领情呢？

为此，我曾多次苦恼和纠结，常常感慨当教师不容易，感叹学生冷漠不懂感恩。而在工作室的学习中，一次次激情洋溢的学习，一次次活力四射的研讨，使我倦怠的心逐渐温暖起来，更让我领悟到班主任工作是“用心耕耘，用爱播种，用情呵护，期待花开”的工作，班主任要竭力给孩子们创造一个美好的初中学习环境，我要让学生因为我的成长，而成长得更幸福！

反思我平时的班主任工作，似乎追求成绩的功利心比较重，而忽视了学生的感受和需要。更多的时候，我用“成绩优秀班级”和“纪律先进班级”这些成绩衡量自己是否是“优秀班主任”，是否在不断成长。殊不知这样的追求并不是真正的成长，还可能引起学生反感。此后在班主任工作中，我开始改变心态，事事把学生的需要和健康发展摆在第一位，想学生之所想，急学生之所急。

为了温暖孩子们的心窝，化解矛盾，我给全班同学写了一封发自肺腑的信：

孩子们，我知道你们对我有不满，如果我过去的做法刺痛了你们，请在这一刻把它忘掉，并原谅老师的简单和粗暴。我请你们把对我的意见整理出来，我一一改正。

我以为我的改变会感动学生，没想到老是唱对台戏的小鹏给我递过一张纸条："老师，你开玩笑啊？谁敢给你提意见，谁不怕你请我们去办公室喝茶？"我感到心灰意冷，这班学生真是难搞。不过回头一想，我给他们的印象不是一朝一夕能改变的。看来只能用真心和诚意打动他们，静待花开了。

于是我准备了一本精美的日记本，写上"心灵玻璃屋"几个大字，并且在第一页写上我的期望和歉意。我把《心灵玻璃屋》交到小鹏手上，希望他能传到每个同学手里，让大家都敢写上自己的心灵话语。一石激起千层浪，孩子们纷纷在《心灵玻璃屋》上写下意见，有的还分享第一手新闻或倾诉了内心的困惑，我根据意见及时改进教育方式并写下感受。半个学期后小鹏代表全班同学在《心灵玻璃屋》上写下一段话："何老师，《心灵玻璃屋》是您送给我们最好的礼物。对不起，曾经的不尊重和误解，希望您原谅。"我立刻回应："早就忘了，没关系。我期待咱们可以成为朋友。"

现在，学生逐渐地和我亲近起来，他们的脸上绽放出幸福的笑容，而我也开始收获比"先进班级"更宝贵的幸福感。

一次到南京参加培训，我有幸聆听了南京市百家湖小学陈林静老师主讲的"智慧班主任的工作秘方"，它给我的触动很深。在一个多小时的讲座时间里，陈老师结合自身的班主任工作案例，用生动的语言向我们分享了"智慧班主任的理性思考"和"典型问题的智慧策略"两大方面内容，就"讨厌当班主任怎么办？""如何应对班级的乱？""如何面对'惹人烦'的学生？""如何面对学生家长？""面对无理取闹的家长怎么办？""家长会（QQ 群）上哪些不该讲？""对学生，哪些话不该说？""怎样奖励学生？""怎样批评学生？""怎样让学生喜欢你？"十个问题提出了解决的策略，展现了一位有着大智慧、充满希望、追求快乐的本真教师的风采。

从南京回来后，我一直思量着怎样用智慧来管班。首先想到的就是班规的执行问题。一个班级的建立自然也少不了制度的约束，但条条款款的班规列出之后，该如何监督执行呢？当然单靠班主任是不行的，毕竟个人能力有限；我一直以来是靠班委们，但长久下去，似乎会培养出"线人"，也就是"告密者"，逐渐造成班级的不和谐。想起陈老师的话"生命因创新而灵动，教育因创新而发展。智慧班主任的工作里充满创造，这种创造，让我们的教育走向纵深而广阔的天地"，于是我灵机一动，想到了不如在让制度约束班级的同时再请舆论来监督班级成员。于是，我在后黑板上开辟了一个名为"爱的叮咛"的专栏，班上任何同学都可以在上面记录所看到的违反班规的不文明现象，便于同学之间互相监督和自我监督。不久，有学生提议，不能只写不好的现象，也要有表扬才行啊，所以在"爱的叮咛"旁边多了一个"爱的行动"专栏来表扬先进事迹。同学们自由书写，每天晚上由我总结当天情况，进行奖励和批评。

学生的眼睛是雪亮的，他们往往能敏锐地发现班级中的一些不好的倾向和闪光点，再加上我每天都把这些事放在台面上来讲，他们自然对此很为重视，写得也极为认真。刚开始学生们写的一般都是“××作业没写完”“××下课和××打闹”“××帮助别人发作业”“××上课睡觉”等围绕着班规的内容，语言很直接、平淡。于是，我适时加以引导，在上面写一些我所发现的小情况，语言也稍加修饰，久而久之，学生也照样子进行加工，经常在上面看到：

小诚，你一下课就往隔壁班跑，你不感觉你与别班同学过分亲密了吗？

小儒，你多次晚交作业，每次都让可爱又负责任的课代表催，你好意思吗？

小斯和小豪，你们老在下课时讨论电脑游戏，难道没感觉到这影响了班级的氛围吗？

这样，我发现班里逐渐形成一种互相监督、互相表扬的风气。在这种良性舆论的监督下，学生似乎已达成一种共识：千万别犯错，犯错必被捉，没人包庇你；好人做好事，就要受表扬，英雄必有名。渐渐地班上的孩子们“变”了：课上积极发言的同学多了，课下爱追逐打闹的同学收敛了，宿舍评比成绩越来越好。我知道，这是孩子们因为我的成长而成长，而我也因孩子们的成长感到很幸福！

如徐志摩所诵，“撑一支长篙，向青草更青处漫溯；满载一船星辉，在星辉斑斓里放歌”，在教育和学习之路上，我将不停歇脚步，用心浇灌和呵护祖国的花朵。我知道，在成长路上，花开灿烂……

（台山市学业初级中学　何小群）

# 37 一生的坚守

从教之初的三年里，我只是一名普通的英语任课老师，每天默默地耕耘在自己的三尺讲台里，但我一直固执地认为：只有当班主任，才算得上是真正意义上的老师！这个小小的愿望一直藏在我的心间，就像一棵小苗，在我的心田里慢慢生根：我要成为一名班主任，我要亲手细心地呵护自己的“花”，慢慢地看着他们长大！这个愿望始终陪伴着我，引领着我从迷茫走向成长，在成长中不断地反思，在反思中一步步提升。最终，这个小心愿成为我一生的坚守——坚守那片充满希望的田野。

## 一

一个初出茅庐的大学毕业生，虽然怀抱着初登讲台的壮志凌云，但谁又会相信如此一张跟学生有着同样青涩傲气脸庞的年轻教师，可以胜任班主任工作。别说其他人，连我自己也怀疑：学生会信服我吗？我能够成为一名受学生尊敬和喜爱的老师吗？我能够成为一名称职的班主任吗？

2014 年 7 月，我所在的学校为了积极推进教学改革，在用人上放开手脚，对新教师给予了极大的信任，让我这个“新人”担任班主任。就这样，既有学校领导的鼓励，也有学生家长的质疑，在学生的欢迎声中，我当起了班主任这个“官”。

当上班主任以后，我把自己的大部分时间都给了我的学生，每天都是步履匆匆地穿梭在“三点一线”上：早晨天才蒙蒙亮就从家出门，白天在课堂上给学生传道授业解惑，晚上在办公室加班加点地备课……生活似乎过得很充实，然而渐渐地，我在前进中开始感到迷茫。我觉得自己很敬业，对学生够无私，我把所有的关爱都给了他们，却感觉得不到相应的回报，有时候学生还是惧怕和回避我，甚至有些调皮的学生在我教育他们的时候跟我针锋相对。我总是烦恼，常常反思：难道我不够爱他们吗？难道我的管理能力有问题？难道我工作还不够负责任吗？怎么我越要管，学生越要反抗呢？一连串的问题接踵而来：班干部不关心班级的事务，不能主动协助老师进行管理工作，班级纪律制度松散，学生行为散漫等，常常让我处在焦头烂额之中。

同事们都劝我别做无谓的挣扎，就算再努力感动的也只有自己，而且越用功就越有可能一直要当个默默无闻却又辛苦的班主任。但我不服气，新老师就不能做好班主任的工作吗？

我暗下决心：我一定要做出个样子来！

我开始反思自己，请教很多有经验的老班主任。然而，很多时候我只会把别人管理班级的有效方法生搬硬套地运用到自己的班级上。短时间内，班级常规工作看似秩序有条理了很多，学生看似规范有序了很多，但这种按部就班并没有使得我的班级的常规质量得到真正提高。而更让我苦恼的是，虽然我知道了问题所在，却不知如何解决。

## 二

有人说："如果你想走得快，一个人走。如果你想走得远，一群人走。"之前的三年时间，我都在教育的路上独自摸索，但如果我想走得更远，必须跟随一班志同道合的人一起走，庆幸的是，我找到了。

真正的转变始于2014年12月加入了蒋青名班主任工作室，在工作室的大家庭里我不仅结识了许多来自各地的优秀班主任，还认识了富有激情、对工作极其认真负责的蒋青老师。大家常常在一起讨论问题，交流管理班级的经验和体会。在思维的碰撞中，我感到了自己与优秀教师之间的差距，同时也开始反思自己的教育。以前的我总是自以为是地把别人认为好的办法照搬到自己班上，而忽视了每个班级的独特性，过分地重视班级的共性而忽视了学生的个性差异。在工作室里，我把自己之前的教育困惑抛出来讨论，在伙伴们的建议下，我结合自己的工作实际，调整了之前的班规制度，最终制定出了一套适合自己班级的常规管理制度。

首先，我在班上很快成立了由三位班长和七位核心班干部组成的班委，日常管理通过班长和值日班委实现，初步形成了班委轮流管理班级的制度。班级制度的完善需要通过全班的民主讨论和班委会的及时沟通，班委在讨论后制定出班级体制。

值日班委直接对班主任负责，每天做好纪律情况班务日志的记录，及时向班主任汇报班级情况。班务日志包括以下内容：仪容仪表、考勤、自觉学习情况、两操纪律、正课纪律、自习课纪律、课前纪律、课间纪律、早午读情况、特殊情况记录。值日干部负责每天汇总班级纪律情况，劳动委员负责每天汇总班级卫生情况，学习委员负责每天汇总作业情况，班长把这三“本”（纪律、劳动、作业）班务日志汇总起来，每天向班主任汇总班级情况。这样，我们班级就形成了强而有力的核心班委，而且每位班委十分清楚自己的分工，这样就彻底结束了之前分工模糊、责任推卸的班干管理局面。

当然，刚开始我必须要花一段时间与班长们一起跟进各班干部、课代表以及小组长的工作，跟班委们一起讨论工作，甚至与他们一起创建并完善班级日志，量化值日干部每天的工作。大概两个月过后，班干们的工作上手了，不但效率提高了，效果更是显著的。之后，在学校各项常规评比中，我们班级的表现都十分优异，长期占据学校的“文明班级”榜首。我与学生共同管理班级，使班级纪律不断加强，我的班主任工作收获了可观的成果。

确立了班级核心管理力量以后，我便开始与学生们一起制定班级制度，这需要充分考虑自己班级学生的实际情况，并结合学校的管理条例。我首先印发初稿让全班讨论，同学们都异常兴奋，争先发言，在民主的氛围中，班级制度的雏形就出来了。然后，我又印发定稿给每位学生阅读学习，并签约作证自觉遵守。

## 三

正当我在自己的教育田野里精耕细作，大胆改革创新班级管理制度，品尝整个班级行为规范进步的喜悦时，渐渐地，我发现这个班级太注重浮于表面的法规班规，而我的教育似乎没有真正进入孩子的心灵。例如，我们班的迟到现象屡禁不止，班务日志的迟到栏上那几号固定人物的名字天天上榜。起初，我采取的是批评教育的方式，对他们动之以情，晓之以理，但没有收到任何效果；后来，我采取了劳动惩罚的方式，效果也只能持续几天。时间一长，他们依然还是老样子。

英国思想家亨利·皮查姆说：“不含教育的纠正是平庸的虐政。”那我该用怎样的教育才能打动我的学生，让他们心悦诚服地纠正自己的错误行为呢？蒋老师等其他优秀班主任了解了我的困惑之后，推荐给我苏霍姆林斯基和陶行知先生有关教育方面的专著。我开始认真地啃起这些巨著来。当我看到陶行知先生的一句话时，我的感触非常深刻：“真教育是心心相印的活动，唯独从心里发出来的，才能打动心灵的深处。”我瞬间就豁然开朗，最好的教育手段就是呵护学生的心灵，培养他们悦纳自我的意识，促进他们健康快乐地成长。采用惩罚的方式，只能让学生变得麻木，不但起不到任何效果，还会对学生产生负面的影响。

我清楚地记得，那是初一上学期的时候，由于天气寒冷，班里的叶同学几乎天天迟到。有时是几分钟，有时竟然第一节课下课才到教室。今天他又迟到了半个小时。我表情有点凝重，问他："今天又迟到了，有什么特殊原因吗？"他说："没有。"我耐着性子继续问："那为什么又迟到了呢？"谁知他没有丝毫的内疚，反而笑眯眯地告诉我，他起晚了。

我看他进教室时气喘吁吁的，心想他说的可能是真的吧。那一刻，看着他那微笑的表情、轻松的面容，我纳闷：他平时在老师面前，总是一副严肃的表情，这周天天迟到，面对老师的责问，怎么还能这么轻松自然呢？我说出了自己的疑问。

他说："老师，记得上次我在课堂上打盹，您问我晚上是不是没有睡觉。我回答说，晚上玩手机到很晚才睡。当时您并没有批评我，更没有惩罚我，只是让我少上网，注意身体，而且还表扬我很诚实。所以，我今天睡晚了迟到，不想编假话骗您，还是诚实地告诉您。"那一刻，我被这个孩子感动了。

我说："你的身上有很多的优点，比如诚实、开朗、阳光。这些老师都很欣赏。但如果你能够再养成一个守时的好习惯，不但老师更欣赏你，同学们也都会喜欢你的。就连你自己也会发现自己有多可爱！"从此之后，他几乎不再迟到了，而且比之前更加开朗。

几乎每个班级都存在着这样老是迟到的学生，对他们来说，迟到是一件习以为常的事情。

而实践证明，对这些学生采取惩罚的方式，是一种最低层次的管理，收不到任何效果。虽然惩罚能够对学生的行为起到一些约束作用，但教育效果往往不理想。而且，惩罚还会带来一个不良的后果，即错误合理化。也就是会让学生觉得，只要受到惩罚，这件事就不会再被追究。因此，在学生犯错时，我们应改变以往那种采用惩罚的方式，使学生对错误麻木的做法，采取呵护的态度，多关注学生的优点，引导他们多发挥正能量，给予他们积极的引导，使他们能够真正获得进步。如对待叶同学，我并没有指责他迟到的行为，而是先肯定他身上的优点，让他获得被肯定的体验，觉得老师是真心想让自己进步的，而不是处处要限制他的行为。然后，适当地提醒他做一个守时的人。这样的教育方式，让学生明白自身的优点，以及具有优点可以让别人更喜欢自己，从而愿意改正缺点，积极要求进步。从这个过程当中，找到自信，学会欣赏自我，提升自身的综合品质。

## 四

作为班主任，很多时候我们更关注的是班级管理制度的建设，建立一个稳定、平稳发展的班级往往是我们全部的追求。但我们应该思考：我们和学生朝夕相处了三年以后，他们就要走上社会，我们要为社会培养什么样的孩子？

要让学生获得全面的发展，就要建设一个良好的班集体。但在实际情况中，学生并不会主动参与班集体的建设，班级的目标和制度也不会被他们轻易接受。怎样才能提升学生的集体性，使他们能够主动、积极，并愉悦地参与班集体的建设工作呢？一个大胆的设想浮现出来：我要建设的班集体，将是学生们的一个“家”，每个学生都是这个家的一名“家庭成员”。

这个“家”，就像一个人真正的家一样，自由、安全和友爱。通过营造这种集体心理氛围，学生们获得集体的情感支持，就会积极建设这个大家庭，乐于承担集体责任，从中获得乐趣，并发现自身的价值，获得人格上的存在感。

### 1. 打造“家”的温馨环境

保持教室内部的卫生整洁，营造温馨的教室环境，这样，学生会产生在自己家里的感觉。一进门，一张由 44 名学生生活照组成的笑脸图就映入眼帘，时刻绽放着孩子们天真的笑容；植物角里的绿色植物映衬着孩子们的小小爱心；“在最美丽的年华尽最大的努力”“做人贵在有德，学习贵在有心”“做人在于知道，学习在于积累”。这些“家训”不仅时刻提醒着学生，还让他们的心海荡漾着“家”的温馨；“星光耀耀”一栏刊登出每期优秀学生、进步学生与优秀小组的名字；“佳作共读”栏目在学习委员的精心设计下，刊登出一期又一期的名作名篇；黑板报上方的“班级荣誉”增强着学生的“家庭”荣誉感；“小小图书角”成为学生的心灵氧吧，孩子们一下课就喜欢围在小角落里一起读书，分享读书心得，走向更广阔的学习天地……把每一面墙装扮起来，让每一面墙都“说话”，让每一面墙都带给同学温馨和向上的力量。

我们特别重视教室布置，并将这项内容看作是班级文化的重要部分，由此，我们也成为学校的“温馨班级”。在教室的布置上，处处体现出学生们的情感和智慧，同时，还有他们自己的思想。走进教室，就像回到自己温馨的家里，学生在这里找到情感的支持，相互之间有了家人般的感觉，从而形成强大的向心力和凝聚力。

### 2. 确立“家”的前进方向

在新生入学初，我特别强调了班级需要有共同的目标——争当优秀学生。在开学第一天给同学们介绍新班级情况时，我刻意把各位科任老师甚至自己都吹捧了一番，告诉学生任教我们班的老师是如何优秀，班主任以前所带的班级是如何优秀，不但操行方面成为学校的文明班，学业成绩也名列年级前茅。另外，我还善意地“欺骗”了学生一番：“你们是学校暗地里选出来的优秀学生，比如×××（这里根据前面掌握的同学情况有代表性地介绍几个本班的优秀同学），所以处在如此优秀的班级，我们每位同学都必须要在行为和学习上严格要求自己，争取成为年级的优秀模范。”这种“谎言”看似夸张，但其暗示力量却是无限大的，我就是用这种暗示的方法由外到内地向学生注入“我是优秀的”“我们班是优秀的”的信念。

为了使“争当优秀”的班级目标更深刻，我开展了“建设优秀班集体”的系列班会课，尝试通过一系列的活动来增强学生的自我意识，活动包括：写下“争当优秀的自己”的倡议，签约“班级制度”，签署同伴合作协议，设计班徽班服，评选每月“班级之星”“优秀合作小组”等，借此既能了解学生想法也充分展示了民主的一面，同时，学生也会通过展示的内容，对照自己的行为进行反思，更好地改正错误。

3. 渗透“家”的感恩教育理念

记得名班主任王剑平老师曾经在讲座中介绍过“小视频大教育”，让我启发很深，于是我利用学校的室内大课间时间，给孩子们放映一些真情小视频。视频虽然小，它们却蕴藏着大道理、深感情，而且我发现这种方式对于学生情感的触动，远比一味地说教更加深远和深刻。另外，每年母亲节、父亲节、教师节和老人节，我都会布置给学生一项任务，就是给自己的父母和师长写一封信，通过自己的思考，说出自己的体会，从而表达出自己对父母和师长的感恩之情。记得初一那年的母亲节，我事先利用班会课让学生给自己的家长写一封信，写上自己想对家长说的一些心里话，然后在家长会上，把这些信发回给家长，家长们看着自己孩子写的信都感动得泪流满脸。通过这样的方式，培养学生们的感恩之心，让他们做一个懂得感恩、有良心的人。同时，还能使学生细心体会爱心，培养他们的细腻情感，从而拉近人和人之间的距离，学会互相之间团结友爱，树立为他人无私奉献的精神。

4. 将竞争机制融入“家”文化

在初一上学期的期中考试之后，为了培养学生的团体精神，互相之间形成既合作又竞争的关系，我在班级组建起互助合作小组。我班共有44名学生，按照“同组异质，异组同质”的原则组建了11个小组，并选出了小组长，让这些小组在操行和学习两方面进行竞争。操行方面，个人的操行得分同时计入小组的操行分数里，进行小组的操行竞赛排名。学习方面，把小组的互助学习表现与考试成绩进行竞赛排名，半学期进行一次总结表彰，颁发“优秀操行小组”“优秀学习小组”与“优秀互助合作小组”。在小组竞赛中取得好成绩的小组，享受挑选座位的特权。学生们纷纷支持这个规定。由此班级展开了一轮小组学习竞争。通过这种学习形式，不但提高了学生的学习热情，还增强了他们之间的友谊。不过互助合作小组建立以后，还需要班主任不断进行引导，以此提高小组合作的效果。

## 五

积极开展一些有意义的班级活动，提高班级的凝聚力。一方面，我积极组织学生参加学校运动会、文艺汇演、军训会操等。这类活动人数多，影响深，有利于培养学生团结进取的集体精神，同时，还能促进他们形成健康向上的心态。利用这些机会强调个人服从大局的集体主义精神，教育学生团结互助，为“家”的荣誉增光添彩。如在学校运动会上，学生们发扬了吃苦耐劳的拼搏精神，在文艺会演和课间操比赛期间，增强了自信心，培养了他们的班级荣誉感。另一方面，我开展多种形式的班级活动，如“开学礼”“五班好声音”“文化大讲堂”活动等，当然还包括多种形式的班团会、学习竞赛等。这些活动内容和形式丰富多样，能在不知不觉当中，影响学生的思想观念。丰富多彩的班级活动，不但能提高学生各方面的能力，加深师生间的爱，更能提高全体学生“家”的班级整体意识，增强班级的集体荣誉感。

通过这样的方式，我为学生建立起一个温馨的“家”，用“家”文化浸润学生的心灵，让“家”里的每一个孩子，都能在这种爱的环境中健康快乐成长，最终成为一个有情感、有品德、有个性的人。

从实现我的心愿——当上班主任以来，我一直在摸索着，经历了从“人治”（依靠个人权威，对学生采用惩罚的方式进行管理）到“法治”（依靠班级纪律），再到“文治”（建设“家”文化）的过程。每一个节点，都见证着孩子们和我的努力与成长。我深深知道，我离“名师”的标准还很远，但我会继续努力。我将满怀信心，带着坚定的信念，永远勤勤恳恳地坚守住自己的那片教育麦田！

（江门市第九中学　林安怡）

教育

# 案例篇

在班级日常管理工作中，每个班主任都会遇到学生的各种问题和各种“问题学生”。面对班级的突发事件和“问题学生”时，班主任需要能够沉着冷静地应对，抓住教育契机对学生进行教育，推动“问题学生”的转变和健康成长。通过学习班主任对事件和问题鞭辟入里的分析，我们可以体会其教育智慧，学习其教育方法，为广大的一线班主任提供丰富的参考资源。

# 38 智慧亮剑，问题释然
## ——记 2015 年 5 月 26 日《喷眼风波》

人生道路不是笔直的，它犹如奔流到海不复回的黄河，虽然有九曲十八弯，但是只要把弯曲处当作避风港，就能勇往直前、永不停息。教育之路也是如此，时而阳光四溢，时而风雨交加；时而笔直宽广，时而蜿蜒崎岖。然而，有智慧的班主任，就会一直栉风沐雨，披荆斩棘，开拓新途。哪怕遇上“山重水复疑无路”，也要探出个“柳暗花明又一村”。

### 案例情景

2015 年 5 月 26 日，早上 8：30，我接到学生发来的信息：“老师，快来，我们班郭某和谭某打架了，郭某眼睛被谭某用辣椒水喷了，眼估计瞎了……”随即又一条“老师，不是辣椒水，是什么喷雾剂”。我看了犹如晴天霹雳，第一反应是：立马驱车往学校走。天呀，还有 10 天就高考，担任毕业班班主任 7 年，还从来没有过这样的现象。说时迟那时快，到校找到受伤的学生，赶紧往医院送，我一边安抚郭同学，一边打电话通知双方家长，另外又打电话联系数学老师帮忙照看打人的谭同学，也安抚稳定他的情绪。医院治疗后，医生说受伤的郭同学眼睛没有大碍。此时，我绷紧的心才稍缓和下来。

原以为情况基本得到控制，考虑到高考在即，我想回到学校再了解情况，妥善协商处理就行。可事情没有想象的那么简单，郭同学的家长还是担心眼睛的问题，让我一定要询问谭同学，究竟喷了什么？出于对孩子健康的担心，我可以理解家长此举的初衷。然而这下事情就复杂了，肇事者谭同学是我平时重点关注的学生，他性格内向，甚少与人交流，行为诡异，总是处于反攻击状态。若我此时严厉批评，必然大大影响他的情绪。再加上正值模拟考期间，为了减少其他不必要的麻烦，我与他的家长沟通协商，征求意见，让他考完试回家再做调查。就是这个错失良机的调查，让谭同学和他的家长有时间钻空子。当我问起事情的缘由，家长怎么都不肯说，反而恶人先告状，说我不分青红皂白，诬陷他的儿子，说我老是偏心受伤的郭同学，却不关心他的儿子，甚至还骂粗言秽语。

面对蛮不讲理的家长，当时的我顿时火冒三丈。但多年的班主任经验告诉我现在不能发脾气，于是我最终还是忍住了。冷静以后，我再次与谭同学的家长进行不温不火的沟通，我说：“家长，作为父母，谁都想自己的儿子好，有出息，你也不例外。为了更好解决这件事，不影响学生高考，还请家长多为子女着想。”可话还没说完“砰”的一声，对方挂机了！事情一直拖到下午上课，我再次找到谭同学了解情况，可谭同学说：“我妈妈说，老师问什么都等到今晚再说。”天呀，真是有其母必有其子。没办法，我只好一边安慰受伤的郭同学的家长，一边想办法解决这事。

## 对策措施

晚上自修课，我灵机一动，想到了解决这事的方法，就是找证据，于是我对全班同学说：“同学们，我们一家人本来是很团结的，高考快到了，大家都在你追我赶，不过今天早上可发生了小事故、小插曲，为了更好地了解事情的前因后果，还请大家拿出纸和笔，把事情的精彩的过程补上一笔，把今天早上所见所闻叙述出来。同学们的眼睛是雪亮的，请大家客观公正地写出来。”很快，每一位同学都非常配合，写完后，我一边收还一边滑稽打岔：“看看，这就是优秀班主任与众不同的做法。”收完，我趁机教育一番学生：“同学们，我们的大家庭虽有小插曲，这很正常，大家别见怪，不过在这里我想说几句，我先表扬劝架的同学和及时带郭同学去就医的同学，这些同学都是值得表扬的。另外，也送大家一句话：‘吃一堑，长一智。’经过这件事，我们要好好处理成员间的摩擦，家庭成员应该和睦共处。”这些话既教育了学生，又赢得学生的阵阵掌声。

终于等到晚上 8：00，双方家长见面了，我先让打架的两位学生写下事情的来龙去脉，再看情况进行和解处理，可事情也没我想的简单，谭同学仍然不肯写真实情况，谭家长也还硬说不是他儿子打的，不知谁打就赖他，句句说我偏心。我听了真是无言以对。没办法，我拿出所有学生的记录让她看，她说不看，不是这样的。后来软的不行，我就来硬的，我说：“家长们，感谢你们的配合，既然双方家长在此，我这个班主任作为中间人，是想方设法想帮助二位解决问题，既然你们不想，偏要把问题闹大，就向派出所报案吧……”还没说完，谭同学家长理直气壮地说：“不用你报了，我已经报了。”我说：“那好，我们不用谈了，送他们到派出所解决吧。”于是我便装作想走，谭家长见势不妙，才缓和说：“问题还是班主任你处理吧。”从早上到晚上 9 点我才听到家长说了一句像样的话。

后来经过协商，家长和孩子都同意和解了。

这个突发事件最后虽然表面上看是解决了，但是也给了我很多思考：也许有时处理问题真的不用为对方考虑那么多，该处理时要尽早及时处理；另外，有时恰当滑稽的语言可以缓和气氛；抓住良好的契机进行教育的效果更佳；家长教育孩子，言传身教很重要；最重要的是，此次事件也折射出一个更大的问题，每一位“问题学生”的背后都有一个有“问题”的家庭或者家长。

## 案例反思

回顾案例，我思绪万千。这个案例本是一件小事，但它是我做班主任工作中遇到的一个棘手的案例，经过这件事后，我又成熟了许多。当然，偶发的事件常常会令班主任怒火中烧。因此，作为班主任，能否控制住自己的情绪，做到处变不惊，冷静应对，当怒而不怒；能否对事件的性质作出准确的判断，力求迅速及时地处理；能否控制住场面，做到立场不乱，审时度势，灵活变通，这正是班主任综合能力的体现，也是班主任展示教育智慧，体现专业水平的机会。

一是班主任要有宽容之心。面对学生的突发事件，必须沉着冷静，对于蛮横的家长更要控制好自己的情绪，善于与家长沟通，以免与家长发生冲突，将矛盾激化，造成不必要的麻烦。这种宽容、情绪的控制是一个教育者至高的教育境界，是一种智慧的表现。

二是面对意外的发生，具备灵活变通的能力，这是智慧的深化。而这种能力表现在：对突发的事件应作出积极的应对措施，对处理过程中新增加的情境具有灵活变通的能力。这是作为班主任应该提升的能力。因为突发事件本身重在“突”，它没有固定的公式定律，但是每一件事都有其表象和内隐，我们在处理时既要抓住表象，更要挖掘内隐，从中思索应对的策略。如事件本来是很好解决的，但由于家长不配合，所以要妥善处理此事，必须找到能“堵”住家长的方法，以其人之道还治其人之身。所以就有了案例中叫全班同学书写现场所见所闻的环节。再者也在家长一再倔强维护儿子的情况下坚持说要报警的状况，顺势推舟，让家长无所适从，最终无话可说，平息此案。这乃为审时度势，灵活变通的大智慧。

三是事出必有因，追根溯源才能对症下药。对于此案例，虽为突发的事件，但不是没有原因的，从与学生家长的沟通和对整件事的处理过程看，我更清晰地认识到：每个“问题学生”背后都有一个有“问题”的家长，这是不争的事实，也是教育的盲点，所以类似的突发事件，防不胜防。那么我们平时了解学生的家庭背景显得尤为重要。

班主任智慧的展现无定法，只是面对各种始料不及的突发、棘手问题时，班主任能够熟练地把握教育教学规律，机智敏锐地变换教育教学方法，灵活而不呆板、巧妙而不生硬地作出处理，并对学生进行因势利导，和家长和善有效沟通，进而迅速及时而准确地分析和判断，有一定胆识和决策能力，这些都是班主任应变能力的必要基础。具体地说，班主任应提高处理突发事件的能力，并汇聚智慧，主要做到如下四点：第一，处变不惊，冷静应对，提升当怒而不怒的自控能力；第二，迅速及时，处理准确，拥有分析事件性质的判断能力；第三，控制场面，审时度势，积攒临场灵活变通的能力；第四，创设“通情”环境，选准时机，把握与他人巧妙沟通的能力。

（茂名市高州中学　曹铭珍）

# 39 睿智耕耘，静待花开

每个人都是一颗独特的种子，都会迎来自己绚丽的花期。但因为生根、发芽的土壤、时间不一样，所接受的阳光、雨露不同，所以每个人的花期也不同。有的种子，一开始就结出生机盎然的花蕾，灿烂绽放；有的种子，需要经过漫长的等待、精心的栽培，才会开出属于自己的那朵独特的花。

## 案例情景

班上有位女同学菲菲，其父母离异后把她抛下，从小跟奶奶两人相依为命；初二时奶奶去世了，一直在外地工作的爸爸才回家照顾她。菲菲愤世嫉俗，性格暴躁，手上脖子上的纹身宣示着她的与众不同。奶奶刚去世时，菲菲备受打击，因为一点小事把别人打成重伤，被抓进了派出所。

中专第一学期开学第二周，她的不良习惯就表现出来了：一位班干部工作认真负责，主动落实班级常规管理工作，她却看不惯，扬言要打那位班干部。平时，只要心情不好，她就会无来由地大声骂同学；每隔一两周，总会看不惯一个同学，并处处针对那个同学。她的行为与我在班级中坚持的“微笑”教育，努力营造的“文明、和谐、阳光、上进”的班风格格不入，但面对着强势的她，班里很多同学都敢怒不敢言。

通过与家长、菲菲的谈话，我了解到：她父亲的性格也很暴躁，教育孩子的方法简单而粗暴，性格相似的女儿又处处作对，父女俩的矛盾越来越严重，父亲对女儿越来越失望。

## 对策措施

为了收到更好的教育效果，我一方面让家长清楚菲菲仇视一切的性格形成的基本原因：一是父母的关爱不够，二是父母性格的影响，三是父母对孩子教育方法的不恰当。引导家长改变与孩子的沟通方式，抓住孩子争强好胜的特点，尽量进行正面引导，大力赞赏表扬孩子，鼓励孩子发扬优点；在孩子犯错时，多冷静分析、引导，少批评，让孩子慢慢体会到父母对自己的爱和期望，从而弥补心灵的创伤，慢慢重塑孩子的安全感，培养孩子自信、开朗、阳光的良好心态。另一方面，我定期与菲菲谈心，帮她制订中专三年的计划，安排她当副班长，希望用责任与职位让她体会到老师对她的期待，更利用班干部工作的开展，引导她学习如何控制自己的脾气，如何与别人和睦相处。争强好胜的她，成了班上各种活动的积极参与者，更是抢着当班级日常管理的工作者，但因为坏习惯的改变不是一朝一夕的事，争当管理者的她却只会管别人，要求别人做的事她自己却不做。我深知她的脾气，因此在不违反学校管理制度的前提下，给她足够的时间和空间，让她一点点进步。当她的坏习惯又发生时，总是先让她分析原因，再让她自己反思。每次当她冷静下来时，总能认识到自己的错误，并表示一定会改。

转眼开学大半学期过去了，虽然菲菲各方面有了一些进步，但她周末依然经常不住校也不回家，与父亲的关系也时好时坏，坏脾气依然控制不了。我想，每次都这样，教育的效果不会有很大的变化，一定得想出更好的办法，让她时刻都能严格要求自己。思来想去，我决定发挥学生的力量，利用班级舆论这一无形的力量，激发她自主进步的意识，帮助她迅速转变：①借鉴企业招聘的形式，举行各小组的重组活动，使每位同学在与组长的双向选择下，知道怎样的人才最受欢迎，了解自己在同学心中的形象、地位，清楚自己的不足，明确今后努力的方向，激发自主进步的动力，并形成正确的班级舆论导向。②通过文明小组的评比，加大同学们的自我约束能力，更借助小组间的竞争，提高同学相互监督管理的力度，使菲菲能在同学们的监督、帮助下，提高自律能力，改正缺点。

在小组招聘的现场，我看到菲菲和她的好朋友碰了几次壁。在招聘结束后的总结分析中，不少同学都感慨：面试中，一个人平时的表现、人品起着决定性的作用。事后，我分别找了菲菲和她的好朋友谈心，一方面让她们自己分析在招聘面试中碰壁的原因，另一方面鼓励、引导她们努力改正缺点，改变形象，积极为班级、同学服务，争取获得师生的认同。

为了巩固教育成果，一周后我召开了班干部会议，了解各位同学在小组评比中的表现。班干部们反映，大部分同学都表现得很好，但菲菲依然如故。于是，我发动全体班干部在菲菲有犯错苗头的时候及时提醒她，即使不敢开口说她，也要用一种批评的眼神看着她，借助舆论的力量，使她在犯错的萌芽阶段就得以制止，并让她逐步意识到自己是真的要改过了。在班干部的带领下，全班同学慢慢达成了默契：当菲菲再作恶时，全都不吭声，但都用批评的眼神看着她。在同学们正义的眼神下，菲菲的言行终于有所收敛。

在学期结束前一周，菲菲却又做了一件令人意想不到的事，她把自己的洗衣盆借给了好朋友用，而把另一位同学装在宿舍公共洗衣盆里的衣服全都倒在水沟里后，若无其事地用公共盆子洗衣服。那位同学回宿舍后，两人吵了起来。一开始，那位同学坚持一定要菲菲赔衣服，在沟通协调后，那位同学说念在以前是好朋友的份上，只要菲菲肯对她说对不起，就原谅她，用消毒水洗干净衣服就行了。菲菲明明知道自己有错，但好胜的她扯不下脸道歉，跟她说了很久后，她才勉强道歉。回到宿舍后，她又说那同学的坏话，气得那位同学把衣服全都扔掉，一定要她赔。事情闹到这地步，菲菲终于后悔了，她许诺假期去打工赚到钱后，再赔钱给那位同学，并央求我不要告诉她爸爸这件事，她怕一旦爸爸知道她这样做，就不给她读书了。看着她懊悔的样子，我答应了。为了减轻她的负担，我掏钱帮她买了一套校服赔给那同学，其余衣服的钱就让她自己想办法了。我想，通过一次又一次的教训和她自己的劳动付出，她会成长起来的。

果然，学期结束前一天，菲菲和她的好朋友到办公室找我，两人表示新学期一定会痛改前非，菲菲还申请新学期开始不再住校了，要回离学校很近的家住，帮爸爸每天接送读小学的妹妹。

为了确保学校教育能在家庭中得以延伸，假期期间，我到菲菲家进行家访，肯定了她在班级工作上的积极表现，表扬了她的进步。她爸爸听了，很高兴地说："没想到，菲菲在学校的表现还不错，还有进步。以后，爸爸也要改改坏脾气，也要和菲菲一起进步。"一旁的菲菲感激地冲着我笑。随着话题的打开，她们父女间的气氛越来越融洽。

经过第二学期的努力，菲菲的性格变得随和了，为了减轻爸爸的负担，她现在每天还利用业余时间勤工俭学。在学校里，她也不再与同学闹矛盾了，还凭着在各种活动中的积极表现，获得了师生的好评。

## 案例反思

第一，班级舆论是为集体期望认同的潜在规则，是班级全体成员的群体意识。舆论的力量并非不可捉摸、无机无序，它的发展总是和班集体成员的自在与自为状况联系在一起的。班级的正确舆论给个人提出了班级规范和行为要求，以一种无形的力量帮助班主任工作，起到约束或管理学生的作用。如班主任能善于引导正确班级舆论的形成，并发挥舆论的作用，可以很好地促进待进生的转化。在案例中，班主任利用文明小组的评比，形成良好的班风，并激发班干部的团队意识、主人翁精神，利用班级舆论的作用，促使具有各种不良习惯的菲菲自主转化。

第二，著名教育家苏霍姆林斯基指出："能够促使人去进行自我教育的教育，才是真正的教育。"开学初，菲菲屡屡犯错，是因为她自己本身没有产生真切的进步需求，后来，在班级生活中受到正义力量的打击，触动了她的心灵，激发了她上进的积极性，促使她实施自我教育，才取得了显著的进步。

第三，大部分中职学生来源于社会的弱势群体，"一个都不能少"是中职班主任不可缺少的职业情怀。"冰冻三尺，非一日之寒"，孩子不良习惯的改变，不是一朝一夕的事，在转化待进生时，班主任需要睿智耕耘，静待花开。只要我们坚信，每个学生都将迎来自己的花期，灿烂绽放，我们就会坚守信念，精心培养，耐心守候。

第四，每个孩子的身上都有家长的影子，转化孩子，从转化家长做起会事半功倍。家庭教育对孩子一生的幸福起着决定性的作用，但有些家长不懂得如何当一名称职的家长，亲手毁掉了孩子的幸福。班主任要成为家庭教育的指导者，引导家长更新教育理念、转变教育方式，使学校教育在家庭教育中得以延伸、拓展，以实现最佳的教育效果。

（江门市新会机电职业技术学校　黎妙嫦）

# 40 学优生的受挫折能力培养

## 案例情景

小英，12 岁，湛江市某小学六年级学生，成绩较好，平时颇得老师喜欢。尤其是班主任陈老师，对小英信赖有加。但是，就是这样一个老师们都特别喜欢的学生，和班上的同学相处得并不好，跟小英玩得较好的同学仅有一两个。据了解，小英平时仗着班主任老师的“宠爱”，在与同学的相处交往中，并不特别友善。原因之一，小英经常是“老师的眼睛”——监督同学们，在老师派她去“执行任务”的时候，总是一副“居高临下”的样子。

小玲，12 岁，湛江市某小学六年级学生，成绩中上，是小英的同班同学。小玲在班上人缘甚好，不管男生女生都能跟她相处得很融洽。小玲是课代表，平时帮助老师收发作业，是老师的小助手。性格开朗的她，对同学友好，乐于助人。

班主任陈老师是个有心人，把全班同学的生日都记住了，并且会带领全班同学一起为过生日的同学唱生日歌，送上祝福。

这一天，正好是小英和小玲的生日。小玲在课间休息的时候收到很多生日礼物，都是同学们送给她的。各种小零食、精美的文具、海报、贴纸，还有几个同学甚至送上了大的玩具公仔。

小玲和同学们说说笑笑的声音传入小英的耳朵里，小英心里难过极了。因为她只收到了两份礼物，并且送她礼物的同学也送了小玲礼物，送给小玲的礼物还比送给小英的精美。于是，小英伤心地哭了。

上课铃声打响后，班主任陈老师走进教室，发现小英哭了，厉声问道：“怎么回事?”全班顿时鸦雀无声，每个人的脸上都写满了“无辜”二字。

## 对策措施

课后，班主任陈老师找到小英，打算了解情况。小英这才抽抽搭搭地哭着把事情的原委说清楚。

原来，小英平时一直是老师眼中的“好学生”，时常帮助老师监督同学们值日、打扫包干区等劳动方面的事情。同学们稍有偷懒、打闹的，就会“被报告”，偶尔也受到老师的批评。一旦班级德育量化因包干区或值日打扫被扣分，小英也会如实报告是×××小组的同学没有做好。

小英觉得，同学们对她有偏见，因此就在生日这天都约好了似的，送许多礼物给小玲，而自己收到的两份礼物比起小玲的，也显得微不足道。

陈老师找到了几个班干部，问清楚了小英平时的表现，意识到了一个严重的问题：老师对学优生的偏爱问题。陈老师首先意识到了自己对小英的过度信赖，导致同学们对小英“老师的宠儿”“铁面无私”的印象耿耿于怀。其次，小英产生的学优生的“优越感”，对她与同学的交往造成了负面影响。

小英在“生日风波”中受到心灵伤害，甚至对同学们产生了不满的情绪。陈老师理解小英的内心感受，继而对小英进行心理疏导。通过澄清、面质等心理咨询手段，让小英自己意识到问题的根本所在，并引导小英寻找解决方法。比如，小英可以从改善自己做起，改变往日不太友好的态度，主动对同学们表示友好。在平时，对同学们做得不够好的地方，可以善意地提醒大家。尽量让小英对同学们送礼物的无心之举释怀，并积极融入同学当中。

而后，陈老师借此机会进行班级团体心理辅导，消除学生群体内存在的这一类问题。针对小英的话，可以通过游戏“优点大轰炸”，引导学生看到小英的优点，以此来消除同学们对小英的刻板印象，并且增强小英对同学们的信任感。

## 案例反思

爱因斯坦在《论教育》中提出：从学校里走出来的不应该只是一个专家，而应该首先是一个和谐的人，一个健康自由的清道夫比一个乖戾自私的天才更符合教育的目标。因此，教师要平等对待每一个学生，一切以学生的发展为本，不以成绩好坏作为评价学生的唯一标准，重视学优生身上存在的缺点，努力把学优生培养成为全面发展的学生。

1. 偏爱学优生是害

案例中的陈老师没有平等地看待学生，这是部分老师容易犯的错误。一直以来，学优生都是老师喜爱的学生类群。老师们倾注了太多的心血在学优生的培养上，不仅在平时看学优生的目光柔和，说话亲切，更赋予了优等生一些充满“优越感”的光环。这样做会有助于他们“骄傲”和“娇气”行为习惯的养成，他们不能主动发现自身存在的不足，更不能主动加以调整和改进，容易形成以自我为中心、骄傲自满、心理脆弱、嫉妒心强、不合群等性格，不利于学优生的全面发展。

颜之推说：“虽欲以厚之，更所以祸之。”为了不将“厚爱”变成“祸害”，教师应理智地对待学优生，关心他们，而不是一味地娇纵他们。这样，学优生才能意识到教师的爱是有原则的，从而促进他们心理的健康发展。

2. 培养学优生耐挫折能力

学优生在学校、家里听到的赞美、表扬比较多，很少听到批评的话，受到的是一种“暖箱式”的教育和爱护，缺少挫折或失败的体验，他们情感脆弱，心理承受力差，难经挫折。一旦遭受挫折，便往往表现为情绪波动大，甚至产生失衡心理。

就如本案例中的小英，小玲和同学们的说笑声能伤害她。小玲收到的礼物多且精美，她就伤心地哭了。她甚至觉得同学对她有偏见，在生日这天同学们都约好了似的，送许多礼物给小玲。不能从自己身上寻找不足，进行整改，一味地把过错强加给别人，这也是学优生耐挫折能力差的表现。

因此，面对着学优生的这些不足，针对学优生开展耐挫折教育十分必要。开展对青少年学生的耐挫折教育，可以从以下几个方面着手：

第一，承受挫折的心理准备教育。在耐挫折教育实施过程中，让学生明确并认同两个基本观点：一是挫折不可避免，人生的道路不会总是一帆风顺的；二是挫折成就人生，挫折处理得好往往会成为人们走向新天地，进入新境界的起点，是人生的一种特殊财富。

第二，正视挫折的非凡勇气教育。这里讲的勇气，既包括思想认识上的勇气，也包括行为实践上的勇气。孔子说：“知耻近乎勇。”即帮助自己树立自信心和勇气，提高自己的心理承受力。

第三，战胜挫折的信念教育。人的行为，只有以坚定的信念作支撑，才能不屈不挠，持之以恒。对于青少年学生来说，面对各种较大的挫折，如果缺乏信念，失去信心，就会前功尽弃。如果信念坚定，坦然面对，吸取教训，重振旗鼓，就会条条大道通罗马。

第四，克服挫折的务实行动教育。针对克服挫折的务实行动，一般来说有以下两种：一是升华，变挫折为向上的动力；二是改变策略，降低行动目标或重新选择达到目标的方法。

第五，挑战挫折的实力教育。战胜挫折也要靠自身实力。面对挫折，教师要引导学生冷静分析产生挫折的原因，仔细审视自身的优劣，扬长避短，不断调整自己的生活目标。

“学优生需要更多的挫折教育”，是社会对学校教育的呼唤。从学生的长远发展来看，对学优生的耐挫折教育是必不可少的。挫折比成功更容易使人成长。学优生具备了应对挫折的心理承受能力，更有利于将来成就一番事业。

一位教育家曾说：“现实是此岸，理想是彼岸，中间隔着湍急的河流，健康的心理则是架在河上的桥梁，只有桥梁牢固了才能顺利走向理想。”我们重视学优生的健康心理的发展，引领着他们到达理想的彼岸。教师要遵循“一切以学生发展为本”的原则，不以成绩好坏作为评价学生的唯一标准，要重视学优生身上存在的缺点，把学优生培养成德智体美劳全面发展的社会栋梁之材。

（岭南师范学院培训学院　张妙龄）

# 41 倾听心灵的声音

在班主任工作中，要想深入学生的心灵世界，感受他们丰富的精神世界，不仅要对话，而且需要学会倾听。作为班主任，要对学生进行有效的教育，就必须尊重学生，倾听学生的心声，了解学生的需求。班主任蹲下身子，眼睛平视，倾听学生心灵，不只是放下架子，更是教育者教育观、学生观的体现。

## 案例情景

班级专门设置了活动部，活动部部长是姚同学，男，高一时自荐为卫生部部长。大家都知道，班级每天的清洁和卫生是所有班务中最吃力不讨好的活，而且每时每刻都需接受学校或年级的检查及评比，因此，尽管姚同学反复几次修改值日安排，轮流陪着各组值日，进行岗前培训，并根据需要不时召开小组长会议，但仍然不时地出现值日生忘记值日或值日不合格现象，班级评比因此受到影响。后来，班委核心成员集体商议，决定根据班干部们的优势特点对班委分工进行微调。姚同学因热情活跃，故被调整为活动部部长，主管班级各种活动的组织和开展。姚同学一方面欣然接受这种调整，但另一方面还是对自己未管理好卫生部而内疚，甚至有点不好意思面对我这个班主任。姚同学学业成绩下滑，而且同学们对他上课不专心、打瞌睡、自习课随意走动等行为表示不满，班长及我分别找他谈话，但始终不见他有所改善。姚同学仿佛“一蹶不振”。一次，学校要举行义卖活动，我亲自将活动登记表交与他手上，鼓励他组织好这次活动，他很开心。可某一天自习课，当我轻声走到姚同学身边，询问他表格填写情况并提醒他该上交了时，他竟然忘记了，并开始忙乱地寻找。当时，我虽有点讶异，但还是轻声对他说：“赶紧找。早该上交，你怎么‘蒙查查’（粤语方言，有‘不明白，犯迷糊’之意）。”姚同学突然站了起来，大声一吼：“是，我很差，我什么都差，以后不要再找我做事了！”并把手上的东西一摔，冲出了教室。我根本没料到他会出现如此大的反应，连忙询问坐在他附近的同学上一节课是否发生过什么事、谁惹他了、他为什么发脾气。有的同学说没发生什么事，也没人惹他；有的说可能是天气太热人容易发脾气。询问过程中我突然意识到：姚同学竟然当着全班同学的面，顶撞了我！于是我开始生气，对着全班大声说："姚同学冒犯我了，此事不会就这样算了！"班里同学都清楚，我和大家有不成文的约定：不管发生任何事，不管对与错，凡冒犯老师的同学，一律受纪律处分并交与家长领回家反思！

### 对策措施

课后，受班委委托，两位班干部主动来我办公室，请求我不要生气，原谅姚同学，而且表明他们会找姚同学谈话，听一听他怎么解释。虽然我真的很生气，但两位班干部诚恳的态度打动了我也点醒了我，是啊，为什么不听一听姚同学自己说说他如此冲动发脾气的原因呢？

我主动"请"姚同学到我办公室坐下，说："不好意思啊，我说的话可能令你误解了，我和你都是江西人，可能我们两个对'蒙查查'有各自的理解。"姚同学的脸一下子红了，头低了下去，很难为情地说："老师，对不起，我不是故意让您难堪的，我当时真的以为您在批评我连这点小事都做不好，而且，一直以来，我都感觉您还有班委对我的工作不满意，尽管我一直很努力，但都比不上其他班干部，所以，哪怕您是提醒我鼓励我，我都会不由自主地认为您不信任我，是在批评我。"原来是这样啊，我突然感觉不安起来，与姚同学长期的这种心理压抑及所受的委屈相比，我这点"被冒犯"算什么！我实实在在地感觉到了自己的肤浅和也不过如此的气量！于是，我对姚同学说："这件事，我本人可以理解并原谅你，但就冲撞老师行为本身，你自己应找机会和全班同学说清楚，任何事情都不能拿来作为违反制度和纪律的理由，该检讨的要检讨，该承担的要承担。同时，也希望你学习如何控制好情绪，你我都知道冲动是魔鬼，不好的情绪不但会影响我们良好人际关系的发展，而且还会大大降低我们的活动能力。"姚同学诚恳地点头，离开了办公室。

姚同学事件之后，就"如何管理好情绪"我班开了一次主题班会。姚同学在后来的学期自我评价中这样写道："情绪失控令我冲撞了班主任，可是班主任没跟我一般见识，不但理解我当时的心情，而且很快原谅了我，还给我机会继续担任活动部部长。这件事令我深刻地懂得，一个人成功还是不成功，很多时候不是取决于他能力的大小，而是取决于他能否驾驭好自己的情绪。有时候，我上课开小差、趴桌睡觉，甚至是做一些别的违纪行为，实际上是带着情绪的，是故意的，我这样做，不仅耽误了自己的学习，导致成绩下滑，而且给班主任和班委带来了压力和许多麻烦。身为班干部，我应该反思和检讨，并牢记'冲动是魔鬼'，今后我要尽量驾驭好自己的情绪。"

## 案例反思

班主任工作千头万绪，每个学生又是不同的个体，需要班主任细心观察、关注他们的言行，用心去倾听他们心灵深处的声音。班主任要走近学生，多交流，多了解，才能知道他们在想什么，要什么，引导他们走好人生的每一步。那么作为班主任该如何去倾听呢？

第一，要注意倾听内容。学生在学习生活中的真实想法和需求不仅可以通过他们的言语表达出来，而且还可以通过他们的各种行为加以表达。学生的一段叙说、一个句子、一声叹息，或者一个不经意的动作都是他们对各种欲求的表达，对这些表达的倾听、理解和应答，就成了班主任的重要任务。如：班级管理活动中我们经常会遇到学生上课违反纪律的现象，面对这样的事情，要给学生时间和空间，耐心地倾听他们，从中发现一些学习和心理的需求，如果我们满足了学生的这些需求，他们会很愉快地投入到学习中去，并且在以后的日子里会时刻支持班主任的工作。班主任不仅要用耳听学生的言语，更要用心去“听”学生的表情和躯体动作，倾听其背后的思想和观念，并作出恰当的分析和疏导，以便学生得到及时合理的矫正。如，学生因学习不好而产生混日子的想法，或因亲人去世而产生悲观厌世的思想等，所有这些都需要班主任“倾听”学生的内心世界，成为学生的良师益友，学生心灵的大门才会主动地向班主任敞开。此外，学生普遍承受着来自社会、学校、家庭以及自身等各方面的压力，班主任在倾听学生的学习状况、生活状况以及其他状况时，还要通过倾听去寻找学生存在于身体和心理上的种种不适，尤其是一些心理问题，要及时捕捉最佳的时机，帮助学生尽快地解决问题，走出阴影，迈入阳光健康的人生。

第二，要注意倾听态度。对于许多班主任而言，不是不会听，而是不愿听。要真正倾听，就必须具有倾听的态度。真诚和平等可以消除师生之间的距离感，认真和双眼平视可以让学生感受到重视而不是敷衍，耐心和冷静可以捕捉到有意义的信息，宽容和诚信可以建立起师生之间的信任，有利于采取最有效的方法解决问题。

第三，要注意倾听方式。俗话说：“偏听则暗，兼听则明。”班主任在倾听学生的心声时要善于倾听多方面的信息，分辨真伪，从而作出正确的判断。班主任重在听的同时，还要学会观察和适时追问，以便弄清事情原委，帮助学生找出问题的所在，并对其作出适当的引导。

（中山市濠头中学　边慧琼）

# 42 在教育反思中成长

坦率地说，出来工作多少年，我就幸福了多少年，而且我还将一如既往地幸福下去！是的，我热爱这份真实的工作，我喜欢与这里的每一个孩子、每一个心灵打交道，这让我感到充实、快乐。班主任工作是一项非常琐碎的工作，它不仅需要教师的爱心、耐心与细心，更需要教师的创造精神。在平日的教育教学活动中，我特别喜欢“随手记”，就是把平日里处理的一些事情记录下来，不断反思，肯定优点、改正缺点。的确，教育反思是每个教师必备的基本能力，我们多回头看看自己曾经的失败、教训，辉煌中隐藏的不规范、不合理之处，在反思中沉淀自己、提升自己，在反思中强大自己、成就自己。

## 案例情景

在无数次的反思中，有这样一件事情，虽然不大，但却深深地印在我的脑海里，因为它让我看到其实班主任也有判断失误的时候，只有师生间的理解才是教育成功的秘诀。那是两年前的一次校运会，我在运动会之前，就在班上跟孩子们讲，运动会是体现集体力量的时刻，即便是没有参加运动会的学生，都应主动到运动场为运动健儿们加油呐喊。可是，校运会刚刚开始的时候，一位叫小平的女生就过来跟我说，要请假回家。我问她为什么。她支支吾吾不肯说，鉴于小平平时就是一个沉默寡言、不喜欢参加集体活动的孩子，我断定，小平只是不想参加集体活动而已。于是我说，不可以。不是特殊情况，集体活动中任何人不得请假。

可令人意外的是，我在下午集体点名时发现，小平不在班级大本营，她的舍友告诉我，她已经回家了。我立刻打电话给小平的家长，询问小平的情况，小平的爸爸告诉我，小平已经安全到家了。我当时气坏了，就感觉小平是个不听话的孩子，于是我告诉她的爸爸，小平没有请假就直接回家，按学校规定，应该当旷课处理。她的爸爸一听到这话，特别紧张，连忙跟我解释。从小平的爸爸口中，我才了解到，原来是小平的妈妈身体一直不好，上个星期还住院了，但是由于家里经济不允许，她的妈妈在身体未完全康复的情况下，坚持出了院，小平只是想回去陪陪她的妈妈。听到这话，我感到特别内疚，我为自己没有好好了解情况就对小平作出错误的判断而内疚。

### 对策措施

针对小平在学校的表现，我知道她的沉默寡言有自身的性格因素，但主要还是家庭环境的影响：妈妈长期身体不舒服，家庭经济也窘迫，因此慢慢地她就喜欢独来独往，生活、学习中都不怎么与同学、老师交流。了解到小平的特殊情况后，我首先找来小平的舍友以及同桌，建议她们平时课间活动中多拉上小平一起活动。其次，在学习上，我安排成绩优秀、性格开朗的女生坐在小平周围，方便她们探讨学习问题。再次，在生活中，我利用晚修或早读时间，坚持每星期找小平聊聊天，了解她的心理状态。此外，我还向学校反映了小平的家庭情况，帮助她申请助学金。慢慢地，小平变得爱笑爱说话了，班级活动中，尤其是体育课上总能见到她运动的身影。

### 案例反思

这件事情让我深刻地体会到，作为班主任，我们一定要树立正确的学生观，学生都是可以教育、可以塑造的。我们不能感情用事，用一成不变的眼光看学生。当碰到学生的想法与自己的想法有冲突时，更应该动之以情，晓之以理，敞开心扉地与学生交流，而不是武断地评判学生，因为对学生错误的评价常常会伤害学生的自尊心，容易激发学生的反叛心理，更不利于学生的身心发展。

是的，反思可以彰显教育的魅力，世间万物都在变化，包括我们的学生，我们只有不断反思自己的教育，才能跟上学生们成长的步伐，才能使我们的教育更加合情、合理。我们多一次反思，就会给学生多一个成长的机会，给自己多一次提升的机会。反思会使我们更加理智地对待教育，可以使我们的教育教学行为更加科学，符合教育教学规律。用心沟通，才会真情无限。从心底尊重、关爱学生，我们也能感觉到教育的幸福，让我们在教育反思中不断成就更优秀的自己，做一个有幸福感的班主任！

（深圳市盐田高级中学　丁小飞）

# 43 桃李不言，下自成蹊
## ——10粒糖自我教育带来的惊喜

### 案例情景

随着一阵清脆的上课铃声，我来到教室门口，手上拿着一个精致的礼物袋，可是里面只有10粒糖，怎么办？前两次外出学习培训，我都对学生提出要求："只要你们自觉遵守纪律，主动学习，就算老师不在身边也能评为学校的文明班，那老师就奖励全班同学每人一粒糖。"第三次学习回来，开班会之前的5分钟才发现只剩下10粒糖了，全班一共38人，不够分呢，怎么办？想着想着，已走到了讲台上，奖给表现得最好的10位同学吧？但是，这样不公平吧？随时会挫伤某一位大有进步的学生呀……有了！我灵机一动，对全班同学说："首先给同学们道个歉，因为老师只给大家带来了10粒糖。下面我随机把这糖发到10位同学的桌面上，如果分到糖的同学你觉得自己应该得到这一粒糖，你就把它吃掉。如果你觉得有人比你更值得得到这粒糖的，你就把糖放到他（她）的桌面上。"我嘴上虽说随机，但实际上我把这10粒糖摆到了表现最差的10位同学的桌面上，然后走回讲台上。

3秒钟过去、4秒钟过去……我看到了这10位同学细微的表情变化：总是调皮捣蛋、凶巴巴欺负人的东成同学表情温顺下来；总是在班里追逐奔跑、在凳子上留下脚印的京涛同学，突然安定得出奇，继而是一张激动通红的脸；总是把校卡落在家里被扣分的俊杰同学把糖攥在手里，愣住了；总是被科任老师批评书写潦草，经常没完成作业的毛健同学终于拿起糖，从第一位走到第五位的班长碧玉的面前，羞答答地把糖放在尽心尽力管理班务的班长桌面上，然后国伟同学把糖放到不厌其烦乐于助人的琪琪桌面上，锦明同学把糖放到成绩总是名列前茅的小薇桌面上……

我以为事情就应该是这样发展的了，正当我准备表扬这10位同学的时候，接到糖的小薇同学又把糖给了进步最大的欣欣同学，班长又把糖给回毛健同学，接到糖的同学大概只想了一秒钟吧，就毫不犹豫地传给了下一个同学。情节毫无预备地发生，这敲人心弦的一幕，给我带来了无限的惊喜！同学们的举动告诉我，这10粒糖的自我教育力量远远超乎我的想象！它充分展现了学生自我教育的无限空间！

### 对策措施

教育是一门“动心”的艺术，教育的制高点是自我教育。如果把教育工作做到学生的心坎上，让学生有反思的机会，感受老师的期待，把外在的规范约束变成自我的教育，继而转化为行动，这才是真正的教育！本案例通过10粒糖的暗示，激发学生去进行自我教育。活动随机应变，富有实效，学生自我教育反思贯注全过程，没有空洞的说教，没有刻板的形式，没有枯燥的讨论，没有违心的表态。孩子们之间和谐共融，从心出发，行为心声。在这10粒糖的传递过程中，学生们学会反思自己，欣赏别人，努力进取。更为重要的是孩子们的人格在反思中完善，感悟到这一粒糖本身并不重要，重要的是意识到应该改正自己的缺点，学习别人的长处，大家共同进步，体现了全班的精神追求。

苏霍姆林斯基认为：“任何一种教育现象，孩子在其中越少感觉到教育的意图，它的教育效果就越大。”我们把这条规律看成是教育技巧的核心，是能够通向心灵之路的基础。在老师外出学习期间，学生通过自主管理，被评为学校的文明班，但经老师了解仍然存在学生违反纪律的现象。这10粒糖如果奖给表现好的同学，可能会起到树立好榜样的作用，但一连两次的做法都是这样，现在第三次还是这样做，学生接受的热情已大大下降。因此，这个念头一闪而过就马上否决了。既然存在问题就必须解决问题，老师发这10粒糖的时候，放到表现不好的同学桌面上，说是“随机”，可实际上是巧妙的安排，没有一句话的批评，尊重了所有的学生。对待犯错的学生，给予其一个反省、反思的空间，在这个空间里学生会努力地检讨自己的行为，给自己一个恰当的评价。在这个空间里，学生不但认识到自己的错误，还闪烁着学生自我成长的智慧与人性的光芒。这样把指责、批评、抱怨换成启发、激励、引导学生，就会发挥无限的教育功能。于是，这10位同学经过时间不等的自我反思教育过程后，都把糖拿到自己心目中值得拥有的同学桌面上。“当学生意识到你在教育他（她）的时候，你的教育就失败了”，而这“随机”的10粒糖，却蕴含了教育的智慧，让学生看不出是在解决教育的难题。它既是一种教育方式，也是一种教育技巧，不似教育却胜过教育，达到了自我反思、自我判断、自我教育的效果。

教育家叶圣陶曾说过“教是为了不教”“不教而教”，这可称为教育的最高境界。当老师以为把糖发给表现不好的同学，就达到教育效果的时候，却意想不到收到传递过来的、平时表现好的同学却把糖给了进步大的同学、爱集体的同学……这 10 粒糖的传递让全班同学感受到了集体的温馨和关爱，也给老师带来了无限惊喜！由此可见，这些表现好的同学无论是过去、现在还是以后，都会以更高的要求去做一个全面发展的好学生。纪律好、成绩好的学生把糖传给别人，是因为他们认识到更可贵的是要有一颗关心爱护同学的心！他们的一传再传，传出了学生自我认识、自我完善、自我成长，传出了自我教育得到的效果。

行为心声，言为心声。洞察到孩子们的细微变化，为了进一步加强自我反思、自我教育的实效，开完班会后，我让孩子们写下班会上的这一幕。学生的感慨万千，总的归类为三种：

第一种：反思自己。“老师给了我一颗糖，可我觉得自己不应该吃这颗糖，因为我还不算是有进步，更不算是好学生。所以我经过了一番思考，还是给了我的同桌。”“我也好想吃，为什么就没有人给我一颗糖果呢。当时我很生气，可是转念一想，肯定是我不够好，他们才不给我的。我就想呀下一次的考试，成绩一定要有提高，一定要考个优秀，那样我就有糖吃了，所以我要努力。”“为什么我没有糖？这值得我思考。因为我学习没有玉瑜他们那么棒，一定是这样的，所以我不要灰心，下次努力一定能拿到糖的。”

第二种：欣赏别人。“我也有糖了，可是我没有吃，我把糖给了我班的英语科代表，她太辛苦了。”“正当我高兴的时候，吃这颗糖的念头很快被打消了：我应不应该吃呢？平时在班里我又没有帮助过谁，上课的时候偶尔也会分心，而且老师叫我回去背的单词，我都没有背过。我想着想着，就想起平时无论上课下课，都在忙着干活，都在忙着学习的班长，她就像我们的一位小老师，帮助我们，为班争光……这颗糖的真正主人不是我，而是她——我们的班长。”

第三种：努力进取。“我吃着糖心里甜滋滋的，老师谢谢您，我一定不会让您失望的。”“这几粒小小的糖果，也许在别人的眼里微不足道，但它让我感受到了同学们的互相关心与爱护，看到了同学们的真诚和集体的力量！刺骨的寒风还在门外刮着，但也冷却不了同学们那一颗颗火热的心。”

## 案例反思

10 粒糖该给谁呢？谁都可以。重要的不是奖励本身，而是做法能否激发分到糖的或是没分到糖的学生，都自觉进行自我教育反思，达到自我完善，从而促进成长。这10粒糖激励学生进行自我教育、给我带来无限惊喜的同时，也引发了我深深的思考。

第一，自我教育淡化师本位，促进学生和谐发展。这个10粒糖案例为什么会成功？本来表现不好的同学平时已经多受批评，如果教师单独找这些学生谈心，表现自己的教育，提出自己的要求和进行教训，效果并不明显。自我教育是个体主动地、自觉地对自己进行思想、人格的转化和行为控制活动。按照确立的目标实现自我塑造、自我完善的过程。一旦发现了问题需要解决的时候，自我教育首先要考虑的是学生的尊严和感受。采用各种形式的自我教育，可以淡化师本位，避免教育的程式化，实现自我辨析、自我纠正。

教师引导学生进行自我教育，融入和谐，体现了人文关怀。这需要教师用心地营造一个具有教育功能的“场”，引导学生把糖发给心目中肯定的同学，进行情感体验。这样的自我教育活动，使学生学会了尊重他人与自尊、关爱他人与自爱、欣赏他人与自强。在这样的自我教育活动中，潜移默化地形成了学生的情感、态度、价值观。在这样一个互相关爱、互相欣赏、共同进步的班集体里，学生怎么会不和谐发展呢？

第二，自我教育以人为本，促进学生终身发展。自我教育尊重学生的个体发展，以人为本。教育只有通过激发学生的自我教育才能转化为受教育者的意念和行为。本案例中，全班同学都在10粒糖的传递活动中接受了内部的一次自我教育。东成同学表情“温顺下来”、京涛同学“激动通红的脸”、俊杰同学“愣住了”，是因为教师以生为本，智慧巧妙的安排触动了他们自我教育的神经。收到糖的同学传给下一位同学也正是他们自我教育的结果。这种激励进步的自我教育，作用是强烈而持久占据心灵的，有利于形成优良的品德和行为。这样的自我教育，将促进学生的终身健康发展。

第三，自我教育情感得到交流，促进学生情商发展。苏霍姆林斯基说过：“没有人的情感交流就从来也不可能有真正的人的教育。”情感是行动的源泉，人的意志行动是受情感影响的。师生情感因素的介入，直接影响着学生的意志行为习惯的培养。10粒糖的案例实现了师生之间平等而真诚的情感交流，有老师对同学们的鼓励和期待、同学对同学的鼓励和期待，也有学生对老师的尊敬和感激。这就在情感交流中促进了学生的健康全面和谐的发展。每个学生进行积极向上的情感投入，就会形成班级的一种精神凝聚力，这种精神凝聚力不断促进班风的进一步改善，就如树木、森林和气候的关系。健康和谐的班级精神凝聚力对每一个学生起着熏陶、感染的作用，这是一种巨大的、隐形的教育力量。

教育家魏书生有一句话值得我们深思，他说火车不是推的，你要想让火车实现自己的功能，就要为它装上发动机，让它产生动力。真正的教育不是苦口婆心地说教，不是辛辛苦苦地训练，也不是疾言厉色地训斥。它是在教育过程中，生成与完善人格，是自我教育、自我完善、自我成长的一个过程。只有这样，教育才算是真正有效。因此，作为教育工作者应多方面深层次地改进与创新，这样才能真正地走进教育之门。

（开平市水口镇沙冈小学　张炎英）

# 44 愿你是夜空中最亮的星星

泰戈尔曾说过："花的事业是甜蜜的，果的事业是珍贵的。"我愿做叶的事业，成就花的绚丽、果的辉煌。

## 案例情景

新学期，我接了一个七年级新班，通过观察，我发现学生小雪课上学习不专心，作业完成一贯不及时，课下经常与男同学打闹，女同学都不愿意接近她。一次，为了督促她进步，我请她当班里的生活委员，谁知她不但没有管理好值日的同学，反而自己也不值日，搞得全班同学都对她有意见。这样一来，我的许多精力自然就花在她身上，虽经我多次进行批评教育，但她总是一副满不在乎地对我笑嘻嘻的样子，收效不大。而且她还有一个习惯性动作，那就是不断地去撕手皮，撕到流血为止，同学都称她"自残"。为此，我也多次劝止，全然无效。对于一个年仅 13 岁的女孩子，为何有着与众不同的表现，我深感疑惑。

## 对策措施

我决定去小雪家进行家访。从小雪奶奶口中得知：小雪不满周岁时父母就离异了，妈妈改嫁，爸爸也杳无音讯，小雪从小是奶奶带大的。从小得不到父母照顾的小雪，养成了一种无拘无束、胆大妄为的习性。知道情况后，一阵悲凉从我心头掠过，望着小雪那无助的双眼，我有一种说不出的酸楚，怜悯之情从心中燃起。

家访过后没几天，班上的小翠跑来办公室找我："老师，小雪又自残了，而且两个手臂都出血了。"我听后马上去教室把她叫到办公室。我问她怎么了，她很淡定，笑嘻嘻说没有什么，我叫她把衣袖撸上去，让我看看手臂怎么了，开始她还是坚持说没有什么，就是不肯让我看，我就直接跟她说："我已经知道情况了，让老师看看。”她一把袖子撸起来，看到双臂上布满了满满的划痕，我的眼泪顿时流下来，她还安慰起我来：“老师，没事喔，又不痛。”我问她拿什么来弄的，她说圆规尖的那头。接着我对她说了一句话，她听后，一直表面很坚强的她，眼泪哗哗地流了下来，那句话就是“你什么都不缺，你缺的是母爱，你想妈妈啦”。

“我帮你找妈妈过来，好吗?”“好”“你有见过她吗?”“有的，她在深圳，几年前暑假我见过她。”“你有她的联系电话吗?”“有。”“你告诉我，我联系一下你妈妈。”“好。”“妈妈现在有新的家庭了吗?”“是的。”“新的家庭有小孩吗?”“有一个弟弟。”……我按照小雪提供的手机号码拨打过去，跟她的妈妈讲清楚了事情后，听得出来她妈妈也难过了，答应了第二天过来学校一趟。

第二天，我也没有跟小雪说她妈妈今天会过来。早上七点多，她妈妈就给我打电话说现在出发。可是到了十点多，她还没有到学校，我心想着：深圳到惠州坐车也就需一个多小时，怎么回事呀?我打电话过去问情况，她妈妈说，坐错车了，坐到了惠城区，现在往我们这个方向来。兜兜转转，12 点过去了，学生都纷纷吃饱午饭回寝室休息。我也去学生寝室那里等着。下午 1 点多，电话终于响了，小雪妈妈刚到学校。于是我叫她来到宿舍楼下，我带小雪下去。她们一见面，妈妈就紧紧抱住女儿哭，这就是母爱。看到自己的女儿这样，小雪妈妈完全不顾及自己的形态。当然小雪也很高兴很激动地哭了。于是，我就跟她妈妈说：“你那么早出发，不认识路，兜兜转转转车几趟，应该还没有吃午饭，你就带小雪出去外面走走，吃点东西，帮小雪请半天假。”看着母女俩紧紧牵着手走出校门，我的眼泪也流下来了，不禁感叹：“母爱的力量就是那么伟大!”

晚上，我在学校值班。小雪吃完晚饭回来，特别高兴地跑到我身边跟我说：“老师，谢谢您送我这么有意义的圣诞节礼物。”哦，原来今天是圣诞节！最近总是忙着她的事情，我都忘记了。我也感动得不知道说什么好，抱住她，拍拍她的背说：“以后不要再去伤害自己。”“老师，我答应您，我不会再去伤害自己了，我还要好好学习，因为我有妈妈了。”

### 案例反思

人人都希望有一个温暖、美满、幸福的家，何况一个年仅 13 岁的小女孩?小苗有了园丁的精心栽培，才能长成参天大树；孩子的成长离不开家庭、学校的关爱与呵护，有了这份关爱和呵护，他们的身心才得以健康发展，他们的生活才变得绚丽多彩。面对这样一个孩子，我采取一些必要的方式与其悉心沟通。不断寻找合适的方法，使其进步。开始时效果并不是很理想。小雪同学虽然性格比较外向，但是因为她有这样的家庭背景，很显然她所表现出的外向更多的是做一些比较极端的行为去引起别人对她的关注。所以我除了经常找她谈心加深她对我的信任之外，我也交代了班上的其他同学，一旦发现她有不良行为时立马向我报告，有同学们的积极配合，我随时掌握了她的行为，对她的行为，我经常翻阅有关书籍，结合校本培训所提供的大量的先进的教育理念，更新思想，改变教育观念，尽最大的努力去帮助她。

第一，只有了解，才能理解。乌申斯基说：“教师希望从一切方面去教育人，那么，就必须首先从一切方面去了解人。”的确，了解研究学生，走近学生的心灵深处，这是教育好学生的前提。许多老师之所以做不通学生的思想工作，其中一个重要原因就是不能理解学生，而不能理解学生的一个重要原因就是缺少对学生的了解。例如小雪同学，如果我们之前不去深入了解她的家庭背景，一味认为她厌学所以故意违纪，因为她不交作业就批评她，因为她成绩不好就忽视她，这样反而加重了她的心理负担，在这样的情况下对其做思想工作，效果必然不佳。可是如果我们能对学生的生活做一下了解，然后设身处地去想一想，这样我们就会理解她，从而更好地帮助她。魏书生也说：“心灵的大门不容易叩开，可是一旦叩开了，走入学生的心灵世界中去，就会发现那是一个广阔而迷人的新天地，许多百思不得其解的教育难题，都会在那里找到答案。”这都启示我们老师必须要注重了解学生。

第二，只有理解，才能尊重。尊重信任学生是我们班主任做好学生思想工作的必要前提，“知之深，爱之切”！爱默森说：“教育成功的秘密在于尊重学生。”教师尊重学生是启迪心扉的钥匙，“问题学生”往往最需要的就是这把钥匙。班主任千万不能用过分的言语伤害他们的自尊心；不能用冷酷的表情刺痛他们幼小的心灵，否则会使他们的思想上出现反感，产生悲观失望等不良情绪。我们要用热情、诚恳和信任的思想感情去感染他们，打动他们的心灵。小雪同学就是一个很好的例子，因为她前期表现不好，在不了解的情况下，很多老师都会说“如果你再这样下去，你父母就会生气，你就会令你父母失望……”等这类话语。可想而知，小雪听后会认为老师讲得非常有道理，还是认为老师不尊重她？

第三，只有了解，才能因材施教。农民种好地，须知土壤、肥料、种子、气候；园丁养花，要知花的习性；医生看病，须先诊出病因。同理，班主任要管理好班级，培育好每个学生，也必须要了解每个学生。孔子教育学生卓有成效，重要原因之一就在于他对颜回、子路、曾参等学生的性格特长、思想状况等了如指掌，在知人的基础上因材施教、因势利导。纵观古今中外，凡是有成就的教师、教育家，都有一个共同点：有知人之明，能察觉学生思想深处的奥秘，触摸到学生感情的脉搏。因为只有对学生了解，制订的教育计划才容易被学生接受，教育才会有成效。

班主任应当永远有一颗火热的心，以高尚的奉献精神对待孩子，关注每一个孩子的心灵，使每一颗星星都闪闪发光。

（惠州大亚湾经济技术开发区第三中学　朱春花）

# 45 我是“神经病”

## 案例情景

语文课上，我站在讲桌旁边准备开始上课，突然发现坐在讲桌旁边的小明从地上捡起一张纸片扔向后面那个女生，由于纸片太轻，结果又被风吹到他的桌子下面。我便要求他把那张纸捡起来认真上课，谁知他捡起来之后继续扔向后面那个女生，又没有扔过去，于是他捡起纸片再次向那个女生扔去。班上其他同学几乎都在关注他这一行为，而他毫不在意，完全无视课堂纪律的约束，似乎没把这张纸片扔过去这节课都无法安心上的样子。

我便询问他这到底是怎么了，他竟然站了起来满脸愤怒地对我说：“我有病哩!”学生在课堂上的如此言行一下子激怒了我，但为了避免不必要的冲突，我还是尽量克制着自己的情绪继续问他：“是什么病呀?”这个学生往日那种桀骜不驯立刻显露出来对我说：“是神经病!”说完之后似乎又觉得我没听明白便又大声喊道：“是精神病!”

这时班上一些学生开始谈笑起哄，教室乱作一团。这节课我精心准备了课堂内容，满怀激情地来给学生上课，岂料一进教室竟遭遇这样的情况。想到这个学生往日里种种不良表现再加上其他学生的起哄作乱，我早已愤怒到极点了。然而我很清楚，在这样的情绪下我是管不住这个学生的。

这一刻我有两种选择：要么大发雷霆，狠狠地将这个学生训斥一番；如若不服从教管，请家长来学校协助处理。可是上次家长来学校后对自己的孩子也是无可奈何，叫家长又能如何?况且这样会使自己的情绪更加糟糕，自然就无法去给其他学生上好这节课了。要么对这件事不予理睬，继续上自己的课，等下课了解情况后再做处理。面对这个学生在课堂上如此无礼的表现，我权衡利弊只能无奈地选择暂时的忍耐退让。于是，我对着全班学生更对着这个学生说：“既然有病，那就得抓紧时间治疗，咱们还是继续上课吧。”大概是我这样的处理出乎所有学生的意料，这节课上他们再没有其他出格的行为。

## 对策措施

下课后，我将小明带到办公室，故意关心地询问其到底有没有神经病，用不用现在请假回家治疗。可能是经过一节课的反思，他也为自己刚才课堂上的行为感到不好意思，在面对我的提问时显得温和多了，说自己课间和同学发生了一点小矛盾，课堂上没有控制好自己的情绪。一番教育引导之后我让其回教室继续上课去了。

后来，我了解到这次的冲突主要是小明在课间时和同学发生了一些小矛盾，致使他情绪没有控制好，从而在课堂上发生了向同学扔纸片的行为，并出言不逊地顶撞老师，破坏课堂纪律。

望着小明离开的背影，我知道改变他不是一朝一夕的事。他父母常年在外工作，对孩子缺乏管理。学习基础差，缺乏自觉性，纪律涣散且毫无学习目标、动力可言。作业质量差，3 门学科（语数英）300 分的总分，他每次考的成绩就是 150 分左右，上课要么睡觉，要么玩手机，被科任教师多次进行教育都无效，并和老师发生冲突。频繁迟到更是屡教不改。后来面对家长竟然说老师让他不要迟到、上课不要睡觉是把他往死里逼。所以，在今天的课堂上发生的这一幕也不足为怪了。

## 案例反思

1. 课堂突发事件，需“冷处理”

课堂上如果遇到以上突发事件，有些老师往往控制不住自己，冲学生发火，用师道威严来震慑学生。但案例中的老师的处理方式更加明智，他巧妙地用幽默的方法缓和了矛盾，把问题暂时放在一边，推迟到课下再去解决。安定全班学生的情绪，把大家的注意力巧妙地转移到教学认识活动上来。这样的“冷处理”的方法，既不影响课堂教学的正常进行，又能等学生的火气下去了再解决，会有更好的效果。

学生的心理发育不够成熟，当他们情绪激动时，可能不考虑后果，也不容易接受正面的批评。同时学生一般都有逆反心理，当还没有认识到自己错了的时候，就很难接受老师的批评，只有等学生的情绪冷静以后，再去做思想工作，学生才能够接受。

“年轻人犯错，就连上帝都会原谅的。”面对学生的错误，不妨“留一半清醒，留一半醉”。冲突时，冷处理，待到学生火气过后再处理未免不是一种明智的选择。教育学生时疾言厉色或者使用暴力，是无法令人心服口服的，反而是要给人温暖、安详、尊重，让人心生欢喜、心悦诚服，才是胜利者。身为教育者，冷处理，待学生冷静后再进行教育是对学生的尊重，能起到“四两拨千斤”的作用。

2. 学生在犯错中成长，需宽容

爱因斯坦曾经指出：“善于宽容也是教育修养的感情问题。宽容之中蕴含的了解、信任、等待，表明了教育者对自己教育对象积累了足够的信心，也渗透了一种对事业、对孩子诚挚的热爱。”学生总是要犯错的，他们就是在犯错、知错、改错的过程中成长。身为老师我们能够在学生犯错时宽容学生，就不容易把学生推向对立的一面。宽容让我们能够心平气和地与学生进行交流，也能平静看待教育不一定就有立竿见影的效果，需要我们静待花开。

3. 学生的行为是表象，需找根源问题

家庭是一个小的社会细胞，是孩子接受教育的第一环境，孩子的全部生活与家庭有着密切的联系。小明的父母长期在外工作，对孩子关爱极少，笔者认为，这是小明有诸多问题行为的最重要的原因。基于家长很少教育孩子，少了家庭的约束，使小明在学习、生活上我行我素，十分随意，没有想过自己的学习目标，导致没有方向，缺少学习动力。另外，在家里很少与忙于工作的父母进行有效的沟通，这点使小明在与人交往方面缺少方法与经验，其在学校人际交往方面必定存在一定的障碍，而常与同学、老师发生冲突，产生矛盾也是在所难免的。

小明在课堂中表现随意、顶撞老师，这些都是表象问题，其根源主要在家庭教育中，如果我们只是单方面对小明进行教育，不能和家长沟通，争取家长的配合，教育很难取得效果。尽管小明父母常年不在他身边，但争取小明家长和与他一起生活的家里人的支持，这是解决小明问题的根本方法。

4. 让“爱”与“惩”双管齐下，让温暖陪伴左右

父母常年不在身边，小明除了需要管教外，还需要爱。“亲其师，信其道”，让小明能够感受到老师和集体的关爱，才能容易接受老师的教导，在老师和同学的帮助下改正缺点。

因为爱有一种巨大的改造力量，能使坚冰化水、顽石变玉。当然，这种爱要适度，不能过分，也不能放任，要爱得真诚，要爱得无微不至：生活上的嘘寒问暖，学习上的耐心讲解，平时朋友间的真诚交谈，多肯定优点……这些都会使他

们倍感温暖，从而渐渐改正缺点。

“玉不琢，不成器”，除了爱的教育，适时适当的惩罚教育也很必要。他能让学生在成长过程中懂得为自己的过失负责，为自己的过失承担。缺失了它会使学生模糊了事情对错的界限，久而久之，“问题”就产生了。所以，对于“问题学生”的教育，让“爱”与“惩”双管齐下，才是上上策。

班主任工作讲究工作的艺术和方法，问题方可迎刃而解。学生和老师产生矛盾时，需要老师理性而智慧地处理。而教育的智慧来源于老师的学习和反思。只有不断反思的人，才会不断地发现，不断地完善，我们的教育才能逐渐具备一种深度、高度和气度。而没有爱成不了教育，仅有爱也完成不了教育的使命。教育的成功取决于爱与智慧的完美结合。在转化“问题学生”的过程中，教师增长的不仅仅是学科知识，还有更加丰富的观察、沟通能力及帮助他们计划未来的能力。

（湛江市第八小学　梁桂云）

# 46 有效对话，步步走心

苏霍姆林斯基说过："别让任何一次心灵震荡不知不觉地从你的身边掠走，教师要成为学生雪中送炭的帮助者，心灵创伤的医治者。"我庆幸，在一颗心灵受伤之时，我"走心"对话，予以关爱，他终于向我靠近，接受我的帮助，认同我的引导，步步走向我的教育目的地。

## 案例情景

刚接手的初一（5）班，有个叫小灏的男孩特别"出众"。只要我描述一下他的外貌、走路的姿势，你大概就知道他是个怎样的孩子。他把头发两侧剃得只能看见发根，头顶却留一撮草丛式的毛发，远远看，如果你把它比作日本富士山，一定再贴切不过了。他进出教室或办公室时，大摇大摆，就像一只张牙舞爪的螃蟹在跳摇摆舞。

开学后不久的某日，班上正上英语课，我在办公室改作业。突然，门被粗鲁地推开，一声夹带着怒气的"刘老师——"，打断了我批改作业的思绪。我抬起头，一眼就看到了站在我面前的小灏。他满脸通红，眼睛里透出委屈的亮光，头发也较平日更见"独立异行"，一根根竖起，一副"怒发冲冠"的架势。我断定一定是他在课上与老师发生什么事情了。于是，我关切地问："小灏，发生什么事情了？让你这么生气。""英语老师在课上当众羞辱我。那是人身攻击！我要报警，告她诽谤罪……"话没有说完，他的情绪再也控制不住了，号啕大哭起来。这突如其来的一幕，让我很意外。我马上安抚他的情绪，等他缓过来时，我让他把事情的始末叙述了一遍。原来是因为他没有完成作业，英语老师故意在课上提问他，他又回答不上来。老师幽默地用英语调侃他，说他是"pig"，当时全班同学哄堂大笑，他觉得老师嘲笑他，让他在同学面前丢尽了面子，所以他既生气又委屈地跑出了课室……

## 对策措施

我静静地听他带着情绪叙述完事情“爆发”的原因与过程，让他尽情疏散心中所有的不满与委屈。讲完后，他情绪明显没有那么激动了。这是我进行走心对话的适宜时机。带有温度的语言安慰，是他此刻所需要的，也是打开心灵之门的钥匙。尤其对于他这样一个个性突出、学习习惯不好、给科任老师不好印象的孩子来说，给予他尊重与理解是最有效的。他之所以情绪激动，叫嚣着报警，无非是他对于自己的尊严受到损害的一种偏激的发泄与对抗方式。

“老师理解你，你感觉到被嘲笑了，情绪激动，发泄一下是正常的，正好说明你是真性情，是个率真正直的孩子。你还是个特别有自尊的孩子，说明你渴望进步，希望在老师和同学心中留有美好印象。”我同情同理的这番话，如一抹暖阳温热了他的心灵，一下子闯进了他的内心世界。他心有所动，默然看着我，眼睛里残留的泪水泛着感动的光。

见此情景，我紧抓时机，进行心灵引导：“有些事情，不同的处理方式，会有不同的发展态势，也会有不同的结果。选择正确的方式可以赢得尊重，赢得朋友，生活也会充满色彩与快乐，反之则反。老师希望小灏拥有快乐，获得认可，赢得尊重。”他没有作声，但明显又一次被我的话触动，说了一声“谢谢”。“所以我希望你学会正确辨析某种行为在社会关系中的合理性，学会控制自己的情绪，不要让它左右自己的判断。”话说到这里，他点点头，接受我希望他变得更好的这份真诚。

我知道，我可以继续深入我们的对话了。“我们跳出当事人这个角色，看看今天发生的事情，你来说说，怎样的方式可以避免让自己不愉快?”“老师不应该这样说我，不然我就不会生气了。”“听起来，你说的也不是没有道理。不过改变别人的行为方式容易还是改变自己的行为方式更容易？想想如何可以避免?”“我能够回答问题，或者我完成了作业，英语老师应该就不会那样说我了。”“你分析很对，这是诱因。”我停顿片刻，接着说道：“老师认为有一样本领你没有学会，这是导致你今天感到委屈和不快的根本原因。老师希望小灏以后可以少一些难过，多一些快乐，所以今天想把这个本领教给你，你愿意‘接收’吗?”听到这里，他又一次被透着真诚的话语打动了。“愿意。”他干脆地答道。我不禁感慨：这样的孩子，在人群里显得异类独特，无非是想引起老师与同学的关注。老师的关怀，是他心中的渴望。

对话进行到这里，授之以法已是顺理成章。于是我首先让他学会正确辨析他人的行为动机与表达方式，让他明白英语老师说那句话的动机只是用幽默的方式提醒他要及时完成作业，也让他正确理解同学们的哄笑，那是幽默的效果，没有嘲笑的成分。其次，我让他要根据这些判断，选择正确的处理方式——换位思考，理解他人，冷静处理，包容大度。最后，我表达了自己的愿望：希望他以后可以正确辨析，避免误会，与人和谐相处，遇见最好的自己。

这一次对话进行得很顺利。他接受了我对他的引导。为了达到更好的教育效果，我鼓励他用行动来实践，让他主动找英语老师说说自己的想法，消除误会，并保证尽量完成作业，努力做一个更好的自己。他欣然同意。

课后，我找到英语老师，与她讲了大概的情况，强调小灏率真耿直、自尊自爱的个性。希望她可以多关注小灏，给他更多的关爱，帮助他改正不良习惯，提高判断是非的能力与情绪控制能力。不久，他们的师生关系缓和了，相处还挺融洽。

### 案例反思

班主任处理班级突发事件，与学生进行沟通对话是十分必要的。而对话要有效，就必须“走心”，还必须“得法”。这如我们要修缮屋子，必须把门给打开，才能看见屋子里的具体情况，修理才有据可依，如要修缮得好看实用，则必用技法了。心育与修缮，原理一样。

回顾案例，我对学生的沟通教育是从对话切入的。所幸我运用了走心之法，通过疏泄—共情—明理—导行四个步骤，让对话的进行实现了打开心扉—走进心灵—直面心结—诱导认同“步步走心”，从而完成助力成长—外化品行的有效心育历程，直达教育目的。以下具体剖析走心之法的四个步骤：

第一步：情感疏泄，打开心扉。鼓励、帮助学生说出内心感受或矛盾，表达其苦闷，透露其心理冲突的症结，发泄被压抑的情感，可以取得心理上的疏解。倾听学生吐诉倾泻，实际就是帮助其打开心扉，袒露心迹，这是走心对话施行的前提。

第二步：共情同理，走进心灵。“共情同理”因站在学生的立场，走进他的世界，从内部去体认他的行为方式，及他的目标与需求。换位体验，容易激发情感共鸣，达到心意相通，顺利走进学生的心灵。这是走心对话施行的必要步骤。

第三步：直面心结，明之以理。由于缺乏历练与成长，很多学生对社会关系下的各种行为是否正确合理没有形成较强的判断力，更没有正确选择应对态度与方式的能力。这就要求我们利用教育事件，结合他们生活实践中的经验教训加以引导，提高他们的辨析力，培养他们的人格品质。班级的突发事件，往往是他们学习感悟的教育契机。我们应该帮助他们对自我行为背后的心理原因进行剖析，找出其不合理性，从而对自我行为作出调整。这一步在走心对话中尤为关键，关系到学生对教育价值的体认与接受。

第四步：价值认同，引导行为。学生如果在对话中，能够自我发现行为的不合理，就容易接受你教给他公共生活道德准则的认知。“每个人内心都有做好人的愿望”，你的教育如果能够唤醒他潜藏在内心的渴望，那么当他理解了行为的不合理与公共生活准则相违背会损害他在公共生活中的价值体现时，他就会接受调整行为方式，选择符合公共规范的态度与表现了。当对话走到这一步时，引导学生的行为改变，就会水到渠成、瓜熟蒂落。

简而言之，有效的对话，可谓步步走心。用关爱抚慰心灵，用理解开启心扉，用共情触动心灵，用智慧引领成长。德育之法在走心，走心有法又无法。法是心，心是法，用心的教育，效果自现。

（肇庆市肇庆中学　刘彩华）

# 47 孩子，老师不会让你掉队

## 案例情景

小梁是小学三年级的学生，他平时经常违反纪律，喜欢搞恶作剧，自控能力差，同学们都不喜欢他。上课时总是管不住自己、坐姿不正，被老师点名提醒还会生气；一、二年级时经常以“不舒服”为借口请假不上学，学习自觉性差，为人懒散、作业马马虎虎，敷衍了事，经常完成不了。由于学习基础差、懒散加上家长管教不严、放任自流等原因，导致他的学习成绩跟不上去。

小梁的父亲因病早逝，母亲忙于生计，很少去关心孩子的学习和生活。他自幼跟随年过花甲的外公、外婆居住，同住的还有一个表姐和表弟。其外公本身行动不便，外婆在家身兼数职，对于三个留守儿童教导有心无力，放任自流，只在物质上满足于他们。因此，自觉性不强的小梁慢慢染上很多坏习惯：懒散、无节制地看电视、不按时完成作业、乱发脾气、撒谎等。

## 对策措施

作为班主任，我了解了这类问题的成因和小学生的心理特征后，着手从以下几个方面改变小梁的坏习惯。

第一，激发自信心，保护自尊心。评价心理学研究表明：人类本质中最殷切的要求是渴望被肯定。学生在学习中有了自信，才会有学习的恒动力。谁都希望得到他人的尊重与认同，学生自然不例外。每个学生都有自己的优点和不足，善于发现孩子的闪光点，用放大镜去捕捉孩子的优点，用缩小镜去看待孩子的缺点。由于基础差，小梁对学习几乎是失去了信心。为了帮助他重新树立学习的信心，我经常找他谈心，肯定他的长处，了解他的爱好，并鼓励他进行深入研究。在了解到他对学习英语非常感兴趣时，我便与英语老师联系，希望英语老师给予他课外辅导。然后，我不定期找他谈话，了解他在学习英语方面的情况及学习方法，并引导他将这些有效的学习方法应用于其他相关科目。一段时间后，我从其他科任老师那儿了解到，他上课时发呆、回答含糊的情况有了明显的改善，同时，在他比较喜欢的英语考试中成绩有了一定提高。虽然，从整体成绩来说，他的进步并不明显，但可以看到他在上课和作业方面有了很大进步。

教师的态度直接影响学生学习的兴趣。教师要保护孩子的自尊心，帮助其树立自信心，公平地对待班中的每一位孩子，对孩子不忽视、不歧视、不疏远，注意自己的一言一行，关心孩子的学习生活，经常与孩子交流。

第二，用“偏爱”去激励。课堂上，我对他特别关注。上课经常提问他，但是选择一些难度较低的问题，让他跳一跳也能摘到苹果，尝到成功的喜悦。一旦他回答正确就给予鼓励。在布置作业时，对他也给予特殊照顾，在作业的数量上适当减少，在难度上适当降低，让他通过努力，便能完成作业。随着他的不断进步，教师不断调整作业的数量和难度，直至达到与别的孩子相同的要求，最终实现转化。

第三，课外辅导。认真分析孩子原有的基础知识，查漏补缺。利用课余时间，进行辅导，重点抓乘法口诀表的背诵、笔算多位数加减以及笔算乘法的辅导，教给孩子必要的方法。开展“一帮一”活动，安排学习成绩优秀、各方面表现较好的学生做他的同桌，让他学有榜样；必要时，提醒督促他遵守纪律，认真完成作业。课余时间，“小老师”还可以帮助教师辅导他，向他介绍良好的学习方法，帮助他提高学习成绩。

第四，深入家庭，进行家教指导。首先，我利用家长会，向家长提出：“凡是孩子自己能做的事，让他自己去做。”帮助家长提高思想认识、转变观念，与学校教育形成合力，进而培养学生良好的劳动习惯。另外，定期与家长电话或微信联系，了解他在家的情况，提醒家长，只要他表现有进步，都要及时鼓励表扬，同时，把他在校的表现反馈给家长。其次，当我了解到他平时在客厅里边看电视边做作业，我建议家长为孩子设计一间书房，或在孩子的卧室里配置书桌和书架，使孩子有一个学习的小天地。最后，要求家长督促孩子完成家庭作业，经常查看孩子的作业及作业登记，要求孩子一定要完成当天作业。不要以分数来衡量孩子的成绩，当他的成绩不理想的时候，家长也不要以打骂相威胁。

第五，引导集体关注他、接纳他。集体的力量是无穷的，我在培养他的正确的交往能力的时候，还注意发挥集体和伙伴的作用，通过同学的忍耐和爱护，帮助他在集体中找回自我，学会交往。平时，只要他取得一点儿进步，我都会在班上表扬他，在课外鼓励他。同时教育其他的学生不要歧视他，而要多帮助他。我利用晨会、班会等恰当时机做好班上学生的思想工作，告诉他们不能因为种种原因而孤立班集体中的任何一员，向学生讲述团结合作的重要性。教育大家要以发展的眼光看待他，要正确对待他的变化，以我们的耐心，接纳他的缺点，并号召班干部带头和他一起玩耍，如果他有什么困难，我们要主动去帮助解决，以此来推动小梁的发展。

## 案例反思

经过一段时间师生的共同努力，这个男孩的进步是有目共睹的，他不再无故请假了，也没怎样发脾气了，平时在和同学的交往中，能主动退让，家长也反映他在家能做一些简单的家务事，不会整天看电视了。他能按时完成作业，和同学友好相处，不随便打人，积极为集体做事，更令人高兴的是，他在学校举行的“计算专项能力比赛”中获得了优异的成绩。

小梁的特殊主要源于他的家庭，家长的放任养成了他不思进取的个性，以至于出现了一系列问题，给学校教育工作带来了许多困难。如果教师和同学对他的过错或者是出现的问题，只是一味地批评，不但不能从根本上解决问题，反而很容易伤害他的自尊心，引起他对老师的敌意和不信任，给今后的教育带来更大的障碍。

陶行知先生曾说过：“谁不爱学生，谁就不能教育好学生。”只有对学生怀着发自内心真挚的爱，才能给他们以鼓舞，才能使他们感到无比的温暖，才能点燃学生追求上进、成为优秀生的希望之火。教育实践告诉我们，爱是一种最有效的教育手段，教师的爱可以温暖一颗冰冷的心。当学生体验到老师对自己的一片爱心和殷切期望时，他们就会“亲其师，信其道”。作为班主任的我们要摒弃对学困生的偏见，多给学困生一些爱心，让爱的阳光温暖学困生的心灵，让爱的雨露滋润学困生的学习和成长过程。

（云浮市郁南县都城镇中心小学　陈月丽）

# 48 心灵的对话

## 案例情景

上学期班里新转来一名同学，刚开始，他还是一副老老实实的模样，可没过一个月，他就原形毕露了：上课不听讲，爱骂人，爱打架，常用武力解决问题，班上的同学都领教过他的拳头，全班同学都很讨厌他，每天我一踏进教室总能听到同学们告他的状：吕程用笔尖扎我的手，吕程拿扫把打我，吕程用脚踢我……班上的同学对他都是避而远之。对于这个把全班搞得一团糟的捣蛋鬼，刚开始，对他的错误我总是大声地训斥，在班上点名批评，把家长叫到学校来。然而这些方式收效甚微，他依然我行我素。一时间，我茫然了，有种束手无策的感觉。

## 对策措施

一天，我在检查学生的家庭作业时发现，吕程字写得工整，作业完成的质量也不错，我当众大声表扬了他。他很不适应我的表扬，张大了嘴巴，愣愣地看着我傻笑。我心想：这孩子虽然一身的毛病，但人挺聪明的，课外知识也丰富，学习并不比别人差，听美术老师说他画的画也很好。那么，他的坏毛病是怎样养成的呢？

经过多方了解，我才知道吕程同学是单亲家庭，母亲早已去世，父亲常年在外工作，平时跟着姨妈生活，姨妈忙于生计无暇管教他，他的生活基本上属于无人过问的状态。在放任自流中染上了一些不良的习性，他就像一匹脱缰的野马，谁也驯服不了。得知这些情况后，我觉得应该和他好好谈谈。

又有同学来告诉我说吕程又打人了。我急忙走进教室，这次我并没有直接发作，而是耐心地制止了打架行为，等到放学后，把吕程叫到办公室。面对他，我并没有责问他今天为什么打架，而是温和地对他说：“吕程，我们相处的时间虽然不长，但我却发现你很聪明，往往别人不会的东西，你都能一学就会。”我把他的作业本拿出来说：“你看，你这次的作业做得多好。美术老师说，只要你努力，将来一定能成为一个画家。”这时，我注意到他的脸上闪出一丝不易察觉的小得意，眼睛还偷偷地瞥了我一下。看到这微小不经意的动作，我知道事情有了转机，于是我对他说：“老师一直以为你是一个充满智慧的学生，而我认为有智慧的人不会一而再再而三地犯同一个错误。”他不好意思地低下了头。我并没有就他的错误再追究下去，而是让他想想近来班上有谁帮助了他。在我一番引导和鼓励下，他才不情愿地说出几个来：有同学帮助他扫地，有同学借笔给他，还有同学在他头晕的时候带他到校医室……我不失时机地说：“为什么其他同学能热心帮助你，而你不能热心去对待别人呢？老师知道你没有了母亲，也许会感到孤独。从今往后，老师就是你的母亲，同学就是你的兄弟姐妹。如果你有什么话可以跟老师同学交流，我们都是你最忠实的听众。”说着说着，我看到他的眼睛红红的，知道他的内心已被触动，我知道他已经感到自己再也不能这样下去了。

但孩子毕竟是孩子，他们的自控能力还是不够，不可能一下子就把长期养成的坏毛病改掉。从那以后，在吕程身上，我给予了更多的关爱。当他骂人、打架的毛病又犯了时，我不会当面指责，只是在课后与他进行推心置腹的谈话。更多的时候，我们谈话的内容并不涉及学习和纪律，更多的是一些轻松愉快的话题：你爸爸有没有回来看你，今天你有什么开心的事吗？最近你在班上又交了哪些朋友？老师这儿有一本好书给你看看……慢慢地，在交谈的过程当中，吕程变得轻松起来，不再只是我问他答。他也能主动地与我交流一些他的想法，甚至有时候在做错了事情后，不等同学们来告状，他就能主动到我这里来认错。一个学期过去了，同学对他的埋怨少了，围在他身边说笑的人多了，而他脸上的笑容也更加灿烂了。我们班上再也没有“打架大王”这个人了。

### 案例反思

发生在吕程身上的事例，让我深深地认识到：老师的真心、真情、真爱对于“问题学生”来说，就像是冬日里的一缕阳光，更容易温暖他们稚嫩的心灵。家庭变故对未成年的孩子无疑会产生心理上的压力、精神上的困扰，形成与一般家庭孩子不同的心态，其在认知水平及人格方面往往表现出较多的缺陷，其心理往往表现出一些消极的不良情绪和问题。例如：学习上主要表现为学习困难，作业拖拉，学习成绩下降，自控能力差，影响课堂纪律。情绪和情感不稳定，常大起大落，恐惧、焦虑、忧郁、悲伤、情感脆弱、过度敏感等。性格上孤独冷漠，早熟，对人戒备心重，防范意识强，甚至有抵触和敌视心态。经常自卑自责，消极地看待自己，害怕困难，不做任何努力轻而易举地放弃自己的目标。有的孩子道德识辨能力不强，自控力差，盲目模仿社会上的不良行为，如打架、骂人、说谎、逃学、搞恶作剧、破坏公物，有些孩子甚至有偷盗、赌博行为。面对这些所谓的“问题学生”，大多数老师在进行教育的过程中，往往批评多于鼓励，甚至经常用一些刺激性的语言，以引起学生的重视，本来老师是想通过揭学生的短处来唤醒学生，殊不知这样做会严重伤害学生的自尊心和自信心，效果恰恰适得其反。面对这样的学生，并不是没有办法解决的，教师可以通过赏识教育来感化这些学生。没有赏识，就没有教育。赏识，其本质是爱。学会赏识，就是学会爱。人性中最本质的需求就是渴望得到尊重和欣赏。赏识教育就是通过激励表扬手段，肯定学生的优点，鼓励学生不断追求成功。教师可以从关爱的角度出发，不失时机地抓住学生身上的闪光点，一定能唤起学生的自尊心，用激励性的评价不断给予充分的肯定，以宽容的态度对待学生的每个失误，要以赞扬的目光肯定学生的每一点进步，要以真诚的情感发现学生的闪光点，要以现代的教育思想引导学生的全面发展。

（岭南师范学院附属中学　余观秀）